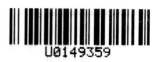

《滿蒙漢合璧教科書》
滿文選讀校注

莊吉發校注

滿　語　叢　刊
文史哲出版社印行

國家圖書館出版品預行編目資料

《滿蒙漢合璧教科書》滿文選讀校注 / 莊吉發校注. -- 初版. -- 臺北市：文史哲，民 108.09
頁；　公分（滿語叢刊；35）
ISBN 978-986-317-487-8

1.滿語 2.讀本

802.918　　108015332

滿語叢刊 35

《滿蒙漢合璧教科書》滿文選讀校注

校注者：莊吉發
出版者：文史哲出版社
http:// www.lapen.com.tw
e-mail:lapen@ms74.hinet.net
登記證字號：行政院新聞局版臺業字五三三七號
發行人：彭正雄
發行所：文史哲出版社
印刷者：文史哲出版社
臺北市羅斯福路一段七十二巷四號
郵政劃撥帳號：一六一八〇一七五
電話886-2-23511028・傳真886-2-23965656

實價新臺幣三六〇元

民國一〇八年（2019）九月初版
民國一〇九年（2020）六月再版

ISBN 978-986-317-487-8　　65135

《滿蒙漢合璧教科書》
滿文選讀校注

目　　次

《滿蒙漢合璧教科書》滿文選讀校注導讀

清季新式學堂的創辦，約可分為二期：自同治初年（1862）至光緒二十六年（1900）八國聯軍之役為第一期，本期為試辦時期，亦即無系統教育時期：自光緒二十七年（1901）辛丑和約簽訂至宣統末年（1911）清朝覆亡為第二期，本期為整頓時期，亦即有系統教育時期。中外交涉之初，率皆假手通事，往往以小嫌釀大釁。自五口通商至英法聯軍入京後，恭親王等深悟通事實不可恃，亟須養成繙譯人才。同時震於列強的船堅礮利，非興學不足以圖強，於是京師同文館、上海廣方言館、廣州同文館、福建船政學堂、水師學堂、陸軍武備學堂、京師大學堂等紛紛設立，是為清季新教育設學堂之始。庚子拳亂既作，人心惶惶，拳民所過焚劫，京師各學堂因此停辦。辛丑議和期間，清廷痛定思痛，議設學堂，以求培養人才，復興國勢。因和約中有滋事城鎮停止文武考試五年一款，清廷欲於停止文武考試期間，頒行新政，設立學堂，俟五年以後，即明定出身獎勵辦法，永廢科舉，令士子捨棄時文試帖，設立學堂，以求實學，則雖有停試之名，而無停試之實。旋即派張百熙為管學大臣，釐定章程，整頓學堂，自京師至各省府廳州縣，皆創辦各式學堂，中西兼習，蔚為風氣。

直省創辦新式學堂以後，滿洲宗室覺羅八旗學堂亦奉旨改設中小學堂，各駐防地區先後設立新式學堂。光緒二十八年（1902）八月，管學大臣張百熙奏呈籌辦宗室覺羅八旗中小學堂章程，擬先行開辦中學堂，附設師範館，估計開辦經費需銀十萬兩。

光緒二十八年（1902）十二月，總管內務府大臣奏請將咸安宮、景山兩官學改為內務府三旗小學堂，學生定額每旗八十名，光緒二十九年（1903）四月，正式開辦，其開辦經費由內務府自行籌款，常年經費每旗年需銀六千兩，計銀一萬八千兩，由戶部籌撥分為四季支領。熱河駐防八旗，向有義學七處，光緒二十九年（1903）三月，經錫良奏准改辦蒙學堂，其經費來源是將放荒圍場地畝內撥地一百頃，由駐防協領會同熱河招佃放租，將每年所得租款，以充學堂經費。密雲駐防八旗戶口蕃孳日眾，光緒二十九年（1903）九月間，設立蒙養學堂，常年經費需銀三百餘兩，由地方文武捐集銀六千餘兩發商生息，另加額支官學銀兩撥用。承德府屬豐寧縣海留臺地方，原有牧場一處，約二百頃，光緒三十年（1904）三月，設立密雲駐防小學堂，經地方官議准將牧場招民墾種，以所獲科租作為小學堂常年經費。

湖北荊州駐防多為滿洲勳舊後裔，戶口繁滋，至光緒年間，多達四萬人，較他省為繁盛。荊州駐防舊設輔文書院一所，八旗義塾十所，各牛彔官學五十六所。光緒二十九年（1903）閏五月，荊州將軍綽哈布等奏請將輔文書院改為中學堂，義塾歸併為小學堂四所，官學歸併為蒙學八所，各學舊有經費共計銀三千餘兩，歸併改建，開辦經費需銀二萬餘兩，常年經費需銀一萬餘兩，除將原有經費移作改建學堂之用以外，另將已經裁缺的荊州駐防左、右、正三衛守備所有屯糧平餘每年錢一萬串，撥充各學堂常年經費。光緒三十年（1904）三月，端方奏請創設荊州駐防工藝學堂及方言學堂各一所，以與中小蒙學相輔，俾有益於八旗生計。據端方估計兩學堂開辦經費需銀一萬餘兩，常年經費需銀二萬餘兩，俱在銅幣盈餘項下開支。

光緒二十八年（1902），陝西巡撫升允於省城奏設高等學堂，選駐防子弟入學肄業。光緒三十年（1904）六月，升允奏准以將軍衙署東偏放餉公所改設西安駐防中小學堂，又將正黃旗、正藍旗協領衙署改設右翼兩小學堂，綜計學堂三處，常年經費需銀七千餘兩。陝西督糧道常年報效項下存貯司庫銀六萬兩，除試辦旗屯撥銀一二萬兩外，尚餘四五萬兩，升允奏請將所餘報效銀盡數發商生息，以充各學堂常年經費。光緒三十二年（1906），升允又與寧夏將軍色普徵額籌商在寧夏滿城設立駐防中學堂一所，另設駐防小學堂二所。寧夏滿營於光緒八年奏准拴馬九百匹，馬乾料草向由甘肅藩司照章核發。滿城練兵三百名，加上備差乘騎，僅需馬五百匹。升允奏請將原拴馬酌裁疲老馬四百匹，則每年可省下馬乾糧銀三千五百餘兩，以二千兩撥歸寧夏駐防中學堂，以一千五百兩撥歸寧夏駐防小學堂，作為的款。

光緒三十年（1904）十一月，端方署理江蘇巡撫期間奏請推廣京口駐防中學堂，增設實業及蒙小學堂，因京口駐防旗營經費支絀，端方與司道籌議在蘇州銅元局餘利項下每季撥銀六千兩。截至光緒三十二年（1906）九月，端方升任兩江總督後，京口駐防學堂計中學堂一所，高等、初等小學堂三所，蠶桑傳習所一處。端方另擬擴充隨營學堂一所，女學堂二所，共需常年的款一萬六千兩。是時江蘇省銅元已經停鑄，經費匱乏，而改由常鎮道在鎮江關土貨報單稅罰款內每年提撥銀六千兩，其餘一萬兩，由上海、常鎮兩道分認籌撥，各籌解銀五千兩。旋接戶部咨文，應另行設籌，不得再動撥關稅。端方只得再由鎮江關稅罰項下加撥銀四千兩，其餘六千兩，則由江南財政局在江南要政新加價項下動撥。福州駐防學堂計三所，一為練兵隨營學堂，一為八旗中學堂，一為八旗公立兩等學堂。中學堂是由福州將軍崇善奏明將龍光、清文兩書院清、漢、官三學改設。光緒三十四年（1908）七月，中學堂附設高等小學，兩等學堂改為初等小學堂，其經費是由司道庫關款內支撥。是年十月，山海關駐防設立初等小學堂二處，清文學堂一處，半日學堂一處，永平、冷口、喜峰口、羅文峪四處駐防各設立初等小學堂一處，合計常年經費需銀二千六百餘兩，由駐防將軍衙門停領火藥銀兩及裁減馬乾銀兩支用。初等小學堂畢業後，升入高等小學堂，宣統元年（1909）十一月，山海關副都統儒林籌設高等小學堂，其常年經費需銀一千六七百兩，議定由直隸總督飭令提學司歲撥銀一千兩，其餘不敷之數，則挪用禁煙經費。

宣統元年（1909），錫良奉旨由雲貴總督簡授東三省總督，兼署奉天巡撫。錫良入京後，六次召見，陛辭出京，於同年三月二十六日行抵奉天省城。東三省總督徐世昌將欽差大臣關防、東三省將軍印信、奉天省印信、盛京總管內務府印信及大內宮殿鑰匙，委派承宣廳僉事饒鳳璜送交錫良，錫良祇領任事。錫良指出，東三省為清朝發祥重地，幅員遼闊，物產豐饒。東三省總督節制三邊，巡撫各司本境。改設行省的宗旨，意在振興庶政，舉凡官制、財政、軍事、外交、邊防、實業、蒙旗、交通各大端，在在均關重要。各屬小學堂，亦依次設立籌辦。

宣統元年（1909）十月初十日，錫良奏陳〈興立蒙學選譯教科書以啟邊氓〉一摺指出，「蒙古接壤東三省，如哲里木盟十旗，延袤三千餘里，近邊設立郡縣，與行省屬地無殊。屏藩東北，利害攸關，閉塞既深，強鄰日迫。比年外人派員游歷，踵趾頻仍，調查物產民風，測繪山川隘塞，或以小惠要結，利用其民人，或以圖籍流傳，陰行其教化；近更練習蒙文、蒙語，用意尤為深遠。一旦有事，彼得駕輕就熟，收楚材晉用之功；我轉勢隔情暌，不免鄭昭宋聾之誚。」錫良認為惟有提倡教育，啟迪民智，始能救亡圖存。因此，錫良到任後，便隨時督率蒙務局人員籌辦各項要政，以振興學校，開啟蒙民為首務。

錫良進一步指出，「惟是文言未能一致，教化難以強同，欲求輸入新知，不得不授以中文科學。中文繁雜，蒙文簡單，義例有難賅括，不得不證以滿文。矧近代蒙古文字漸就銷沉，其有從學寺僧亦僅能諷習梵典，以故繙譯文牘他書，率鄙俚淺陋，舛迕難通，即保存蒙學亦為不可緩之圖。是知求固邊防，必先興學，興學必先譯書。」但因蒙文幾成絕學，欲求貫通滿、漢文字，確實其人難求。錫良徧加訪求，查有已革奉天、蒙古右翼協領榮德，他深習滿、蒙語文，其中學亦俱有根柢。於是委令將學部審定初等小學教科書，擇其適要，配列滿、蒙文字，散給蒙小學堂，以為課本。榮德不憚煩勞，日夜迻譯，歷經四個月之力，譯成滿、蒙、漢文合璧教科書四冊，先行繕訂一分，進呈御覽。隨付石印二萬部，發給奉天、吉林、黑龍江三省蒙旗各學堂，以期「民智日開，邊圉自固。」

為八旗籌生計，固以振興實業、推廣教育為先務，而教育一端尤關重要。奉天省為推廣教育，曾仿照學部奏定滿、蒙文學堂辦法，而於奉天省城創設八旗滿蒙文中學堂，經奉天旗務處總辦金梁呈請咨部備案。宣統二年（1910）九月，榮德復將第五、六、七、八冊續行譯出，分訂六本，裝成一函，稟請錫良進呈御覽。錫良覆查譯本，他指出，譯本「詞句明顯，義意洽當，洵足為開通蒙智之資。」

《滿蒙漢三文合璧教科書》是根據光緒三十年（1904）上海商務印書館高鳳謙、張元濟、蔣維喬、莊俞所編，學部審定《最新國文教科書》十冊繙譯而來。《最新國文教科書》經學部審定，其評語云：「文詞淺易，條段顯明，圖畫美富，版本適中。章句之長短，生字之多寡，皆與學年相稱。事實則取兒童易知者，景物則預計學年應有者，並將一切器物名稱均附入圖中，使雅俗兩得其當，皆此書之特長也。」學部審定《最新國文教科書》文詞淺易，生字多寡，章句多寡，都配合學年的進度。由於《滿蒙漢三文合璧教科書》的發行，使《最新國文教科書》多了滿文、蒙文的繙譯，確實足為開通滿蒙民智之資。

《滿蒙漢三文合璧教科書》於宣統元年（1909）七月開始發行，其中第一冊課文前面首載〈滿蒙漢三文合璧初等高等小學堂國文教科書緣起〉一文，可將其中滿文部分節錄於下，並轉寫羅馬拼音，照錄漢文於後。

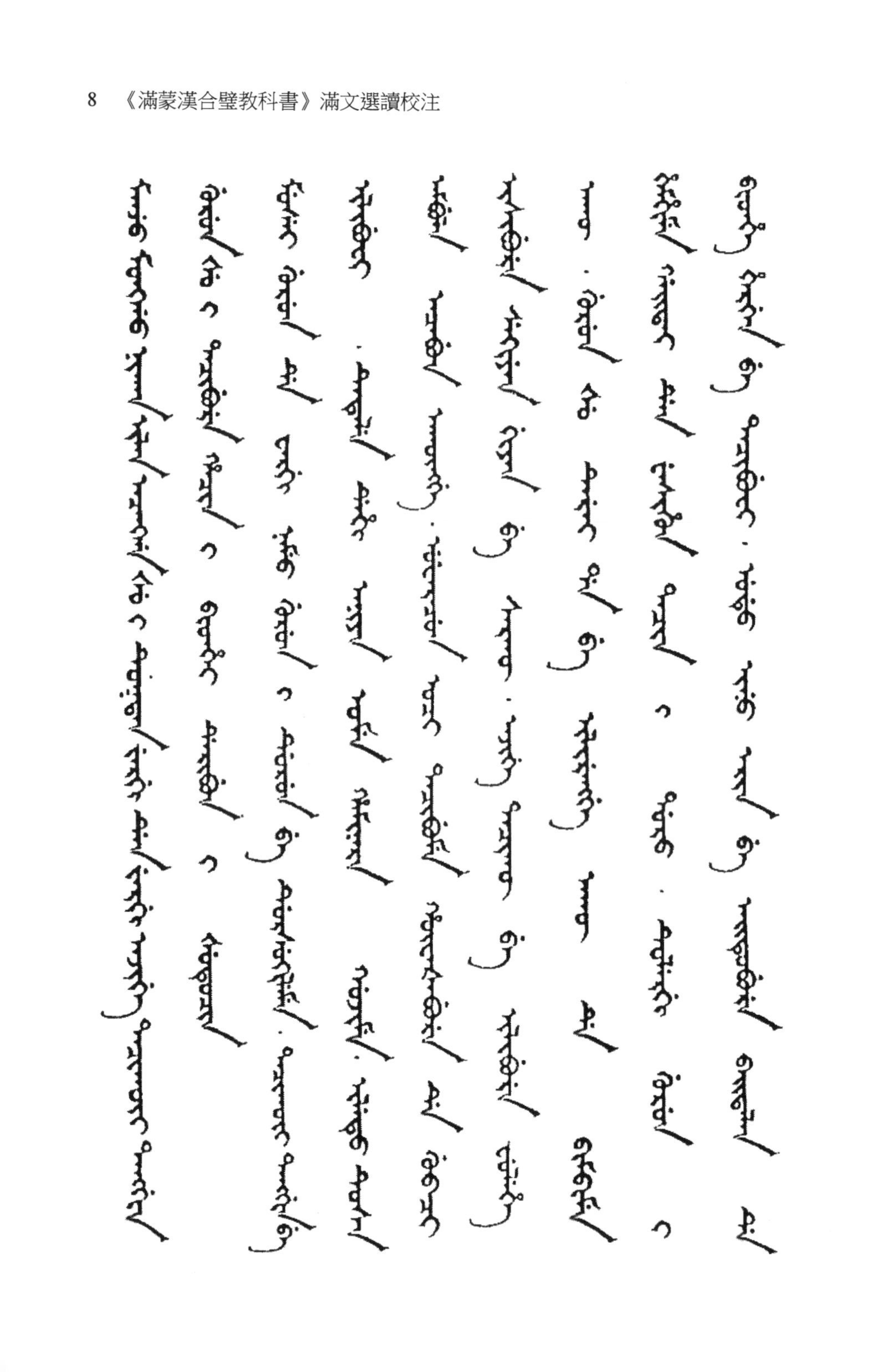

manju monggo nikan ilan acangga šu i tuktan jergi den jergi ajige tacikūi tanggin gurun šu i tacibure hacin i bithei deribun i šutucin.

musei gurun de wargi namu gurun i durun be dursukileme tacikūi tanggin be ilibufi, tetele dehi aniya ome haminara gojime, iletu tusa ambula acabun akūngge, ufaracun oci tacibume hūwašabure de gubci isibure sekiyen giyan be sarkū, ajige tacikū be ilibure fulehe akū, gurun šu terei da be ilirengge akū de bimbime hemhime gaitai den wesihun tacin i doro, tulergi gurun i bithe hergen be tacibufi, udu inu erin be aitubure baitalan de

---

〈滿蒙漢三文合璧初等高等小學堂國文教科書緣起〉

我國仿西法設學堂[1]，迄今幾四十年，而無明效大驗者，弊在不知普及教育原理[2]，無小學以立之基，無國文以植其本，貿貿然遽授以高尚學術、外國文字，雖亦適救時之用，

---

1 我國仿西法設學堂，句中「西法」，滿文讀作“wargi namu gurun i durun”，意即「西洋國之式樣或制度」。

2 弊在不知普及教育原理，句中「弊」，滿文讀作“ufaracun”，意即「失」、「失誤」。

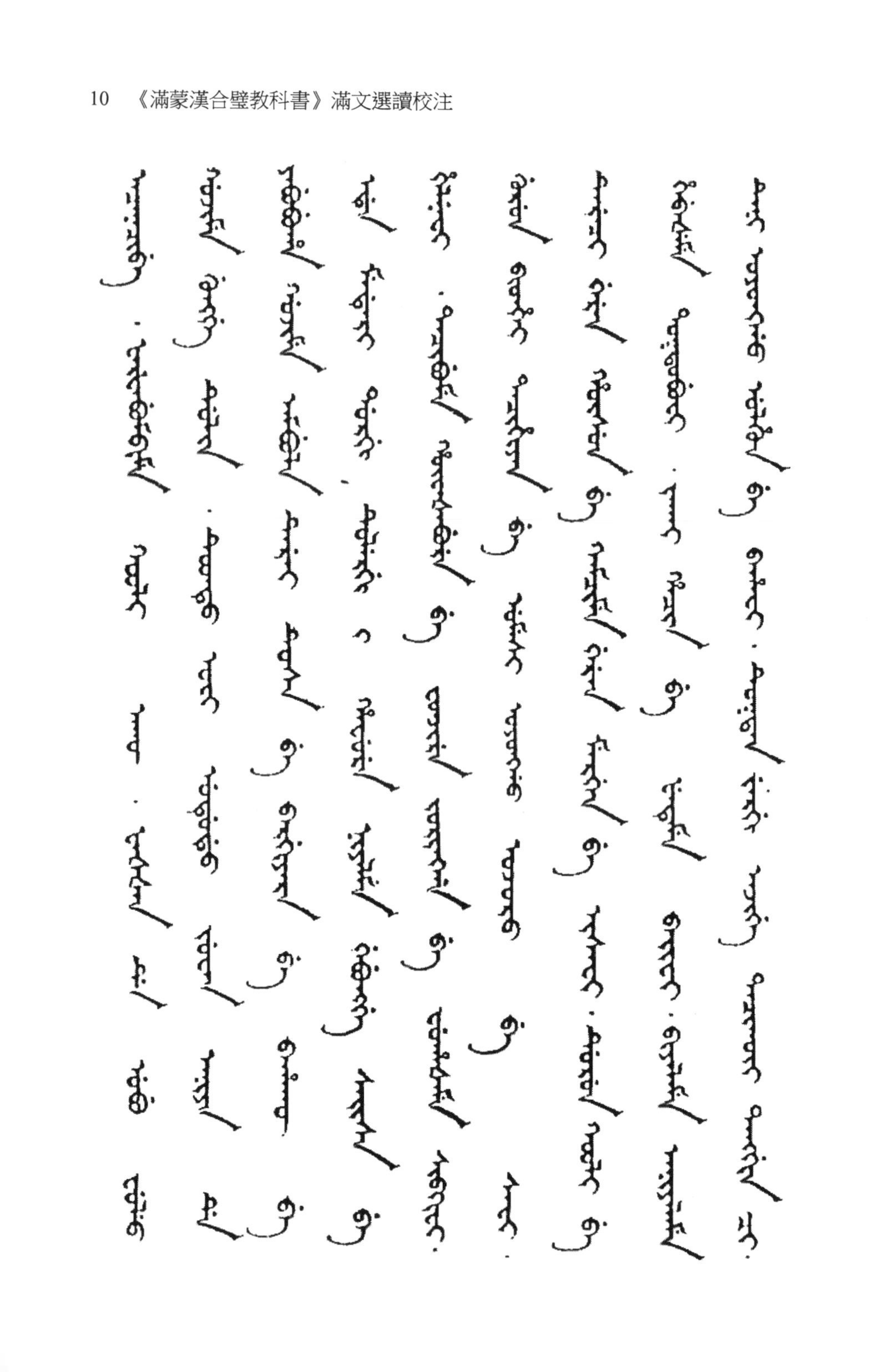

acanacibe, farfabumbime kooli akū, faššan de ubu fulu gojime gungge dulin, tuttu ofi ududu juwan aniya de yabubuha gojime ambula terei tusa be bargiyara be bahakū be ede mederi dorgi tulergi i hafure niyalma gebungge saisa be helnefi, tacibume hūwašabure be fonjire joringga be fuhašame sibkifi, gurun bithei tacihiyan be umesi oyonggo ojoro be safi, tereci geren hūsun be kamcime geren mergen be isafi, durun kooli be hebešeme toktobufi, jakai hacin be feteme baifi biyalame aniyalame teni oyonggo ulhun be bahafi, tuktan jergi ajige tacikūi tanggin ci

---

而淩亂無章，事倍功半，所以行之數十年而不得大收其效也。於是延請海內外通人名士，研究教育問題，知國文科為最亟[3]，乃合群力集衆智，商榷體例[4]，搜羅材料，累月經年，始得要領。自初等小學堂，

---

3 知國文科為最亟，句中「最亟」，滿文讀作“umesi oyonggo”，意即「最要緊」

4 商榷體例，句中「商榷」，滿文讀作“hebešeme toktobufi”，意即「商定」。

ᠵᠠᡴᠠ ᠵᡝᡴᡝ ᠠᠯᡳᠪᡠᡥᡝ ᠮᠠᠩᡤᠠ ᠮᡝᠩᡤᡠᠨ ᠵᠠᡴᠠ ᠶᠠᠪᡠᡥᠠᡳ᠈ ᠪᠠᡳᡨᠠᠯᠠᠮᡝ ᡤᡝᠮᡠ ᠠᠨᡳᠶᠠ
ᠠᡵᡤᠠ ᠪᡠᡴᡩᠠᠨ᠈ ᠪᠣᠣ ᡳ ᡨᠣᠯᠣᠮᡝ ᠪᠠᠨᡳᠯᡥᠠ ᠪᡝ ᠠᡵᠠᡵᠠ ᠪᠠᡳᡨᠠ᠈ ᡝᡵᡝ ᠨᡳᡴᠠᠨ
ᠠᠰᡠᡵᡳ ᡝᡵᡝ ᡨᡝᡵᡝ ᡨᡠᠸᠠᠮᡝ ᡥᡡᠯᠠᠮᡝ ᡠᡵᡤᡠᠨ ᡝᡵᡝ ᠪᡳ ᡝᡵᡝᠴᡳ ᠪᠠᡳᡨᠠᡥᠠ᠈ ᠪᡳ ᠠᡴᡡᠴᡳ᠉
ᠠᠮᠠᡵᡤᡳ ᠪᡳᠰᡳᡥᡝ ᡤᡳᠰᡠᡵᡝᠮᡝ ᠵᡝᠮᡝ ᡨᡠᠸᠠᠪᡠᡥᠠᡴᡡ᠈ ᠪᠠᡳᡨᠠᠯᠠᡵᡝ ᡨᠣᡴᡨᠣᠪᡠ
ᠣᠵᠣᡵᠣ ᠰᠣᠯᡳᠪᡠ ᠣᠵᠣᡵᠣ᠈ ᡝᡵᡝ ᡠᠪᠠᡳᡨᠠᡵᠠ ᡤᡝᡵᡤᡝᠨ ᠣᠪᡠᡵᡝ ᠠᡵᡤᠠ ᠣᠯᡥᠣᡵᠠ ᡠᡥᡠᠮᡝ ᠠᠮᠠᡵᡤᡳ ᠠᠮᠪᠠᠯᠠᠮᡝ
ᠪᠠᠨᡳᡥᠠ ᠪᡝ ᡤᡳᡵᡠᡵᡝ ᠪᡳᠰᡳᡵᡝ ᠣᠪᠣᡵᠣ ᠣᠮᡳᡵᡝ ᡝᡵᡝ ᡳ ᡤᡳᠰᡠᡵᡝ᠈ ᡥᡡᡩᡠᠯᠠ
ᠮᡝᠨᡳᠮᡝᠮᡝ᠈ ᠪᡳᠰᡳᡵᡝ ᡝᡵᡝ ᡥᠠᡵᡤᠠᠰᠠᠮᡝ ᠣᠮᡳᡵᡝ ᠪᡝ ᡤᡳᠰᡠᡵᡝᠩᡤᡝ ᠠᡵᡤᠠ ᠪᡝ ᠠᠮᠠᡵᡤᡳ᠈ ᡝᡵᡝ
ᠵᠣᡵᡤᠣᠨ ᡤᡝᠩᡤᡳᠶᡝᠨ ᡳ ᠮᡝᠨᡳ᠈ ᡨᡝᠰᡝ ᠪᡳ ᠪᠠᡵᡳᠮᡝ ᡝᡵᡝ᠈ ᠣᠮᡳᡵᡝ
ᠨᡳᠶᠠᠯᠮᠠ ᠪᡝ ᡠᠵᡠᠯᡝᠮᡝ ᡤᡳᠰᡠᠨ ᠪᡝ ᡥᠣᠨᡨᠣᡥᠣ ᠰᡳᠨᡤᡤᡝ ᠪᡳ ᡤᡳᠰᡠᡵᡝᠮᡝ᠈ ᡝᡵᡝ ᡠᠮᡝᠰᡳ ᠪᡝ ᠰᡳᡵᡤᡝᡵᡝ ᠠᠮᠪᡠ ᠵᡝᡴᡝ ᡳ ᠨᡳᠶᠠᠯᠮᠠ᠉

den jergi ajige tacikūi tanggin de isitala, bodoci uyun aniyai erinde, bithe juwan jakūn debtelin be arame bahafi, erei nadan jakūn se ci tofohon juwan ninggun se de isitala baitalara de acabumbi, yaya beyebe ilibure de holboburengge, duibuleci cisu erdemu tondo erdemu, jai omingga jemengge etuku adu gisun leolen aššara arbušara banjire be karmara beyebe urebure adali jergi i hacin, boode terengge duibuleci niyaman de hiyoošulara ungga be ginggulere ajigan be jilara, jai fusure erire acabure jabure adali jergi i hacin, jalan de bisirengge duibuleci gucu gargan be guculere niyalma be tuwara jaka de acabure, jai gurun be gosire adali jergi i hacin,

---

至高等小學堂，計九年，得書十八冊[5]（以供七、八歲至十五、六歲之用[6]）。凡關於立身（如私德、公德，及飲食衣服、言語、動作、衛生、體操等）、居家（如孝親、敬長、慈幼、及灑掃、應對等）、處世（如交友、待人、接物及愛國等），

---

5 得書十八冊，滿文讀作“bithe juwan jakūn debtelin be arame bahafi”，意即「撰寫得書十八冊」。

6 以供七、八歲至十五、六歲之用，滿文讀作“erei nadan jakūn se ci tofohon juwan ninggun se de isitala baitalara de acabumbi”，意即「此適合七、八歲至十五、六歲之用」。

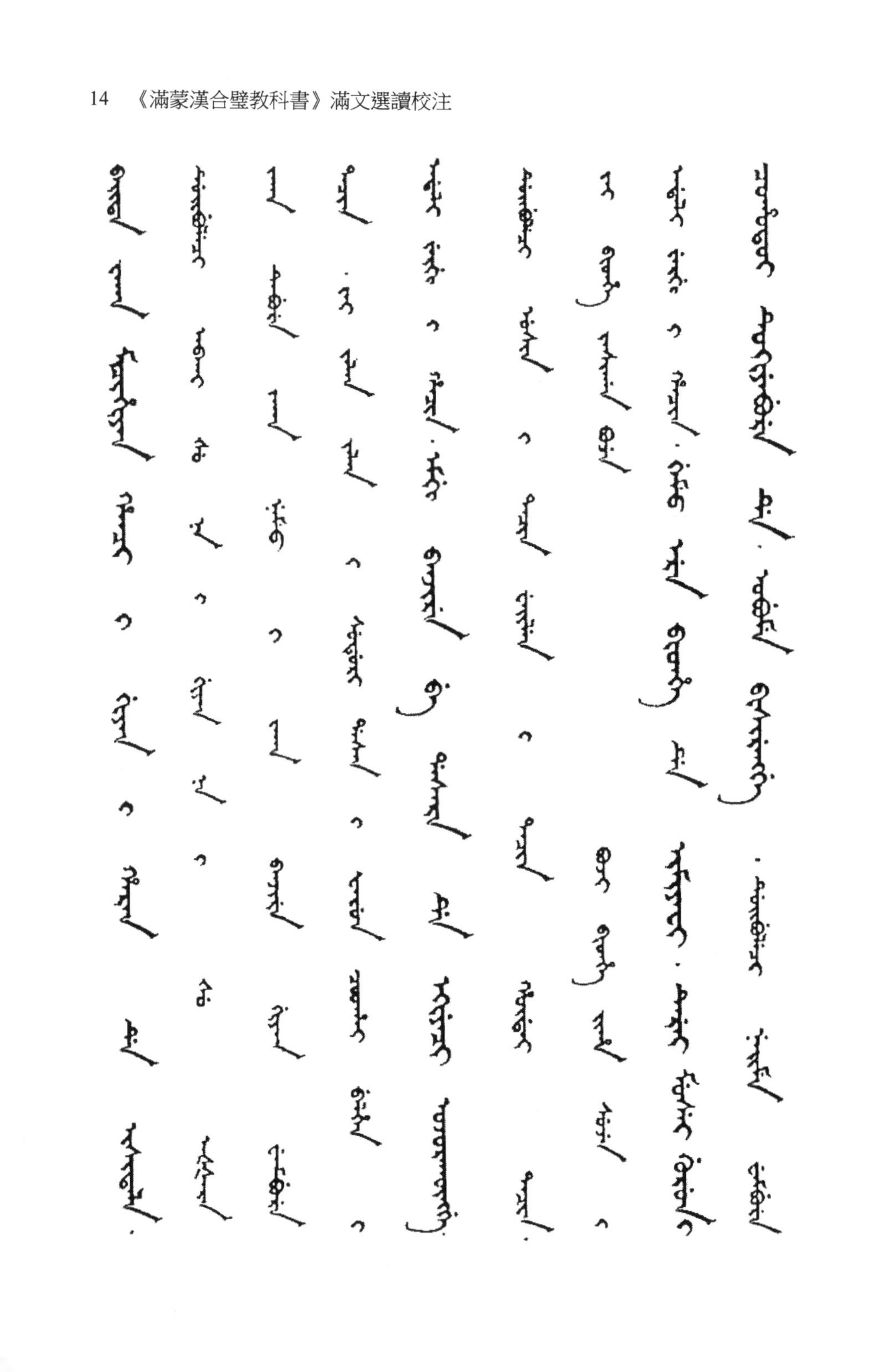

[illegible]

baita jaka micihiyan hanci i giyan i haran de isitala, duibuleci abkai šu na i giyan na i šu aššara jaka tebure jaka nemu i jaka banjire giyan wembure tacin, jai jalan jalan i suduri dasan i fafun coohai belhen i adali jergi i hacin. emgi banjire be dasara de ekiyeci ojorakūngge, duibuleci usin i tacin weilen i tacin, hūdai tacin, jai bithe jasigan boje boji bithe jiha suje i adali jergi i hacin, gemu ere bithe de imiyafi, terei musei gurun i cohotoi tukiyebure de obume bisirengge, duibuleci neime wembure

---

以至事物淺近之理由（如天文、地理、地文、動物、植物、鑛物、生理、化學、及歷史、政法、武備等），與治生之所不可或缺者（如農業、工業、商業，及書信、帳簿、契約、錢幣等[7]），皆萃於此書。其有為吾國之特色（如開化

---

7 錢幣，滿文讀作“jiha suje”，意即「幣帛」。

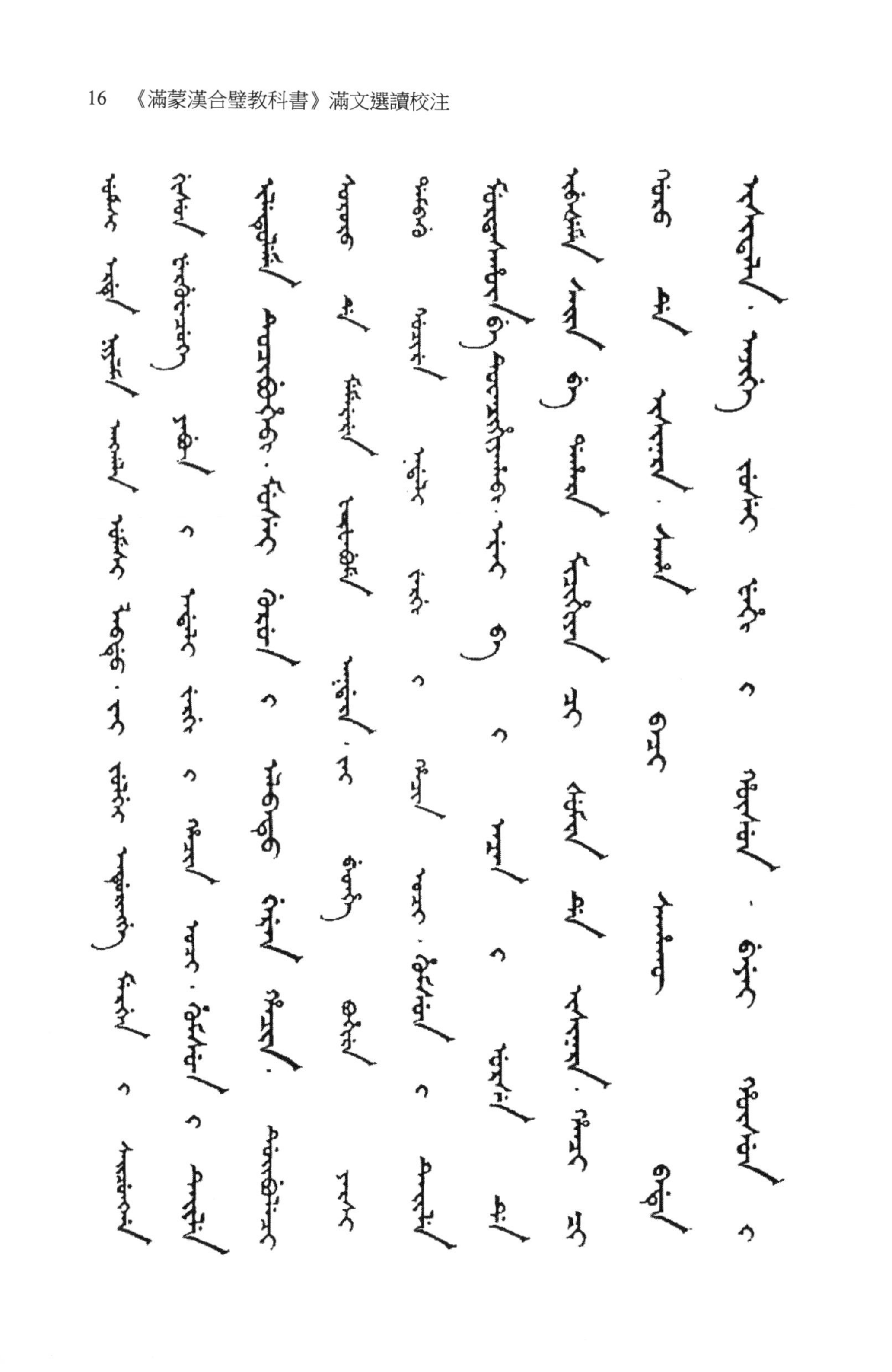

[illegible]

[illegible]

[illegible]

[illegible]

[illegible]

[illegible] ᠪᡳ [illegible]

[illegible]

[illegible]

ᠨᡳᠶᠠᠯᠮᠠ [illegible]

umesi erde niyalma anggala umesi labdu, jai julgei enduringge mergen i saicungga gisun ferguwecuke yabun i adali jergi i hacin oci, humsun i teile iletuleme tucibuhebi, musei gurun i albatu geren hacin, duibuleci sororo de memerere farfabume akdara, jai bethe bohire yarsi dambagu gocire adali jergi i hacin oci. humsun i teile murtashūn be tuwancihiyahabi, erei ba i acan i urse de ibešeme sain be dahara, micihiyan ci šumin de isinara, hanci ci goro de isinara, saha baci sahakū bade isitala, ajige jusei fehi i hūsun, beyei hūsun i

最早，人口最多，及古聖賢之嘉言懿行等），則極力表章之；吾國之弊俗（如拘忌、迷信，及纏足、鴉片等[8]），則極力矯正之；以期社會之進步從善。由淺及深，由近及遠，由已知及未知，按兒童腦力、體力之

8 鴉片，滿文讀作“yarsi dambagu gocire”，意即「抽鴉片烟」。

tucibume iletulere de acabume, ilhi aname cun cun i ibedeme, urunakū niyalma tome be gemu biretei hafumbure doro erdemu sarasu ejebun bihe manggi, teni ibedeme julgei enduringge mergen i oyonggo doro, jalan de tumen gurun i tacin i doro muten be baire be erehunjerengge, tafukū be gaime tafafi, gūwa endebume waliyara ba akū ome haminambidere, bithei dolo yabuha šu de necin yargiyan ferguwecuke arbušara be da obume, giyalabun sargašara efire ucun be gaifi, ajige jusei huwekiyen

發達，循序漸進，務使人人皆有普通之道德、知識，然後進求古聖賢之要道，世界萬國之學術藝能，庶幾拾級而登，無或隕越[9]。書中行文，以平實活潑為主，間取游戲歌曲，

9 無或隕越，滿文讀作“gūwa endebume waliyara ba akū”，意即「無或失職之處」。

ᠨᠣᠮᡠᠨ ᠪᡝ ᡝᡵᡤᡝᠮᠪᡠᠮᡝ · ᡳᠯᡳᠪᡠᠮᡝ ᠪᠠᡳᡨᠠᠩᡤᠠ · ᠠᠮᠪᡠᠰᡝ ᡤᡳᠰᡠᡵᡝᠮᡝ ᠠᠩᡤᠠᠪᡠᠮᡝ

ᠨᡳᠶᠠᠯᠮᠠ ᠪᡝ ᠪᡳᡨᡥᡝᠪᡠᠮᡝ · ᠰᠠᡳᠰᡠᡵᡝᠮᠪᡳ ᡨᡠᠸᠠᠪᡠᠮᡝ ᠪᡳᠴᡳ ᠰᠠᡳᠨ ᡤᡳᠰᡠᠨ

ᡤᡡᠨᡳᠴᡳᠶᠠᠰᡠ ᠰᡝᠮᡝ ᡨᡠᠸᠠᡵᠠᠩᡤᡝ ᠠᠯᡳᠨᡳ ᠮᡠᠵᡳᠯᡝᠨ ᡥᠠᠯᡥᡡᠨ

ᠵᡠᠸᡝᠪᠠᡳᡨᠠ · ᠠᠯᠠᠪᡠᡥᡝ ᠨᡳᠶᠠᠯᠮᠠᡴᡠᠪᡝ ᠪᡝ ᡤᡳᠰᡠᠨ ᡨᡠᠸᠠᠮᡝ ᠨᡳᠶᠠᠯᠮᠠᡴᡠᠪᡝᡥᡝ · ᡤᡳᠰᡠᡵᡝ

ᠠᠯᡳᡥᠠ ᡳ ᠠᡳᠰᡳᠯᠠᠮᡝ ᠰᡝᡵᡝ ᠰᡠᠸᠠᠯᡳᠶᠠᠮᡝ ᠪᡝᡥᡝᡩᡝ · ᠠᠨᡳ ᠮᡠᡴᡝ ᠠᡴᡡ ᠪᡳ

ᠠᠮᡠᡤᡳᠶᠠᡵᠠ ᠪᡠᡵᡝᠪᡠᡥᡝ ᠮᡠᡴᡝ ᠨᠣᠮᡠᠨ ᠨᡳᠶᠠᠯᠮᠠᠩᡤᠠ ::

ᡤᡠᠸᠠᠰᡝᠪᡝ ᡥᠣᠰᠣ ᡳ ᠠᡳᠰᡳᠯᠠᠮᡝ ᠠᠯᡳᠨᡳ ᠮᡠᡴᡝᠨ ᡥᠣᠰᠣ ᠰᡠᠸᠠᡵᡝ ᠪᡠᡳᡳᡵᡝ ᠠᠴᠠᠨᡳ ᡤᡳᠰᡠᡵᡝᠪᡝ ·

amtangga be neileme tucibumbime, jenduken huwekiyebume targabure gūnin be baktambufi, taciburengge joboburakū bime tacirengge gingkarakū ome haminambidere, jendu gurime dolori wembume, eihun hūwašabure da fulehe erei ilibuhabi, gurun irgen i aisilara kemun erei mutebuhebi, ere oci ser seme acabume banjibure daci gūnin ombikai.
gehungge yoso i sucungga aniya sohon coko bolori nadan biyai sain inenggi.

啟發兒童之興趣，而隱寓勸戒之意，庶幾教者不勞，學者不困，潛移默化，蒙養之始基以此立，國民之資格以此成，是則區區編輯之本意也。
宣統元年歲次己酉秋七月吉日

在〈滿蒙漢三文合璧初等高等小學堂國文教科書緣起〉中首先指出晚清設學堂幾四十年而無明效的弊病，是由於「不知普及教育原理，無小學以立之基，無國文以植其本。」學部於是延請海內外通人名士，研究教育問題，深悉國文科尤其重要，因此，結合群力，搜羅材料，編寫國文教科書。其設計是從初等小學堂至高等小學堂，共九年，編寫教科書十八冊，以供七、八歲至十五、六歲兒童使用。對照現存《滿蒙漢三文合璧教科書》與錫良奏稿可知已革奉天蒙古右翼協領榮德譯本，共計八冊。每冊各六十課，合計四八〇課，由淺入深。為了蒐集滿文文獻，編寫滿文教材，可就其中滿文和漢文互相對照，逐冊說明。

教科書共八冊，其中第一冊，未標目錄、課名，第一課內容為：天（abka）、地（na）、日（šun）、月（biya）、山（alin）、水（muke）、土（boihon）、木（moo）八個詞彙。第二課內容為：父（ama）、母（eme）、子（jui）、女（sargan jui）、井（hūcin）、戶（boigon）、田（usin）、宅（hūwa）八個詞彙。第三課內容為：耳（šan）、目（yasa）、口（angga）、舌（ilenggu）、人（niyalma）、犬（indahūn）、牛（ihan）、羊（honin）八個詞彙；第四課內容為：上（dele）、下（fejile）、左（hashū）、右（ici）、大（amba）、小（ajige）、多（labdu）、少（komso）八個詞彙；第五課內容為：一（emu）、二（juwe）、三（ilan）、四（duin）、五（sunja）、六（ninggun）、七（nadan）、八（jakūn）、九（uyun）、十（juwan）十八個詞彙；第六課內容為：日入（šun dosika）、月出（biya tucike）、田土（usin boihon）、池水（omo muke）、宅內（hūwa i dolo）、戶外（uce i tule）、几上（derei dele）、井中（hūcin i dolo）八個詞彙；第七課內容為：大牛（amba ihan）、小犬（ajige indahūn）、丈（juda）、尺（jušuru）、寸（jurhun）、分（fuwen）、耳孔（šan i hohori）、指爪（simhun i hitahūn）、眉目（faitan yasa）、手足（gala bethe）十個詞彙；第八課內容為：山高（alin den）、水長（muke golmin）、風多（edun labdu）、雨少（aga komso）、人首（niyalmai uju）、犬足（indahūn i bethe）、牛角（ihan i uihe）、羊毛（honin i funiyehe）八個詞彙；第九課內容為：水火（muke tuwa）、土石（boihon wehe）、木工（moo faksi）、田夫（usisi）、竹高（cuse moo den）、林茂（bujan fik）、天冷（abka beikuwen）、月明（biya genggiyen）八個詞彙；第十課內容為：父子（ama jui）、母女（eme sargan jui）、兄弟（ahūn deo）、朋友（gucu gargan）、山下（alin fejile）、地上（na dele）、城市（hoton hūdai ba）、村舍（gašan i ūlen）八個詞彙；第十一課內容為：布帛（boso suje）、柴米（deijiku bele）、米五斗（bele sunja hiyase）、布一丈（boso emu juda）、文字（bithe hergen）、姓名（hala gebu）、左五指（hashū sunja simhun）、右五指（ici sunja simhun）八個詞彙；第十二課內容為：日夜（inenggi dobori）、旦夕（erde yamji）、天初明（abka tuktan gereke）、人初起（niyalma tuktan ilimbi）、東西（dergi wargi）、南北（julergi amargi）、日西下（šun wasihūn wasifi）、月東上（biya wesihun mukdeke）八個詞彙；第十三課內容為：伯父（amji）、叔父（ecike）、我姊姊（mini eyun）、我妹妹（mini non）、長男（ahūngga haha）、幼子（ajigan jui）、好哥哥（sain ahūn）、好弟弟（sain deo）八個詞彙；第十四課內容為：青草（niowanggiyan orho）、紅花（fulgiyan ilha）、池草青（omo i orho niowanggiyan）、山花紅（alin i ilha fulgiyan）、春風（niyengniyeri edun）、夏雨（juwari aga）、春風吹（niyengniyeri edun lasihibumbi）、夏雨降（juwari aga agambi）八個詞彙；第十五課內容為：先生（sefu）、弟子（šabi）、良朋至（sain gucu isimbi）、好友來（saikan gargan jimbi）、姊長（eyun eyungge）、妹幼（non ajigan）、坐草上（orho ninggu de tembi）、立花前（ilha juleri de ilimbi）八個詞彙；第十六課內容為：烏飛（gaha deyembi）、兔走（gūlmahūn feksimbi）、烏出林（gaha bujan ci tucike）、兔入穴（gūlmahūn yeru de dosika）、虎爪（tasha i ošoho）、馬足（morin i bethe）、虎力大（tasha i hūsun amba）、馬行速（morin oksoro hūdun）八個詞彙；第十七課內容為：長枕（golmin cirku）、大被（amba jibehun）、帳中枕（mengse dolo i cirku）、牀上被（besergen dele jibehun）、坐船（jahūdai de tembi）、乘車（sejen de tembi）、水行船（muke de jahūdai yabumbi）、陸行車（olhon de sejen yabumbi）八個詞彙；第十八課內容為：池魚（omo i nimaha）、野鳥（bigan i gasha）、鳥在林（gasha bujan de bimbi）、魚浮水（nimaha muke de dekdembi）、加冠（mahatun nonggimbi）、披衣（etuku nerembi）、布七疋（boso nadan defelinggu）、帛二丈（suje juwe juda）八個詞彙；第十九課內容為：杏花（guilehe i ilha）、柳枝（fodoho i gargan）、門外柳（duka tule i fodoho）、村前杏（gašan juleri i guilehe）、白米（šanyan bele）、黃豆（suwayan turi）、米八斤（bele jakūn ginggen）、豆三升（turi ilan moro hiyase）八個詞彙；第二十課內容為：皮毯（sukū i muhaliyan）、石筆（wehe i fi）、姊作文（eyun šu fiyelen be arambi）、妹習字（non hergen be urebumbi）、瓦房（wasei boo）、柴門（hashan i duka）、向城垣（hoton i fu de foroko ici ombi）、居村市（gašan i hūdai bade tembi）八個詞彙；第二十一課內容為：晨星少（ulden i usiha komso）、朝日紅（erde i šun fulgiyan）、

好風來（sain edun jihe）、白雲去（šanyan tugi genehe）、木上雀（moo ninggu i cecike）、村中犬（gašan dolo i indahūn）、紡紗女（cece fororo sargan jui）、采桑人（nimalan gurure niyalma）八個詞彙；第二十二課內容為：有客至（antaha isinjiha bi）、入室內（booi dolo dosifi）、我迎客（bi antaha be okdombi）、立几側（derei dalbade ilimbi）、父見客（ama antaha de acambi）、問姓名（hala gebu be fonjimbi）、父坐右（ama ici ergide tembi）、客坐左（antaha hashū ergide tembi）八個詞彙；第二十三課內容為：首向前（uju julesi ombi）、兩手平（juwe gala necin ombi）、伸左足（hashū bethe saniyambi）、屈右足（ici bethe ikūmbi）、目能視（yasa tuwame mutembi）、手能指（gala jorime mutembi）、口出言（angga ci gisun tucimbi）、舌知味（ilenggu de amtan sambi）八個詞彙；第二十四課內容為：庭前竹（tinggin juleri i cuse moo）、宅畔松（hūwa dalbai jakdan）、舍南北（ūlen julergi amargi）、城東西（hoton i dergi wargi）、春風至（niyengniyeri edun isinjifi）、百草青（eiten orho niowanggiyan）、桃花開（toro moo ilha ilambi）、竹生筍（cuse mooi arsun banjimbi）八個詞彙；第二十五課內容為：書案上（bithe derei dele）、紙一幅（hoošan emu afaha）、羊毛筆（honin funiyehe i fi）、兩三枝（juwe ilan da）、先生言（sefu henduhengge）、每日間（inenggidari sidende）、宜習書（nirure be urebuci acambi）、宜作字（hergen be araci arambi）八個詞彙；第二十六課內容為：几上硯（dere dele i yuwan）、硯有池（yuwan de olgakū bi）、日射入（foson fosome dosifi）、硯水乾（yuwan i muke olhoho）、持粉筆（fiyen fi be jafame）、畫黑板（sahaliyan undehen de jijumbi）、伸左手（hashū gala saniyambi）、拭白粉（šanyan fiyen be fumbi）八個詞彙；第二

十七課內容為：伯母問（amu fonjime）、叔母答（uhume jabume）、夜早眠（dobori erdeken i amgakini）、朝快起（erde hūdukan i ilikini seme）、能耐苦（suilacun be kirime mutembi）、能作事（baita be arame mutembi）、好男兒（sain haha juse）、大丈夫（yekengge haha）八個詞彙；第二十八課內容為：每五人（sunja niyalma tome）、為一列（emu faida obumbi）、我居長（bi coohai da ombi）、手持刀（gala loho jafambi）、我為將（bi coohai hafan ombi）、向前行（julesi yabumbi）、彼為兵（ce cooha obumbi）、在後行（amala yabumbi）八個詞彙；第二十九課內容為：一年四季（emu aniyai duin forgon）、曰春曰夏（niyengniyeri sere juwari serengge）、曰秋曰冬（bolori sere tuweri serengge）、正月孟春（aniya biya niyengniyeri uju sembi）、二月仲春（juwe biya niyengniyeri dulimba sembi）、三月季春（ilan biya niyengniyeri dube sembi）六個詞彙；第三十課內容為：庭外海棠（tinggin i tuleri i fulana ilha）、窗前牡丹（fa juleri i modan ilha）、先後開花（nenden amaga ilha ilambi）、姊打皮毬（eyun sukū muhaliyan be forimbi）、妹上鞦韆（non ceku de cekudembi）、同遊同止（emde sargašame emde ilimbi）六個詞彙；第三十一課內容為：地面多水（na i oilo muke labdu）、有海有江（mederi bi ula bi）、有河有湖（bira bi tenggin bi）、門外垂柳（duka tule loli fodoho）、有池有泉（omo bi šeri bi）、有魚有鳥（nimaha bi gasha bi）六個詞彙；第三十二課內容為：日光初出（foson tuktan tucike）、沙鳥上下（coociyanli gasha dele fejile）、孤帆遠來（emhun kotoli i jahūdai goro ci jihe）、平田麥茂（necin usin i maise luku）、四面皆青（duin dere gemu niowanggiyan）、中伏一雉（dolo emke ulhūma dedumbi）六個

詞彙；第三十三課內容為：雨初晴（aga tuktan galga）、池水清（omo i muke bolgo oho）、游魚逐水（irenere nimaha muke de amcambi）、時上時下（gaitai dele gaitai fejile）、一童子（emu ajige jui）、持釣竿（welmiyeku be jafame）、伸入池中（omo i dolo saniyafi）、魚皆散去（nimaha gemu facaha）八個詞彙；第三十四課內容為：直為柱（undu tura obumbi）、橫為梁（hetu mulu obumbi）、屋上有梁（booi dele mulu bi）、屋中有柱（booi dolo tura bi）、渴思飲（kangkaha manggi omire be gūniki seme）、饑思食（uruke manggi jetere be gūniki sembi）、南人食米（julergi ba i niyalma bele i buda be jeki seme）、北人食麥（amargi ba i niyalma maise i ufa be jeki sembi）八個短句；第三十五課內容為：左手執弓（hashū ergi gala de beri jafame）、右手抽矢（ici ergi gala de niru be tatafi）、向空中（untuhun i dolo i baru）、射飛鳥（deyere gasha be gabtaki sembi）、肩荷快槍（meiren de hūdun miyoocan be meihereme）、腰垂長刀（dara de golmin loho be lakiyame）、挽匹馬（emke morin kutuleme）、出城去（hoton ci tucime genehe）八個短句；第三十六課內容為：畫眉叫（yadali cecike jilgambi）、孔雀飛（tojin deyembi）、鹿能走林（buhū weji de feksime mutembi）、猴能升木（monio moo de wesime mutembi）、柏十丈（mailasun juwan juda）、屋三間（boo ilan giyalan）、月季兩盆（biyalari ilha juwe fengse）、石硯一方（wehe i yuwan emu hošonggo）八個短句；第三十七課內容為：黃牛背（suwayan ihan i fisa de）、坐牧童（aduci ajige jui teme）、口吹短笛（angga de foholon hetu ficakū be ficame）、東西往來（wesihun wasihūn amasi julesi yabumbi）、一黑豕（emke sahaliyan ulgiyan）、臥泥中（lifaha i dolo dedufi）、夕陽在山

（dabsiha šun alin de wasifi）、有人喚豕（ulgiyan be hūlara niyalma bi）八個短句；第三十八課內容為：棉成布（kubun be boso banjinaci ombi）、絲成帛（sirge be suje banjinaci ombi）、布可為衣（boso be etuke araci ombi）、帛可為帶（suje be umiyesun araci ombi）、水生珠（muke de nicuhe banjimbi）、山生玉（alin de gu banjimbi）、明珠形圓（genggiyen nicuhe i arbun muheliyen）、良玉色白（sain gu i boco šanyan）八個短句；第三十九課內容為：我長兄（mini ahūngga ahūn）、客地方（gūwabsi bade genefi）、一紙家書（emu afaha booi jasigan）、問兄好安（ahūn i sain elhe be dacilambi）、春光去（niyengniyeri i elden de duleke）、兄不回（ahūn bederehekū ofi）、弟在家中（deo booi dolo teme）、思兄無已（ahūn be gūniha seme wajirakū）八個短句；第四十課內容為：四月天（duin biyai erinde）、大麥黃（amba maise suwayan oho）、南風入戶（julergi edun boode dosifi）、單衣不冷（emursu etuku beikuwen akū）、雨水足（aga muke elefi）、田工忙（usisi weilere de ekšefi）、婦女採桑（hehe sargan jui nimalan be gurume）、兒童送飯（ajige jui buda be benembi）八個短句；第四十一課內容為：几上有茶（derei delede cai bi）、茶味清香（cai amtan bolgo wangga）、一杯奉客（emu hūntahan be antaha de alibufi）、一杯自飲（emu hūntahan be beye omimbi）、案上有書（deretu dele bithe bi）、書中有畫（bithei dolo nirugan bi）、母取一冊（eme emu debtelin be gaifi）、指畫教我（nirugan be jorime mimbe tacibumbi）八個短句；第四十二課內容為：五月五日（sunja biyai sunjangga inenggi）、名天中節（abka dulimba hacin inenggi seme gebulehe）、先生放假（sefu šolo be sindafi）、弟子回家（šabi boode marifi）、父母兄弟（ama eme ahūn deo)、設筵家庭(booi tinggin de sarin be dagilame)、角黍形尖(lala juhe efen i arbun jofohonggo)、黃魚味美(suwayan nimaha amtan sain)八個短句;第四十三課內容為:瓦屋兩間(wasei boo juwe giyalan)、四面短垣(duin dalgan foholon fu)、前有草場(julergi orhoi ongko bi)、後近茅舍(amargi elben i boode hanci)、兄弟二人(ahūn deo juwe niyalma)、同一學堂(uhe emu tacikūi tanggin de bi)、朝來誦習(erde jifi hūlame tacimbi)、夕去遊散(yamji genefi sula sargašambi)八個短句;第四十四課內容:姊執我手(eyun mini gala be jafame)、降階看花(terkin ci wasinjifi ilha tuwaki)、我欲采花(bi ilha be guruki seme)、姊急搖手(eyun hahi gala lasihimbi)、兩客同來(juwe antaha emde jifi)、一老一少(emu sakda emu asigan)、我問客姓(bi antaha i hala be dacilaki)、客問我年(antaha mini se be fonjimbi)八個短句;第四十五課內容為:早起披衣(erde ilifi etuku be nerefi)、同立庭畔(emde tinggin i dalbade ilime)、仰視浮雲(hargašame neoro tugi tuwaci)、四面一色(duin dere boco adali)、三兩飛鳥(juwe ilan deyere gasha)、出沒雲間(tugi i sidende tucire dosire)、紅日上升(gehun šun wesihun mukdeke)、雲去天青(tugi samsiha abka lamun oho)八個短句;第四十六課內容為:夏日晴明(juwari inenggi gehun gahūn)、采果庭前(tinggin i juleri de tubihe be fatafi)、黃梅解渴(suwayan jušuri i kangkaha be suci ombi)、桃李清甘(toro foyoro i amtan bolgo jancuhūn)、筍老成竹(cuse mooi arsun sakdafi cuse moo banjinaha)、削竹為筐(cuse moo be giyafi šoro be hiyadaha)、持筐閒行(šoro be mayalame sula yabume)、拾豆桑下(nimalan mooi fejile de turi be tunggiyembi)八個短句;

第四十七課內容為：日初出（šun tuktan tucike）、兒童上學去（ajige jui tacikū de dosinafi）、日將入（šun arkan dosika）、兒童回家來（ajige jui boode bederenjihe）、哥哥年九歲（ahūn uyun se）、打大鼓（amba tungken be tūmbi）、妹妹年七歲（non nadan se）、持竹刀（cuse mooi huwesi be jafame）八個短句；第四十八課內容為：黑雲飛（sahaliyan tugi dekdefi）、大雨至（turame agaha）、雨後見虹（agaha amala nioron gocifi）、虹現雲收（nioron gocika amala tugi hetehe）、天氣晴明（abkai sukdun gahūn）、夕陽紅（dabsiha šun fulgiyan）、放學回（tacikū ci sindafi bederefi）、左持紗布（hashū gala cece fungku be jafame）、右執紙扇（ici gala hoošan fusheku be jafame）、散步庭中（tinggin i dorgide elhei oksohoi）十個短句；第四十九課內容為：貓大鼠小（kesike amba singgeri ajige）、鼠見貓（singgeri kesike be sabuci）、入穴中（yeru dolo dosika）、貓伺几側（kesike derei dalbade hiracame）、鼠不敢出（singgeri gelhun akū tucirakū）、犬大貓小（indahūn amba kesike ajige）、貓見犬（kesike indahūn sabuci）、登屋上（booi ninggude tafafi）、犬不能逐（indahūn amcame muterakū）、向貓狂吠（kesike baru balai gūwambi）十個短句；第五十課內容為：荷花開花（šu ilha tuktan fushufi）、乘小舟（ajige jahūdai de teme）、入湖中（tenggin i dolo dosifi）、晚風吹來（yamji edun dame jihe）、四面清香（duin dere bolgo wangga）、有一老人（emu sakda niyalma bi）、提小筐（ajige šoro be yodame）、入城市（hoton i hūdai bade dosifi）、買魚兩尾（juwe nimaha be udafi）、步行回家（yafahalame boode bederehebi）十個短句。

第五十一課內容為：五月大雨（sunja biyade turame

agaha)、田中水高(usin i dolo muke den ofi)、農人分秧(usisi fursun be sarkiyafi)、秧針出水(fursun i dube muke ci tucifi)、長二三寸(golmin ici juwe ilan jurhun)、岸旁水車(dalin i dalbade šurdebure tatakū)、上下往復(dele fejile šurdebume)、有三四人(ilan duin niyalma bi)、在水車上(šurdebure tatakū de bifi)、口唱田歌(angga de usin i ucun be uculehebi)十個短句;第五十二課內容為:清水一缸(bolgo muke emu angara)、中畜金魚(dolo boconggo nisiha be ujime)、上浮水草(dergi sokji dekdeme)、魚游水動(nimaha ireneci muke aššafi)、魚伏水定(nimaha deduci muke toktombi)、堂前有柏(tanggin i julergi mailasun bi)、柏上有巢(mailasun ninggude feye bi)、巢內有烏(feye i dolo gaha bi)、日出烏飛(šun tucifi gaha deyehe)、日入烏啼(šun dosifi gaha jilgambi)十個短句;第五十三課內容為:我手執帶(bi gala umiyesun be jafame)、引貓近前(kesike be yarhūdame juleri de isime)、帶急提起(umiyesun be hahi yodafi)、貓向前迎(kesike juleri i baru okdome)、兩爪上捧(juwe ošoho wesihun joolambi)、二人共飯(juwe niyalma emde buda jeme)、小犬走來(nuhere feksinjifi)、搖尾求食(sihešeme ulebure baiki)、後足坐地(amargi bethe bade teme)、前足向上(julergi bethe wesibun tukiyembi)十個短句;第五十四課內容為:首居上(uju dergi de bi)、足居下(bethe fejergi de bi)、胸居前(cejen julergide bi)、背居後(fisa amargide bi)、首下為肩(ujui fejergi meiren ombi)、肩垂兩手(meiren i fejile lakdahūn juwe gala)、眉在上(faitan dergide bi)、目在下(yasa fejergide bi)、唇在外(femen tulergide bi)、舌在內(ilenggu dorgide bi)、鼻在中央(oforo dulimba de bi)、兩旁有耳(juwe dalbade šan bi)十二個短句;第五十五課內容為:古畫一幅(julgei nirugan emu afaha)、畫馬八匹(jakūn morin be nirufi)、或起或臥(eici ilime eici dedume）、或俯或仰（eici bujume eici hargame）、形狀不一（arbun i durun adali akū）、庭前花木（tinggin i julergi ilha moo）、松竹桃李（jakdan cuse moo toro foyoro）、海棠牡丹（fulana ilha modan ilha）、東西並列（dergi wargi sasa faidame）、高下成行（den fangkala jurgan obumbi）十個短句；第五十六課內容為：為弟子時（deote juse ojoro fonde）、入孝父母（dosici ama eme de hiyoošula）、出敬長上（tucici ungga dangga be ginggule）、先生教我（sefu mimbe tacibufi）、毋忘此言（ere gisun be ume onggoro sehe）、夏日正長（juwari i inenggi jing golmin）、姊妹二人（eyun non juwe niyalma）、同作女工（emde gala weilen be arame）、妹取絲來（non sirge be gajifi）、乞姊穿針（eyun de ulme semire be baireo sehebi）十個短句；第五十七課內容為：日東升（šun wesihun mukdeke）、室中明（booi dolo genggiyen）、日西下（šun wasihūn wasifi）、室中暗（booi dolo farhūn oho）、作事有時（baita araci toktoho erin bi）、或遊或息（eici sargašame eici teyembi）、明星出（durgiya tucike）、晚風清（yamji edun bolgo）、兄招弟（ahūn deo be elkime）、去乘涼（sebderi de serguwešeme geneki seme）、院中閒步（hūwa i dolo elhei oksohoi）、我唱汝和（bi uculeme si hūwaliyaki sehebi）十二個短句；第五十八課內容為：布有長短（boso golmin foholon bi）、量布用尺（boso be miyalici jušuru baitalambi）、十分為寸（juwan fuwen jurhun ombi）、十寸為尺（juwan jurhun jušuru ombi）、十尺為丈（juwan jurhun juda ombi）、米有多少（bele udu bi）、量米用升（bele be miyalici moro hiyase baitalambi）、十合為升（juwan oholiyo moro hiyase ombi）、十升為斗（juwan moro hiyase hiyase ombi）、五斗為斛（sunja hiyase suntu ombi）十個短句；第五十九課內容為：春去夏來（niyengniyeri duleke juwari dosifi）、草木長茂（orho moo šak fik oho）、四月孟夏（duin biya juwari uju sembi）、五

月仲夏（sunja biya juwari dulimba sembi）、六月季夏（ninggun biya juwari dube sembi）、采瓜田中（usin i dolo hengke be gurufi）、敬奉父母（ama eme de gingguleme uilefi）、父命取刀（ama huwesi be gajime）、剖瓜一半（hengke be emu dulin hūwakiyame）、分給弟妹（deo non de dendeme bu seme afabuhabi）十個短句；第六十課內容為：入學堂（tacikūi tanggin de dosifi）、已半年（emgeri hontoho aniya oho）、國文科（gurun bithei tacibure bithe）、一冊完（emu debtelin be hūlame wajiha）、天氣炎暑（abkai sukdun fiyakiyame halhūn）、學堂放假（tacikūi tanggin ci šolo sindafi）、放假回（šolo sindafi mariha de）、見父母（ama eme de tuwabufi）、父母喜（ama eme de urgunjefi）、命兒前（jui be julesi jio）、溫書習字（bithe be urebu hergen be taci）、每日一時（inenggidari emke erin seme afabuhabi）十二個短句。

《滿蒙漢合璧教科書》第一冊第六十課有一段內容敘述說：「入學堂，已半年，國文科，一冊完，天氣炎暑，學堂放假」云云，可知當時學年度分為上、下兩個學期，上學期，春天開學，新生入學，一個學期半年，國文科讀完第一冊，計六十課，學習單字短句，由淺及深，循序漸進。譬如：「天」字的練習，教科書第一課學習「天」（abka）這個單字的讀音；第九課學習「天冷」（abka beikuwen）兩個字的造詞；第十二課學習「天初明」（abka tuktan gereke）三個字的造詞；第四十五課學習「雲去天青」（tugi samsiha abka lamun oho）四個字的造詞，符合幼童的教學方法。又如「大」字的練習，第四課學習「大」（amba）這一個單字的讀音；第七課學習「大牛」（amba ihan）兩個字的造詞；第十六課學習「虎力大」（tasha i hūsun amba）三個字的造詞；第四十九課學習「貓大鼠小」（kesike amba singgeri ajige）四個字的造詞；又如「小」（ajige）這一個單字的練習，第四課學習「小」（ajige）的讀音；第七課學習「小犬」（ajige indahūn）兩個字的造詞；第四十九課學習「犬大貓小」（indahūn amba kesike ajige）四個字的造詞，都是由淺入深，漸進式的練習。

教科書中的滿漢文，頗多有待商榷之處，譬如：第一冊第九課「木工」，滿文讀作"moo faksi"，意即「木匠」。按「木工」，規範滿文讀作"mooi jaka weilere hafan"，「木工」與「木匠」譯文有待商榷。「田夫」，滿文讀作"usisi"，意即「農夫」。「旦夕」，滿文讀作"erde yamji"，意即「朝夕」。第十四課「春風吹」，滿文讀作"niyengniyeri edun lasihibumbi"，句中"lasihibumbi"，意即「遭風」，滿漢文義有待商榷。「春風吹」滿文似當作"niyengniyeri edun dambi"。第十六課「兔走」，滿文讀作"gūlmahūn feksimbi"，意即「兔跑」，是指兔奔馳。第二十一課「晨星少」，滿文讀作"ulden i usiha komso"，句中"晨星"，規範滿文讀作"erdei usiha"，此作"ulden i usiha"，疑誤。第二十六課「硯有池」，滿文讀作"yuwan de olgakū bi"，句中"olgakū"，規範滿文讀作"ulgakū"，意即「筆蘸」，此作"olgakū"，疑誤。第二十八課「我居長」，滿文讀作"bi coohai da ombi"，意即「我為伍長」。「我為將」，滿文讀作"bi coohai hafan ombi"，意即「我為軍官」，滿文含義較清晰。第四十二課「五月五日」，滿文讀作"sunja biyai sunjangga inenggi"，意即「五月端午」。「角黍形尖」，滿文讀作"lala juhe efen i arbun jofohonggo"，意即「粽子形尖」，「角黍」習稱「粽子」。第四十三課「同一學堂」，滿文讀作"uhe emu tacikūi tanggin de bi"，意即「同在一所學堂」。第四十四課「我問客姓」，滿文讀作"bi antaha i hala be dacilaki"，句中"問"，滿文讀作"dacilaki"，意即「請示」。第四十六課「黃梅解渴」，滿文讀作“suwayan jušuri i kangkaha be suci ombi”，意即「可以黃烏梅解渴」。第四十八課「黑雲飛」，滿文讀作“sahaliyan tugi dekdefi”，意即「黑雲浮起」。第五十二課「中畜金魚」，滿文讀作“dolo boconggo nisiha be ujime”，意即「中畜彩色小魚」。第五十三課「小犬走來」，滿文讀作“nuhere feksinjifi”，意即「小狗跑來」，句中“nuhere”，是指生後七、八個月的小狗。第五十五課「高下成行」，滿文讀作“den fangkala jurgan obumbi”，意即「高低成行」。第五十八課「五斗為斛」，滿文讀作“sunja hiyase suntu ombi”，句中“斛”，規範滿文讀作“sunto”，此作“suntu”，疑誤。

《最新國文教科書》的編寫，有其體例，也有其用字筆劃的考慮，由淺入深，循序漸進。榮德譯出《滿蒙漢合璧教科書》第一冊，未附滿文十二字頭字母表，亦未附滿文字母筆順及虛字說明，確實是美中不足之處。

《滿蒙漢合璧教科書》第二冊課名漢滿文對照表

順　次	課　名		羅　馬　拼　音	備　註
	漢　文	滿　文		
第一課	學堂	ᡨᠠᠴᡳᡴᡡᡳ ᡨᠠᠩᡤᡳᠨ	tacikūi tanggin	
第二課	筆	ᡶᡳ	fi	
第三課	荷	ᡧᡠ ᡳᠯᡥᠠ	šu ilha	
第四課	孔融	ᡴᡠᠩ ᡰᡠᠩ	kung žung	

順次	課名		羅馬拼音	備註
	漢文	滿文		
第五課	孝子	ᡥᡳᠶᠣᠣᡧᡠᠩᡤᠠ ᠵᡠᡳ	hiyoošungga jui	
第六課	曉日	ᡤᡝᡵᡝᡴᡝ ᡧᡠᠨ	gereke šun	
第七課	衣服	ᡝᡨᡠᡴᡠ ᠠᡩᡠ	etuku adu	
第八課	蜻蜓	ᡠᠯᠮᡝ ᡥᡡᠯᡥᠠᡨᡠ	ulme hūlhatu	
第九課	採菱歌	ᠨᡳᠩᡤᡳᠶᠠ ᡤᡠᡵᡠᡵᡝ ᡠᠴᡠᠨ	ninggiya gurure ucun	
第十課	燈花	ᡩᡝᠩᠵᠠᠨ ᡳ ᠨᡳᠶᠠᠮᠠᠨ	dengjan i niyaman	
第十一課	讀書	ᠪᡳᡨᡥᡝ ᡥᡡᠯᠠᡵᠠᠩᡤᡝ	bithe hūlarangge	
第十二課	司馬溫公	ᠰᡟ ᠮᠠ ᠸᡝᠨ ᡤᡠᠩ	sy ma wen gung	
第十三課	誑言	ᡝᡳᡨᡝᡵᡝᡴᡠ ᡤᡳᠰᡠᠨ	eitereku gisun	

順　次	課　名		羅　馬　拼　音	備　註
	漢　文	滿　文		
第十四課	食瓜	ᡩᡠᠩᡤᠠ ᠵᡝᡨᡝᡵᡝᠩᡤᡝ	dungga jeterengge	
第十五課	遊戲	ᠰᠠᡵᡤᠠᡧᠠᠮᡝ ᡝᡶᡳᡵᡝᠩᡤᡝ	sargašame efirengge	
第十六課	牛	ᡳᡥᠠᠨ	ihan	
第十七課	口	ᠠᠩᡤᠠ	angga	
第十八課	貓鬬	ᡴᡝᠰᡳᡴᡝ ᠪᡝᠴᡠᠨᡠᡵᡝᠩᡤᡝ	kesike becunurengge	
第十九課	體操歌	ᠪᡝᠶᡝ ᠪᡝ ᡠᡵᡝᠪᡠᡵᡝ ᡠᠴᡠᠨ	beye be urebure ucun	
第二十課	公園	ᠰᡳᡩᡝᠨ ᡳ ᠶᠠᡶᠠᠨ	siden i yafan	
第二十一課	楊布	ᠶᠠᠩ ᠪᡠ	yang bu	
第二十二課	蝗	ᠶᡝᡵᡥᡠᠸᡝ	yerhuwe	
第二十三課	勿貪多	ᡠᠮᡝ ᠯᠠᠪᡩᡠ ᡩᠣᠣᠰᡳᡩᠠᡵᠠ	ume labdu doosidara	

順次	課名		羅馬拼音	備註
	漢文	滿文		
第二十四課	馴犬	ᠨᠣᠮᡥᠣᠨ ᡳᠨᡩᠠᡥᡡᠨ	nomhon indahūn	
第二十五課	猴戲	ᠮᠣᠨᡳᠣ ᡳ ᠵᡠᠴᡠᠨ	monio i jucun	
第二十六課	中秋	ᠪᠣᠯᠣᡵᡳ ᡩᡠᠯᡳᠮᠪᠠ	bolori dulimba	
第二十七課	雞	ᠴᠣᡴᠣ	coko	
第二十八課	器具	ᡨᡝᡨᡠᠨ ᠠᡤᡡᡵᠠ	tetun agūra	
第二十九課	潔淨	ᠪᠣᠯᡤᠣ	bolgo	
第三十課	蟋蟀	ᡤᡠᡵᠵᡝᠨ	gurjen	
第三十一課	菊花	ᠪᠣᠵᡳᡵᡳ ᡳᠯᡥᠠ	bojiri ilha	
第三十二課	米	ᠪᡝᠯᡝ	bele	
第三十三課	日時	ᡳᠨᡝᠩᡤᡳ ᡝᡵᡳᠨ	inenggi erin	
第三十四課	洗衣	ᡝᡨᡠᡴᡠ ᠣᠪᠣᡵᡝᠩᡤᡝ	etuku oborengge	
第三十五課	錢	ᠵᡳᡥᠠ	jiha	

<table>
<tr><th rowspan="2">順　次</th><th colspan="2">課　　名</th><th rowspan="2">羅　馬　拼　音</th><th rowspan="2">備　註</th></tr>
<tr><th>漢 文</th><th>滿 文</th></tr>
<tr><td>第三十六課</td><td>鴉與鴨</td><td>ᡤᠠᡥᠠ ᠨᡳᠶᡝᡥᡝ ᡳ ᡝᠮᡤᡳ</td><td>gaha niyehe i emgi</td><td></td></tr>
<tr><td>第三十七課</td><td>文彥博</td><td>ᠸᡝᠨ ᠶᡝᠨ ᠪᡝ</td><td>wen yen be</td><td></td></tr>
<tr><td>第三十八課</td><td>梟</td><td>ᡥᡡᡧᠠᡴᡡ</td><td>hūšakū</td><td></td></tr>
<tr><td>第三十九課</td><td>兵隊之戲</td><td>ᠴᠣᠣᡥᠠ ᠮᡝᠶᡝᠨ ᡳ ᡝᡶᡳᡵᡝᠩᡤᡝ</td><td>cooha meyen i efirengge</td><td></td></tr>
<tr><td>第四十課</td><td>犬啣肉</td><td>ᡳᠨᡩᠠᡥᡡᠨ ᠶᠠᠯᡳ ᠪᡝ ᠠᡧᡠᡵᡝᡤᡤᡝ</td><td>indahūn yali be ašuregge</td><td></td></tr>
<tr><td>第四十一課</td><td>守株待兔</td><td>ᠮᠣᠣ ᡨᡠᠸᠠᡴᡳᠶᠠᠮᡝ ᡤᡡᠯᠮᠠᡥᡡᠨ ᠠᠯᡳᠶᠠᡵᠠᠩᡤᡝ</td><td>moo tuwakiyame
gūlmahūn aliyarangge</td><td></td></tr>
<tr><td>第四十二課</td><td>居室</td><td>ᡨᡝᡵᡝ ᠪᠣᠣ</td><td>tere boo</td><td></td></tr>
<tr><td>第四十三課</td><td>火</td><td>ᡨᡠᠸᠠ</td><td>tuwa</td><td></td></tr>
</table>

順　次	課名		羅馬拼音	備註
	漢文	滿文		
第四十四課	朋友相助	ᡤᡠᠴᡠ ᡤᠠᡵᡤᠠᠨ ᡳᠰᡥᡠᠨᡩᡝ ᠠᡳᠰᡳᠯᠠᡵᠠᠩᡤᡝ	gucu gargan ishunde aisilarangge	
第四十五課	獅	ᠠᡵᠰᠠᠯᠠᠨ	arsalan	
第四十六課	歸家遇雨	ᠪᠣᠣᡩᡝ ᠪᡝᡩᡝᡵᡝᡵᡝ ᡩᡝ ᠠᡤᠠ ᡨᡠᡧᠠᡵᠠᠩᡤᡝ	boode bederere de aga tušarangge	
第四十七課	職業	ᠠᡶᠠᡵᠠ ᠪᠠᡳᡨᠠ	afara baita	
第四十八課	父母之恩	ᠠᠮᠠ ᡝᠮᡝ ᡳ ᠪᠠᡳᠯᡳ	ama eme i baili	
第四十九課	雪	ᠨᡳᠮᠠᠩᡤᡳ	nimanggi	
第五十課	方位	ᠣᡵᠣᠨ ᠰᠣᠣᡵᡳᠨ	oron soorin	
第五十一課	姊妹	ᡝᠶᡠᠨ ᠨᠣᠨ	eyun non	

順次	課名		羅馬拼音	備註
	漢文	滿文		
第五十二課	衛生	ᠪᠠᠨᠵᡳᡵᡝ ᠪᡝ ᡴᠠᡵᠮᠠᡵᠠᠩᡤᡝ	banjire be karmarangge	
第五十三課	年月	ᠠᠨᡳᠶᠠ ᠪᡳᠶᠠ	aniya biya	
第五十四課	冬季	ᡨᡠᠸᡝᡵᡳ ᡳ ᡶᠣᡵᡤᠣᠨ	tuweri i forgon	
第五十五課	烹飪	ᠴᠠᡵᡠᡵᡝ ᠪᡠᠵᡠᡵᡝᠩᡤᡝ	carure bujurengge	
第五十六課	松竹梅	ᠵᠠᡴᡩᠠᠨ ᠴᡠᠰᡝ ᠮᠣᠣ ᠨᡝᠨᡩᡝᠨ ᡳᠯᡥᠠ	jakdan cuse moo nenden ilha	
第五十七課	冰	ᠵᡠᡥᡝ	juhe	
第五十八課	不倒翁	ᡨᡠᡥᡝᡵᠠᡴᡡ ᠰᠠᡴᡩᠠ ᠨᡳᠶᠠᠯᠮᠠ	tuherakū sakda niyalma	
第五十九課	考試	ᠰᡳᠮᠨᡝᡵᡝᠩᡤᡝ	simnerengge	

順　次	課名		羅馬拼音	備註
	漢文	滿文		
第六十課	放假歌	ᡧᠣᠯᠣ ᠰᡳᠨᡩᠠᡵᠠ ᡠᠴᡠᠨ	šolo sindara ucun	

資料來源：《北京故宮珍本叢刊》，第 724 冊，海口，海南出版社，2001 年 1 月。

《滿蒙漢合璧教科書》從第二冊起各冊俱標明目錄課名，前表所列漢滿課名，可以互相對照。其中第十課「燈花」，滿文讀作“dengjan i niyaman”，意即「燈心」。第十四課「食瓜」，滿文讀作“dungga jeterengge”，意即「吃西瓜」。第二十二課「螘」，滿文讀作“yerhuwe”，意即「螞蟻」。第三十課「蟋蟀」，滿文讀作“gurjen”，習稱「促織」。第四十一課「守株待兔」，滿文讀作“moo tuwakiyame gūlmahūn aliyarangge”。按「守株待兔」，譯出規範滿文讀作“mukdehen be tuwakiyame gūlmahūn be aliyambi”，又譯作“fuldun be tuwakiyame gūlmahūn be aliyambi”，此作“moo tuwakiyame gūlmahūn aliyarangge”，異。

各課內容，對照滿漢文，有助於理解其詞義，滿漢文義不合，有待商榷之處頗多。原書第三課「根橫泥中」，滿文讀作“fulehe lifahan i dolo hetu mutume”，意即「根橫長於泥中」；「其名曰藕」，滿文讀作“terei gebu šu ilhai da sembi”，句中“šu ilhai da”，又作“šu i da”，意即「藕」。第四課「命諸子」，滿文讀作“geren juse be hūlame”，意即「喚諸子」。第五課「黃兒」，滿文讀作“hūwang halai jui”，意即「黃姓之子」;「其父年老」，滿文讀作“tere ama se sakdaka de”，句中「其」，滿文當讀作“terei”，意即「他的」，此作“tere”，疑誤;「侍奉甚勤」，滿文讀作“eršeme uilere de umesi olhošombi”，意即「侍奉甚小心謹慎」;「父命入學」，滿文讀作“ama tacikū de tosikini seme afabure ohode”，句中“tosikini”，當作“dosikini”，意即「令入」，此作“tosikini”，誤。第九課「不問紅與青」，滿文讀作“fulgiyan niowanggiyan be bodorakū”，意即「不計紅與青」。第十課「今夜燈結花」，滿文讀作“ere dobori dengjan i niyaman de mampiha ilhai gese”，意即「今夜燈心打結似花」。句中“dengjan i niyaman”，滿文又作“siberhen”，意即「燈心」。第十一課「能為人言」，滿文讀作“niyalmai gisun be alhūdame gisureme mutembi”，意即「能學人說話」。第十三課「偶持釣竿出門外」，滿文讀作“emu inenggi welmiyeku be jafame duka ci tulesi tucifi”，意即「有一日持釣竿出門外」。

原書第二冊第二十八課「席地而坐」，滿文讀作“na de ukdun arafi teme”，意即「穴地而居」，滿漢文義，頗有出入。第六十課「放假歌」中有一段內容說:「吾曹自到此，一年忽將過，同學相親愛，先生勤教科，讀書已二冊，識字一千多」等語，由此可知當時小學生，一學年分為上、下兩學期，各讀一冊，一學年讀二冊，識字一千多，包含滿蒙漢三體，持之以恆，當可收預期效果。

《滿蒙漢合璧教科書》第三冊課名漢滿文對照表

順次	課名		羅馬拼音	備註
	漢文	滿文		
第一課	元旦	ᠠᠨᡳᠶᠠ ᡳᠨᡝᠩᡤᡳ	aniya inenggi	
第二課	吉凶	ᠰᠠᡳᠨ ᡝᡥᡝ	sain ehe	
第三課	劉寬	ᠯᡳᠣ ᡴᡠᠸᠠᠨ	lio kuwan	
第四課	多言無異	ᠯᠠᠪᡩᡠ ᡤᡳᠰᡠᡵᡝᡵᡝ ᡩᡝ ᡨᡠᠰᠠ ᠠᡴᡡ	labdu gisurere de tusa akū	
第五課	橐駝	ᠠᠴᡳᡥᠠ ᡨᡝᠮᡝᠨ	aciha temen	
第六課	人影	ᠨᡳᠶᠠᠯᠮᠠᡳ ᡥᡝᠯᠮᡝᠨ	niyalmai helmen	
第七課	傅迪	ᡶᡠ ᡩᡳ	fu di	
第八課	車	ᠰᡝᠵᡝᠨ	sejen	

順　次	課名		羅　馬　拼　音	備　註
	漢文	滿文		
第九課	黃鶯	ᡤᡡᠯᡳᠨ ᠴᡝᠴᡳᡴᡝ	gūlin cecike	
第十課	蕭遙欣	ᠰᡳᠶᠠᠣ ᠶᠠᠣ ᠰᡳᠨ	siyao yao sin	
第十一課	妝飾	ᠮᡳᠶᠠᠮᡳᡵᡝᠩᡤᡝ	miyamirengge	
第十二課	禁忌	ᡨᠠᡵᡤᠠᠮᡝ ᠰᠣᡵᠣᡵᠣᠩᡤᡝ	targame sororongge	
第十三課	偶像	ᡠᡵᡤᡝᡨᡠ ᡡᡵᡝᠨ	urgetu ūren	
第十四課	擊毬	ᠮᡠᡥᠠᠯᡳᠶᠠᠨ ᡶᠣᡵᡳᡵᡝᠩᡤᡝ	muhaliyan forirengge	
第十五課	小兒戲具謠	ᠠᠵᡳᡤᡝ ᠵᡠᠰᡝ ᡝᡶᡳᡴᡠ ᡳ ᠯᡝᠶᡝᠴᡠᠨ	ajige juse efiku i leyecun	

順次	課名		羅馬拼音	備註
	漢文	滿文		
第十六課	茶	ᠴᠠᡳ	cai	
第十七課	松	ᠵᠠᡴᡩᠠᠨ	jakdan	
第十八課	牝狗	ᡝᠨᡳᡥᡝᠨ	enihen	
第十九課	宋太祖	ᠰᡠᠩ ᡤᡠᡵᡠᠨ ᡳ ᡨᠠᡳᡯᡠ	sung gurun i taidzu	
第二十課	韓樂吾	ᡥᠠᠨ ᠯᠣ ᡠ	h'an lo u	
第二十一課	桑	ᠨᡳᠮᠠᠯᠠᠨ ᠮᠣᠣ	nimalan moo	
第二十二課	蠶	ᠪᡳᠶᠣᠣ ᡠᠮᡳᠶᠠᡥᠠ	biyoo umiyaha	
第二十三課	蜂	ᡥᡳᠪᠰᡠ ᡝᠵᡝᠨ	hibsu ejen	
第二十四課	蝴蝶	ᡤᡝᡶᡝᡥᡝ	gefehe	

順 次	課 名		羅 馬 拼 音	備 註
	漢 文	滿 文		
第二十五課	煙	ᡩᠠᠮᠪᠠᡤᡠ	dambagu	
第二十六課	酒	ᠨᡠᡵᡝ	nure	
第二十七課	多食之害	ᠯᠠᠪᡩᡠ ᠵᡝᡨᡝᡵᡝ ᠵᠣᠪᠣᠯᠣᠨ	labdu jetere jobolon	
第二十八課	麥	ᠮᠠᡳᠰᡝ	maise	
第二十九課	邴原	ᠪᡳᠩ ᠶᡠᠸᠠᠨ	bing yuwan	
第三十課	鷸蚌相爭	ᡥᠠᡳᠯᡠᠨ ᠴᡝᠴᡳᡴᡝ ᡨᠠᡥᡡᡵᠠ ᡳᠰᡥᡠᠨᡩᡝ ᡨᡝᠮᡧᡝᡥᡝᠩᡤᡝ	hailun cecike tahūra ishunde temšehengge	
第三十一課	羣羊	ᡶᡝᠨᡳᠶᡝᠨ ᡥᠣᠨᡳᠨ	feniyen honin	
第三十二課	狼	ᠨᡳᠣᡥᡝ	niohe	

順次	課名		羅馬拼音	備註
	漢文	滿文		
第三十三課	杞人憂天	ᡴᡳ ᡤᡠᡵᡠᠨ ᡳ ᠨᡳᠶᠠᠯᠮᠠ ᠠᠪᡴᠠ ᠵᠣᠪᠣᡥᠠᠩᡤᡝ	ki gurun i niyalma abka jobohangge	
第三十四課	地球	ᠨᠠ ᡳ ᠮᡠᡥᠠᡳᠶᠠᠨ	na i muhaiyan	
第三十五課	續	ᠰᡳᡵᠠᡥᠠᠩᡤᡝ	sirahangge	
第三十六課	長江	ᡤᠣᠯᠮᡳᠨ ᡠᠯᠠ	golmin ula	
第三十七課	匡衡	ᡴᡠᠸᠠᠩ ᡥᡝᠩ	kuwang heng	
第三十八課	繡花枕	ᡳᠯᡥᠠ ᡧᡝᠣᠯᡝᡵᡝ ᠴᡳᡵᡴᡠ	ilha šeolere cirku	
第三十九課	鐵	ᠰᡝᠯᡝ	sele	
第四十課	兵器	ᠴᠣᠣᡥᠠᡳ ᠠᡤᡡᡵᠠ	coohai agūra	

順次	課名		羅馬拼音	備註
	漢文	滿文		
第四十一課	競渡	ᡨᡝᠮᡧᡝᠮᡝ ᡩᠣᠣᡵᡝᠩᡤᡝ	temšeme doorengge	
第四十二課	愛兄	ᠠᡥᡡᠨ ᠪᡝ ᡤᠣᠰᡳᡵᡝᠩᡤᡝ	ahūn be gosirengge	
第四十三課	魏文侯	ᠸᡝᡳ ᡤᡠᡵᡠᠨ ᡳ ᠸᡝᠨ ᡥᡝᠣ	wei gurun i wen heo	
第四十四課	大言	ᠠᠮᠪᠠ ᡤᡳᠰᡠᠨ	amba gisun	
第四十五課	野彘	ᡥᠠᡳᡨᠠ	haita	
第四十六課	蟆	ᠸᠠᡴᡧᠠᠨ	wakšan	
第四十七課	夏至諺	ᠵᡠᠸᠠᡵᡳ ᡩᡝᠨ ᡳ ᡩᡝᡴᡩᡝᠨᡳ ᡤᡳᠰᡠᠨ	juwari den i dekdeni gisun	

順次	課名		羅馬拼音	備註
	漢文	滿文		
第四十八課	不潔之害	ᡤᡳᠩᡤᡝ ᠠᡴᡡ ᡳ ᠵᠣᠪᠣᠯᠣᠨ	gingge akū i jobolon	
第四十九課	勤動	ᡴᡳᠴᡝᠮᡝ ᠠᡧᡧᠠᡵᠠᠩᡤᡝ	kiceme aššarangge	
第五十課	象	ᠰᡠᡶᠠᠨ	sufan	
第五十一課	鴉	ᡤᠠᡥᠠ	gaha	
第五十二課	梟逢鳩	ᡥᡡᡧᠠᡥᡡ ᡩᡠᡩᡠ ᠪᡝ ᡠᠴᠠᡵᠠᡵᠠᠩᡤᡝ	hūšahū dudu be ucararangge	
第五十三課	疫	ᡤᡝᡵᡳ	geri	
第五十四課	二虎	ᠵᡠᠸᡝ ᡨᠠᠰᡥᠠ	juwe tasha	
第五十五課	憫農詩	ᡠᠰᡳᠰᡳ ᠪᡝ ᠵᡳᠯᠠᡵᠠ ᡳᡵᡤᡝᠪᡠᠨ	usisi be jilara irgebun	

順　次	課　名		羅　馬　拼　音	備　註
	漢　文	滿　文		
第五十六課	紙	ᡥᠣᠣᡧᠠᠨ	hoošan	
第五十七課	女子宜求學	ᠰᠠᡵᡤᠠᠨ ᠵᡠᡳ ᡨᠠᠴᡳᠨ ᠪᡝ ᠪᠠᡳᠴᡳ ᠠᠴᠠᡵᠠᠩᡤᡝ	sargan jui tacin be baici acarangge	
第五十八課	兄弟入學	ᠠᡥᡡᠨ ᡩᡝᠣ ᡨᠠᠴᡳᡴᡡ ᡩᡝ ᡩᠣᠰᡳᡵᠠᠩᡤᡝ	ahūn deo tacikū de dosirangge	
第五十九課	大雨	ᠠᠮᠪᠠ ᠠᡤᠠ	amba aga	
第六十課	家書	ᠪᠣᠣᡳ ᠵᠠᠰᡳᡤᠠᠨ	booi jasigan	

資料來源：《故宮珍本叢刊》，第 724 冊，海口，海南出版社，2001 年 1 月。

原書第三冊課名中第五課「橐駝」，滿文讀作“aciha temen”，意即「馱駝」；第十三課「偶像」，滿文讀作“urgetu ūren”，句中“urgetu”，意即「俑」；第十九課「宋太祖」，滿文讀作“sung gurun i taidzu”，意即「宋朝太祖」；第二十三課「蜂」，滿文讀作“hibsu ejen”，意即「蜜蜂」；第三十課「鷸蚌相爭」，滿文讀作“hailun cecike tahūra ishunde temšehengge”，句中“hailun cecike”，意即「翠鳥」；第三十三課「杞人憂天」，滿文讀作“ki gurun i niyalma abka jobohangge”，句中“ki gurun i niyalma”，意即「杞國之人」；第四十三課「魏文侯」，滿文讀作“wei gurun i wen heo”，意即「魏國文侯」；第四十五課「野彘」，滿文讀作“haita”，意即「獠牙野豬」；第四十六課「蟆」，滿文讀作“wakšan”，意即「蝦蟆」；第五十五課「憫農詩」，滿文讀作“usisi be jilara irgebun”，意即「憐憫農夫之詩」。對照滿漢文，有助於了解其詞義。

原書第三冊第一課「赴叔父家賀年」，句中「叔父」，原書滿文讀作“eshen”，按規範滿文讀作“ecike”；「吾任汝弄之」，滿文讀作“bi sini cihai efimbi”，意即「我任你玩弄」；第二課「有鴉集庭樹」，滿文讀作“gaha hūwa i moo de dohangge bi”，意即「有鴉落在庭樹」；「引頸而鳴」，滿文讀作“monggon sampi garifi”，意即「伸長脖子鳴叫」。第四課「或問墨子曰」，滿文讀作“gūwa me dz de fonjime”，意即「別人問墨子曰」。第八課「御者坐車前」，滿文讀作“sejesi sejen i juleri de teme”，意即「車夫坐在車前」；第十一課「衣服麗都」，句中「麗都」，滿文讀作“yangsangga fujurungga”，意即「美好有文采」。第十五課「楊柳兒死」，滿文讀作“fulha fodoho sihara de”，意即「楊柳凋落時」。第十七課「葉狀如針」，滿文讀作“sata i arbun ulme i adali”，句中“sata”，意即「松針」。第十八課「牝狗將乳」，滿文讀作“enihen niyahan be bilere hamime”，意即「母狗將生狗崽」。第二十課「若明日何」，滿文讀作“uttu oci cimari muse antaka”，意即「若此明日咱們如何」；「吾等是明日死」，滿文讀作“muse cimari urume bucerengge inu”，意即「咱們是明日餓死」。第二十七課「餃」，滿文讀作“giyogiyan”，按規範滿文讀作“giyose”，此作

“giyogiyan”，異。

原書第三十一課「羊悅謝狗」，滿文讀作“honin urgunjefi indahūn be marafi”，意即「羊悅辭去狗」。第三十四課「問於師」，滿文讀作“sefu i jaka de fonjime”，意即「問於師跟前」。第三十七課「力不能致書」，滿文讀作“hūsun de bithe be udame muterakū”，意即「力不能買書」。第四十七課「家家打炭墼」，滿文讀作“boo tome moo yaha i mukei feise be arahabi”，意即「家家製作木炭土坯」。第五十五課「四海無閑田」，滿文讀作“duin mederi de waliyaha usin”，意即「四海無廢田」。對照滿漢文，確實有助於了解其詞義。

《滿蒙漢合璧教科書》第四冊課名漢滿文對照表

順　次	課名		羅　馬　拼　音	備　註
	漢　文	滿　文		
第一課	太陽	ᡧᡠᠨ	šun	
第二課	蝙蝠	ᡶᡝᡵᡝᡥᡝ ᠰᡳᠩᡤᡝᡵᡳ	ferehe singgeri	
第三課	樂正子春	ᠶᠣ ᠵᡝᠩ ᡯ ᠴᡠᠨ	yo jeng dz cun	
第四課	瓦塔	ᠸᠠᠰᡝᡳ ᠰᡠᠪᠠᡵᡤᠠᠨ	wasei subargan	
第五課	星期	ᡨᠣᡴᡨᠣᠨ ᡳ ᡳᠨᡝᠩᡤᡳ	tokton i inenggi	

順次	課名		羅馬拼音	備註
	漢文	滿文		
第六課	園遊	ᠶᠠᡶᠠᠨ ᡩᡝ ᠰᠠᡵᡤᠠᡧᠠᡵᠠᠩᡤᡝ	yafan de sargašarangge	
第七課	貧富	ᠶᠠᡩᠠᡥᡡᠨ ᠪᠠᠶᠠᠨ	yadahūn bayan	
第八課	范式	ᡶᠠᠨ ᡧᡳ	fan ši	
第九課	牧童誑語	ᠠᡩᡠᠴᡳ ᠵᡠᡳ ᡝᡳᡨᡝᡵᡝᡴᡠ ᡤᡳᠰᡠᠨ	aduci jui eitereku gisun	
第十課	鴉好諛	ᡤᠠᡥᠠ ᡥᠠᠯᡩᠠᠪᠠᡧᠠᡵᠠ ᡩᡝ ᠠᠮᡠᡵᠠᠨ	gaha haldabašara de amuran	
第十一課	田舍	ᡠᠰᡳᠨ ᡡᠯᡝᠨ	usin ūlen	
第十二課	愛弟	ᡩᡝᠣ ᠪᡝ ᡤᠣᠰᡳᡵᡝᠩᡤᡝ	deo be gosirengge	

順 次	課 名		羅 馬 拼 音	備 註
	漢 文	滿 文		
第十三課	小鳥	ᠠᠵᡳᡤᡝ ᡤᠠᠰᡥᠠ	ajige gasha	
第十四課	鴿	ᡤᡠᠸᡝᠴᡳᡥᡝ	guwecihe	
第十五課	體操之益	ᠪᡝᠶᡝ ᠪᡝ ᡠᡵᡝᠪᡠᡵᡝ ᡨᡠᠰᠠ	beye be urebure tusa	
第十六課	競走	ᠰᡠᡵᡨᡝᠨᡠᠮᡝ ᠶᠠᠪᡠᡵᡝᠩᡤᡝ	surtenume yaburengge	
第十七課	拔河	ᡥᡡᠴᡳᠨ ᡧᠣᡩᠣᡵᠣ ᡝᡶᡳᡴᡠ ᠣᠵᠣᡵᠣᠩᡤᡝ	hūcin šodoro efiku ojorongge	
第十八課	食果	ᡨᡠᠪᡳᡥᡝ ᠵᡝᡨᡝᡵᡝᠩᡤᡝ	tubihe jeterengge	
第十九課	不識字	ᡥᡝᡵᡤᡝᠨ ᡨᠠᡴᠠᡵᠠᡴᡡᠩᡤᡝ	hergen takarakūngge	

順次	課名		羅馬拼音	備註
	漢文	滿文		
第二十課	承宮	ᠴᡝᠩ ᡤᡠᠩ	ceng gung	
第二十一課	游魚	ᡳᡵᡝᠨᡝᡵᡝ ᠨᡳᠮᠠᡥᠠ	irenere nimaha	
第二十二課	羊	ᡥᠣᠨᡳᠨ	honin	
第二十三課	中國	ᡩᡠᠯᡳᠮᠪᠠᡳ ᡤᡠᡵᡠᠨ	dulimbai gurun	
第二十四課	禹治水	ᡳᠣᡳ ᠮᡠᡴᡝ ᠪᡝ ᡩᠠᠰᠠᡥᠠᠩᡤᡝ	ioi muke be dasahangge	
第二十五課	舟	ᠵᠠᡥᡡᡩᠠᡳ	jahūdai	
第二十六課	造屋	ᠪᠣᠣ ᠠᡵᠠᡵᠠᠩᡤᡝ	boo ararangge	
第二十七課	螘與蟬	ᠶᡝᡵᡥᡠᠸᡝ ᡝᠮᡤᡳ ᠪᡳᠩᠰᡳᡴᡠ	yerhuwe emgi bingsiku	

順次	課名		羅馬拼音	備註
	漢文	滿文		
第二十八課	藤與桂	ᠮᡠᠰᡳᡵᡝᠨ ᡧᡠᠩᡤᠠ ᡳᠯᡥᠠ ᡳ ᡝᠮᡤᡳ	musiren šungga ilha i emgi	
第二十九課	刻舟求劍	ᠵᠠᡥᡡᡩᠠᡳ ᠪᡝ ᡶᠣᠯᠣᡶᡳ ᡩᠠᠪᠴᡳᡴᡡ ᠪᡝ ᠪᠠᡳᡵᡝᠩᡤᡝ	jahūdai be folofi dabcikū be bairengge	
第三十課	驢	ᡝᡳᡥᡝᠨ	eihen	
第三十一課	勿謾語	ᡠᠮᡝ ᡝᡳᡨᡝᡵᡝᠮᡝ ᡤᡳᠰᡠᡵᡝᡵᡝ	ume eitereme gisurere	
第三十二課	華盛頓	ᡥᡡᠸᠠ ᡧᡝᠩ ᡩᡠᠨ	hūwa šeng dun	
第三十三課	烏	ᡤᠠᡥᠠ	gaha	
第三十四課	慈烏夜啼	ᡥᠣᠯᠣᠨ ᡤᠠᡥᠠ ᡩᠣᠪᠣᡵᡳ ᠵᡳᠯᡤᠠᡵᠠᠩᡤᡝ	holon gaha dobori jilgarangge	

順　次	課　名		羅　馬　拼　音	備　註
	漢　文	滿　文		
第三十五課	鴉片	ᠶᠠᡵᠰᡳ ᡩᠠᠮᠪᠠᡤᡠ	yarsi dambagu	
第三十六課	纏足之害	ᠪᡝᡨᡥᡝ ᠪᠣᡥᡳᡵᡝ ᠵᠣᠪᠣᠯᠣᠨ	bethe bohire jobolon	
第三十七課	續	ᠰᡳᡵᠠᡵᠠᠩᡤᡝ	sirarangge	
第三十八課	告假	ᡧᠣᠯᠣ ᠪᠠᡳᡵᡝᠩᡤᡝ	šolo bairengge	
第三十九課	狐與鷺	ᡩᠣᠪᡳ ᡤᡡᠸᠠᠰᡳᡥᡳᠶᠠ ᡳ ᡝᠮᡤᡳ	dobi gūwasihiya i emgi	
第四十課	貪得之獅	ᡩᠣᠣᠰᡳᡩᠠᡵᠠ ᠠᡵᠰᠠᠯᠠᠨ	doosidara arsalan	
第四十一課	羣鼠	ᡤᡝᡵᡝᠨ ᠰᡳᠩᡤᡝᡵᡳ	geren singgeri	

順次	課名		羅馬拼音	備註
	漢文	滿文		
第四十二課	獸	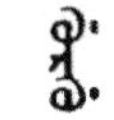	gurgu	
第四十三課	陳平分肉	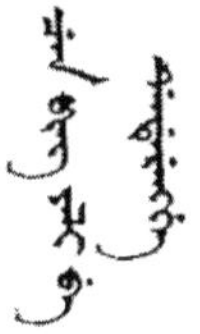	cen ping yali be denderengge	
第四十四課	秤	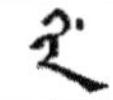	gin	
第四十五課	貿易	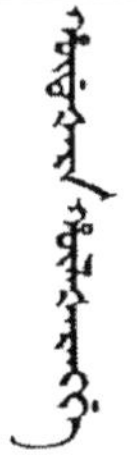	hūdašara hūlašarangge	
第四十六課	誠實童子	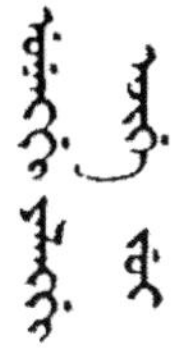	unenggi yalanggi ajige jui	
第四十七課	聚食	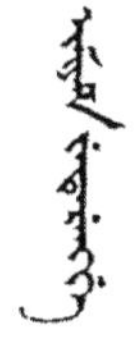	imiyame jeterengge	
第四十八課	管仲師老馬	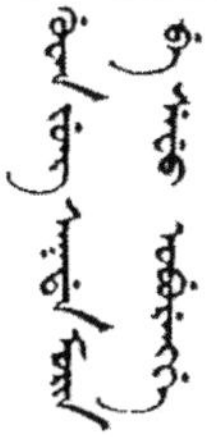	guwan jung sakda morin be sefu oburengge	

順次	課名		羅馬拼音	備註
	漢文	滿文		
第四十九課	三牛	ᡳᠯᠠᠨ ᡳᡥᠠᠨ	ilan ihan	
第五十課	手足口腹	ᡤᠠᠯᠠ ᠪᡝᡨᡥᡝ ᠠᠩᡤᠠ ᡥᡝᡶᡝᠯᡳ	gala bethe angga hefeli	
第五十一課	孔子	ᡴᡠᠩᡯ	kungdz	
第五十二課	鏡	ᠪᡠᠯᡝᡴᡠ	buleku	
第五十三課	鴉	ᡤᠠᡥᠠ	gaha	
第五十四課	新製布袭	ᡳᠴᡝ ᠠᡵᠠᡥᠠ ᠪᠣᠰᠣ ᠵᡳᠪᠴᠠ	ice araha boso jibca	
第五十五課	卜	ᡶᠣᠶᠣᡩᠣᠨ	foyodon	
第五十六課	鬼神	ᡥᡠᡨᡠ ᡝᠨᡩᡠᡵᡳ	hutu enduri	

順　次	課　名		羅　馬　拼　音	備　註
	漢 文	滿 文		
第五十七課	橘	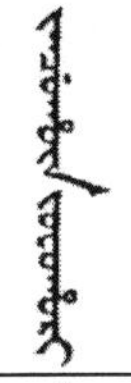	jancuhūn jofohori	
第五十八課	完顏仲德之妻	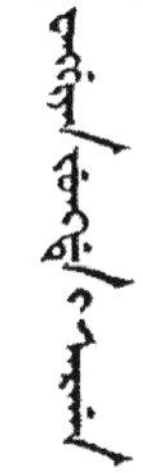	wanggiyan jungde i sargan	
第五十九課	女子宜讀書	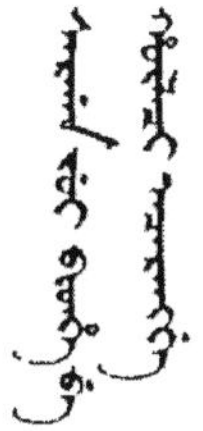	sargan jui bithe be hūlaci acarangge	
第六十課	朋友	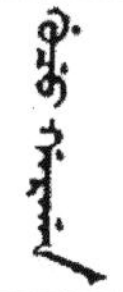	gucu gargan	

資料來源：《北京故宮珍本叢刊》，第 724 冊，海口，海南出版社，2001 年 1 月。

《滿蒙漢三文合璧教科書》第四冊，共六十課，對照滿漢文課名，有助於了解其詞義。其中第五課「星期」，滿文讀作“tokton i inenggi”，意即「固定的日子」。第十七課「拔河」，滿文讀作“hūcin šodoro efiku ojorongge”，意即「淘井遊戲」。第二十七課「蝗與蟬」，滿文讀作“yerhuwe emgi bingsiku”，意即「螞蟻與螓」，句中「螓」，習稱「秋涼兒」，是秋蟬的一種。第二十八課「藤與桂」，滿文讀作“musiren šungga ilha i emgi”，意即「藤與桂花」。第三十一課「勿謾語」，滿文讀作“ume eitereme gisurere”，意即「勿說誑語」。第三十五課「鴉片」，滿文讀作“yarsi dambagu”，意即「鴉片烟」。

原書六十課內容，詞彙豐富，對照滿漢文，有助於了解其文義。原書第三課「索讒鼎」，滿文讀作“g'an ts'an i bai mucihiyan be gejureme gajire”，意即「索取甘讒地方之鼎」。第五課「星期」，有一段內容云：「學堂定章，在學六日，放假一日，放假日，名曰：星期。」上課六日，放假一日，時間固定。所謂「星期」，就是固定放假的一天。第十二課「常於牀前為講故事」，句中「故事」，原書滿文讀作“fe baita”，意即「舊事」。按規範滿文，「故事」讀作“julen”，又作“juben”，此作“fe baita”，文義不合。

原書第十五課「不任操也」，滿文讀作“urebure be dosorakū kai”，意即「不堪操練也」。第十八課「波羅」，滿文讀作“baramida”，意即「波羅蜜」；芡實，又作「菱芡」，滿文讀作“gaha yasa”，意即「烏鴉眼」；「花紅」，滿文讀作“nikan uli”，意即「漢杜梨」。第二十三課「我中國居亞洲之東」，滿文讀作“musei dulimbai gurun ya si ya jeo jubki i dergi ergide bihebi”，句中「亞洲」，滿文讀作“ya si ya jeo jubki”，意即「亞細亞洲」。第二十六課「廚房廁所宜隔遠」，滿文讀作“budai boo tula genere ba be aldangga giyalan de acambi”，句中“tula genere ba”，當作“tule genere ba”，意即「去外面的地方」，是指「廁所」。

原書第四十一課「言之非艱」，滿文讀作“gisurere de

ja”，意即「言之容易」。第四十二課「其猛者挺修角」，句中「修角」，滿文讀作“godohon uihe”，意即「高直的角」。第四十三課「祭於社」，滿文讀作“boigon i enduri de wecefi”，句中「社」，規範滿文讀作“boihoju”，此作“boigon i enduri”，異。第四十五課「每得布，必歸柯氏」，滿文讀作“boso be jodome banjinaha dari, urunakū ke halangga de uncafi”，意即「每織成布，必賣給柯氏」。第五十課「故合則兩利，離則兩傷」，句中「離則兩傷」，滿文讀作“fakcaci juwe ergi koro ombi”，意即「離則兩害」。第五十五課「為行人語休咎」，滿文讀作“yabure niyalma de sain ehe be foyodoro de”，意即「為行人占卜休咎時」。原書六十課內容，對照滿漢文後，可知其文義，詳略不同。

《滿蒙漢合璧教科書》第五冊課名漢滿文對照表

順次	課名		羅馬拼音	備註
	漢文	滿文		
第一課	立身	ᠪᡝᠶᡝᠪᡝ ᡳᠯᡳᠪᡠᡵᡝᠩᡤᡝ	beyebe iliburengge	
第二課	田仲	ᡨᡳᠶᠠᠨ ᠵᡠᠩ	tiyan jung	
第三課	野馬	ᠪᡳᡤᠠᠨ ᡳ ᠮᠣᡵᡳᠨ	bigan i morin	
第四課	童汪踦	ᠪᡠᠶᠠ ᠵᡠᠰᡝ ᠸᠠᠩ ᡴᡳ	buya juse wang ki	

順　次	課　名		羅　馬　拼　音	備　註
	漢　文	滿　文		
第五課	楚滅陳	ᠴᡠ ᡤᡠᡵᡠᠨ ᠴᡝᠨ ᡤᡠᡵᡠᠨ ᠪᡝ ᠮᡠᡴᡳᠶᡝᠪᡠᡥᡝᠩᡤᡝ	cu gurun cen gurun be mukiyebuhengge	
第六課	山	ᠠᠯᡳᠨ	alin	
第七課	湖	ᡨᡝᠩᡤᡳᠨ	tenggin	
第八課	叢樹	ᠸᡝᠵᡳ ᠮᠣᠣ	weji moo	
第九課	剌虎	ᡨᠠᠰᡥᠠ ᡶᡝᠯᡝᡵᡝᠩᡤᡝ	tasha felerengge	
第十課	花	ᡳᠯᡥᠠ	ilha	
第十一課	春日謠	ᠨᡳᠶᡝᠩᠨᡳᠶᡝᡵᡳ ᡳᠨᡝᠩᡤᡳ ᠯᡝᠶᡝᠴᡠᠨ	niyengniyeri inenggi leyecun	
第十二課	續	ᠰᡳᡵᠠᡵᠠᠩᡤᡝ	sirarangge	
第十三課	子奇	ᡯ ᡴᡳ	dz ki	

順次	課名		羅馬拼音	備註
	漢文	滿文		
第十四課	盧氏	ᠯᡠ ᡥᠠᠯᠠᠩᡤᠠ	lu halangga	
第十五課	陳世恩	ᠴᡝᠨ ᡧᡳ ᡝᠨ	cen ši eṉ	
第十六課	雨	ᠠᡤᠠ	aga	
第十七課	清明	ᡥᠠᠩᠰᡳ	hangsi	
第十八課	紙鳶	ᡩᡝᠶᡝᠩᡤᡠ	deyenggu	
第十九課	五德	ᠰᡠᠨᠵᠠ ᡝᡵᡩᡝᠮᡠ	sunja erdemu	
第二十課	祀蛇	ᠮᡝᡳᡥᡝ ᠵᡠᡴᡨᡝᡵᡝᠩᡤᡝ	meihe jukterengge	
第二十一課	張天師	ᠵᠠᠩ ᡨᡳᠶᠠᠨ ᡧᡳ	jang tiyan ši	
第二十二課	國王子	ᡤᡠᡵᡠᠨ ᠸᠠᠩ ᠨᡳ ᠵᡠᡳ	gurun wang ni jui	

順次	課名		羅馬拼音	備註
	漢文	滿文		
第二十三課	鳥	ᡤᠠᠰᡥᠠ	gasha	
第二十四課	鴉食貝	ᡤᠠᡥᠠ ᡠᠪᡳᠶᠣᠣ ᠵᡝᡨᡝᡵᡝᠩᡤᡝ	gaha ubiyoo jeterengge	
第二十五課	墨	ᠪᡝᡥᡝ	behe	
第二十六課	帳簿	ᠪᠣᠵᡝ	boje	
第二十七課	撲滿	ᠵᡳᡥᠠ ᡳᡴᡨᠠᠮᠪᡠᡵᡝ ᡨᡝᡨᡠᠨ	jiha iktambure tetun	
第二十八課	瘞金	ᠠᡳᠰᡳᠨ ᡠᠮᠪᡠᡵᡝᠩᡤᡝ	aisin umburengge	
第二十九課	茅容	ᠮᠠᠣ ᡰᡠᠩ	mao žung	
第三十課	秦西巴	ᠴᡳᠨ ᡥᡳ ᠪᠠ	cin hi ba	

順次	課名		羅馬拼音	備註
	漢文	滿文		
第三十一課	人之一生	ᠨᡳᠶᠠᠯᠮᠠᡳ ᡝᠮᡠ ᠪᠠᠨᠵᡳᡵᡝᠩᡤᡝ	niyalmai emu banjirengge	
第三十二課	音樂	ᠮᡠᡩᠠᠨ ᡴᡠᠮᡠᠨ	mudan kumun	
第三十三課	物類	ᠵᠠᡴᠠᡳ ᡩᡠᠸᠠᠯᡳ	jakai duwali	
第三十四課	糖	ᡧᠠᡨᠠᠨ	šatan	
第三十五課	豆	ᡨᡠᡵᡳ	turi	
第三十六課	海大魚	ᠮᡝᡩᡝᡵᡳ ᠠᠮᠪᠠ ᠨᡳᠮᠠᡥᠠ	mederi amba nimaha	
第三十七課	死國	ᡤᡠᡵᡠᠨ ᡩᡝ ᠪᡠᠴᡝᡵᡝᠩᡤᡝ	gurun de bucerengge	

順　次	課　名		羅　馬　拼　音	備　註
	漢　文	滿　文		
第三十八課	京師	ᡤᡝᠮᡠᠨ ᡥᡝᠴᡝᠨ	gemun hecen	
第三十九課	上海	ᡧᠠᠩ ᡥᠠᡳ ᠮᡝᡩᡝᡵᡳ	šang hai mederi	
第四十課	商	ᡥᡡᡩᠠᡧᠠᡵᠠᠩᡤᡝ	hūdašarangge	
第四十一課	愚公移山	ᠮᡝᠨᡨᡠᡥᡠᠨ ᡤᡠᠩ ᠠᠯᡳᠨ ᡤᡠᡵᡳᠪᡠᡵᡝᠩᡤᡝ	mentuhun gung alin guriburengge	
第四十二課	曲突徙薪	ᠵᡠᠨ ᠪᡝ ᠮᡠᡩᠠᠨ ᠣᠪᡠᠮᡝ ᡩᡝᡳᠵᡳᡴᡠ ᠪᡝ ᡤᡠᡵᡳᠪᡠᡵᡝᠩᡤᡝ	jun be mudan obume deijiku be guriburengge	
第四十三課	少婦殺賊	ᠠᠰᡳᡥᠠᠨ ᡥᡝᡥᡝ ᡥᡡᠯᡥᠠ ᠸᠠᡵᠠᠩᡤᡝ	asihan hehe hūlha warangge	

順次	課名		羅馬拼音	備註
	漢文	滿文		
第四十四課	詠懷詩	ᡤᡡᠨᡳᠨ ᡤᡳᠩᠰᡳᡵᡝ ᡳᡵᡤᡝᠪᡠᠨ	gūnin gingsire irgebun	
第四十五課	五路財神	ᠰᡠᠨᠵᠠ ᠵᡠᡤᡡᠨ ᡳ ᡝᠨᡩᡠᡵᡳ ᡠᠯᡳᠨ ᡳ ᡝᠨᡩᡠᡵᡳ	sunja jugūn i enduri ulin i enduri	
第四十六課	蔓蛙	ᠵᡠᠸᠠᠯᡳ ᡨᠣᠯᡤᡳᡵᡝᠩᡤᡝ	juwali tolgirengge	
第四十七課	盲跛相助	ᡩᠣᡤᠣ ᡩᠣᡥᠣᠯᠣᠨ ᡳᠰᡥᡠᠨᡩᡝ ᠠᡳᠰᡳᠯᠠᡵᠠᠩᡤᡝ	dogo doholon ishunde aisilarangge	
第四十八課	漆室女	ᠴᡳ ᡧᡳ ᠪᠠ ᡳ ᠰᠠᡵᡤᠠᠨ ᠵᡠᡳ	ci ši ba i sargan jui	

順次	課名		羅馬拼音	備註
	漢文	滿文		
第四十九課	治家	ᠪᠣᠣ ᡩᠠᠰᠠᡵᠠᠩᡤᡝ	boo dasarangge	
第五十課	孟母	ᠮᡝᠩᡩᡯ ᡳ ᡝᠮᡝ	mengdz i eme	
第五十一課	劉愚之妻	ᠯᡳᠣ ᡳᠣᡳ ᡳ ᠰᠠᡵᡤᠠᠨ	lio ioi i sargan	
第五十二課	學堂衛生	ᡨᠠᠴᡳᡴᡡᡳ ᡨᠠᠩᡤᡳᠨ ᠪᠠᠨᠵᡳᡵᡝ ᠪᡝ ᡴᠠᡵᠮᠠᡵᠠᠩᡤᡝ	tacikūi tanggin banjire be karmarangge	
第五十三課	溫泉	ᠪᡠᠯᡠᡴᠠᠨ ᡧᡝᡵᡳ	bulukan šeri	
第五十四課	石灰	ᡩᠣᡥᠣ	doho	
第五十五課	草	ᠣᡵᡥᠣ	orho	

順　次	課	名	羅　馬　拼　音	備　註
	漢 文	滿 文		
第五十六課	煙草之害	ᡩᠠᠮᠪᠠᡤᡠ ᠣᡵᡥᠣ ᡳ ᠵᠣᠪᠣᠯᠣᠨ	dambagu orho i jobolon	
第五十七課	豕	ᡠᠯᡤᡳᠶᠠᠨ	ulgiyan	
第五十八課	牧者	ᠠᡩᡠᠴᡳ	aduci	
第五十九課	驢與騾	ᡝᡳᡥᡝᠨ ᡝᠮᡤᡳ ᠯᠣᡵᡳᠨ	eihen emgi lorin	
第六十課	假書	ᠪᡳᡨᡥᡝ ᠵᡠᠸᡝᠨ ᡤᠠᡳᡵᡝᠩᡤᡝ	bithe juwen gairengge	

資料來源：《北京故宮珍本叢刊》，第 725 冊，海口，海南出版社，2001 年 1 月。

原書第五冊，共六十課，對照課名有助於了解其詞義。第四課「童汪踦」，滿文讀作 “buya juse wang ki” ，意即「小童汪踦」。第五課「楚滅陳」，滿文讀作 “cu gurun cen gurun be mukiyebuhengge” ，意即「楚國滅陳國」。第二十七課「撲滿」，滿文讀作 “jiha iktambure tetun” ，意即「積錢器」。第四十二課「曲突徙薪」，滿文讀作“jun be mudan obume deijiku be guriburengge”，意即「彎灶移柴」，比喻防患於未然。第四十八課「漆室女」，滿文讀作“ci ši ba i sargan jui”，意即「漆室地方之女」，春秋魯國漆室邑女，故事出自《列女傳》。第六十課「假書」，滿文讀作“bithe juwen gairengge”，意即「借書」。對照滿漢文，確實可以了解漢文課名詞義。

原書內容，屬於文言，譯出語體滿文，淺顯易懂。原書第一課「皆須自食其力」，滿文讀作“gemu urunakū beyei facihiyašame inenggi hetumbume”，意即「皆須自立度日」。第三課「乃謀諸人」，滿文讀作“uthai niyalma de hebešeme”，意即「乃謀之於人」，就是乃與人商議；「諾之」，滿文讀作“oha”，意即「依從了」。第四課「公叔禺人見之」，滿文讀作“gung šu ioi žin ucarafi”，意即「公叔禺人遇見後」。第六課「多高山峻嶺」，滿文讀作“den alin amba dabagan labdu”，意即「多高山大嶺」；「居民不知樹木」，滿文讀作“tehe irgen moo be tebure be sarkū”，意即「居民不知種樹」；「貨棄於地」，滿文讀作“ulin na de waliyame”，意即「財棄於地」。漢文「財貨」，規範滿文讀作“ulin nadan”。第八課「風能拔大樹」，滿文讀作“edun amba moo be lasihibume tuheme mutembi”，意即「風能吹倒大樹」。第十一課「春日至」，滿文讀作“niyengniyeri abka isinjire de”，意即「春天至」。第十二課「春日遲」，滿文讀作“niyengniyeri šun golmin”，意即「春日長」。第十四課「為賊捽捶幾死」，滿文讀作“iletu hūlha de jafabume tantame elei bucembi”，意即「為強盜所拿捶打幾乎死」。第十五課「伯屢戒不聽」，滿文讀作“ahūn mudan mudan i targabure gisun gaihakū”，意即「兄屢戒不聽」；「以待季」，滿文讀作“ilaci deo be aliyame”，意即「等待三弟」。第十六課「浹旬不已」，滿文讀作“juwan inenggi dulefi nakarakū”，意即「經過十日不停」。

原書第十七課「三春多佳日」，滿文讀作“dubei niyengniyeri sain inenggi labdu”，意即「暮春多佳日」。第二十五課「取其㶳」，滿文讀作“terei ku be gaifi”，意即「取其烟灰」。第二十六課「不給」，滿文讀作“tesurakū oci”，意即「若是不足」。第二十七課「兒不知所措」，滿文讀作“jui baitalarangge be sarkū”，意即「兒不知所用」。第二十九課「眾皆夷踞相對」，滿文讀作“geren niyalma gemu dodome ishunde bakcilame”，意即「眾人都蹲著相對」；「容獨危坐」，滿文讀作“moo žung emhun tob seme teme”，意即「茅容獨自端坐」。第三十課「孟孫獵得麑」，滿文讀作“meng sun fiyaju be buthašame bahafi”，意即「孟孫獵得鹿羔」，「麑」，是母鹿之子。第三十三課「地球上之物，種類之多，不可紀極」，句中「不可紀極」，滿文讀作“ejeme wacihiyaci ojorakū”，意即「記不完」。第三十四課「如筍籜然」，滿文讀作“cuse mooi arsun i notho i adali”，意即「如竹筍皮」。第三十六課「靚郭君為齊相」，滿文讀作“jing guwe giyūn tiyan ing ci gurun i aisilabukū ofi”，意即「靚郭君田嬰為齊國相」。第三十七課「內其祿而外其身」，滿文讀作“terei fulun be jeci tetendere terei beye be waliyatai obuci acambi”，意即「既食其俸祿，則當捨其身」。

原書第三十八課「皇城」，滿文讀作“dorgi hoton”，意即「內城」。按「皇城」即「京城」，乾隆十四年（1749）十二月新定滿文名稱，讀作“gemun hecen”，此作“dorgi hoton”，疑誤；「午門」，滿文讀作“julergi dulimbai duka”，意即「南中門」。第四十課「而不必他騖」，滿文讀作“urunakū gūwa baire be baiburakū kai”，意即「而不必他求」。第四十一課「曾不能毀山之一毛」，滿文讀作“alin i emu orho be efuleme muterakū”，意即「不能毀山之一草」。第四十二課「焦頭爛額在上行」，滿文讀作“uju šolobure šenggin fucihiyalaburengge dele teku de teki”，意即「焦頭爛額者坐在上座」。第四十五課「朔望必奉以香火」，滿文讀作“šungge wangga inenggi urunakū hiyan dengjan be uilembi”，句中「朔」規範滿文讀作“šongge inenggi”，此作“šungge”，疑誤。第四十八課「子欲嫁耶」，滿文讀作“gege tusuki sembidere”，意即「姊姊想嫁吧」。第四十九課「而不教以職業」，滿文讀作“encehen be taciburakū”，意即「而不教以技能」。第四十九課「然後授室」，滿文讀作“teni urun gaimbi”，意即「纔娶媳婦」。第五十六課「得煙可以自振」，滿文讀作“dambagu gocici ini cisui yendebuci ombi”，意即「抽煙可以自然振作」。第五十七課「豕孕四月而產」，滿文讀作“mehen duin biya de sucilefi bilembi”，意即「母豬懷胎四個月而產子」。原書「豕」，滿文或譯作“ulgiyan”，意即「豬」；或譯作“mehen”，意即「母豬」。「豕畏熱而好浴，不得良水」，滿文讀作“ulgiyan halhūn de geleme elbišere de amuran bolgo muke be baharakū oci”，句中「豕」，滿文讀作“ulgiyan”，意即「豬」；「良水」滿文讀作“bolgo muke”，意即「潔淨的水」。原書漢文，屬於文言，詞句簡潔。滿文多屬於語體，原書譯出滿文，淺顯易解。

《滿蒙漢合璧教科書》第六冊課名漢滿文對照表

順　次	課	名	羅　馬　拼　音	備　註
	漢　文	滿　文		
第一課	地球大勢	ᠨᠠ ᡳ ᠮᡠᡥᠠᠯᡳᠶᠠᠨ ᡳ ᠠᠮᠪᠠ ᠠᡵᠪᡠᠨ	na i muhaliyan i amba arbun	
第二課	我國疆域	ᠮᡠᠰᡝᡳ ᡤᡠᡵᡠᠨ ᡳ ᠵᠠᠰᡝ ᠵᡝᠴᡝᠨ	musei gurun i jase jecen	
第三課	續	ᠰᡳᡵᠠᡵᠠᠩᡤᡝ	sirarangge	
第四課	徐偃王	ᠰᡳᠣᡳ ᠶᠠᠨ ᠸᠠᠩ	sioi yan̲ wang	
第五課	孔子順	ᡴᡠᠩ ᡯ ᡧᡠᠸᡝᠨ	kung dz šuwen	
第六課	牡鹿	ᠮᠠᡶᡠᡨᠠ	mafuta	
第七課	螺與小魚	ᠪᡠᡵᡝᠨ ᡝᠮᡤᡳ ᠠᠵᡳᡤᡝ ᠨᡳᠮᠠᡥᠠ	buren emgi ajige nimaha	

順次	課名		羅馬拼音	備註
	漢文	滿文		
第八課	凌霄花	ᠸᡝᠰᡳᠩᡤᡝ ᡳᠯᡥᠠ	wesingge ilha	
第九課	露	ᠰᡳᠯᡝᠩᡤᡳ	silenggi	
第十課	續	ᠰᡳᡵᠠᡵᠠᠩᡤᡝ	sirarangge	
第十一課	雹	ᠪᠣᠨᠣ	bono	
第十二課	爭影	ᠪᡝᠯᠮᡝᠨ ᠪᡝ ᡨᡝᠮᡧᡝᡵᡝᠩᡤᡝ	belmen be temšerengge	
第十三課	山鼠報德	ᠠᠯᡳᠨ ᡳ ᠰᡳᠩᡤᡝᡵᡳ ᡝᡵᡩᡝᠮᡠ ᡴᠠᡵᡠᠯᠠᡵᠠᠩᡤᡝ	alin i singgeri erdemu karularangge	
第十四課	奇異植物	ᡶᡝᡵᡤᡠᠸᡝᠴᡠᡴᡝ ᠠᠯᡩᡠᠩᡤᠠ ᡨᡝᠪᡠᡵᡝ ᠵᠠᡴᠠ	ferguwecuke aldungga tebure jaka	

順次	課名		羅馬拼音	備註
	漢文	滿文		
第十五課	押忽大珠	ᠶᠠ ᡥᡡ ᠠᠮᠪᠠ ᠨᡳᠴᡠᡥᡝ	ya hū amba nicuhe	
第十六課	周幽王	ᠵᡝᠣ ᡤᡠᡵᡠᠨ ᡳ ᡳᠣ ᠸᠠᠩ	jeo gurun i io wang	
第十七課	荀灌	ᡥᡳᠶᡡᠨ ᡤᡠᠸᠠᠨ	hiyūn guwan	
第十八課	慎疾	ᠨᡳᠮᡝᡵᡝ ᠪᡝ ᠣᠯᡥᠣᡧᠣᡵᠣᠩᡤᡝ	nimere be olhošorongge	
第十九課	戒惰	ᠪᠠᠨᡠᡥᡡᠨ ᠪᡝ ᡨᠠᡵᡤᠠᡵᠠᠩᡤᡝ	banuhūn be targarangge	
第二十課	汽機	ᠰᡠᡴᡩᡠᠨ ᡳ ᡧᡠᡵᡩᡝᡵᡝ ᡨᡝᡨᡠᠨ	sukdun i šurdere tetun	

順次	課名		羅馬拼音	備註
	漢文	滿文		
第二十一課	續	ᠰᡳᡵᠠᡵᠠᠩᡤᡝ	sirarangge	
第二十二課	舟車	ᠵᠠᡥᡡᡩᠠᡳ ᠰᡝᠵᡝᠨ	jahūdai sejen	
第二十三課	指南針	ᠵᡠᠯᡝᠰᡳ ᠵᠣᡵᡳᡴᡡ	julesi jorikū	
第二十四課	樵夫	ᠮᠣᠣ ᠰᠠᠴᡳᡵᡝ ᠨᡳᠶᠠᠯᠮᠠ	moo sacire niyalma	
第二十五課	舟人	ᡧᡠᡵᡠᠴᡳ ᠨᡳᠶᠠᠯᠮᠠ	šuruci niyalma	
第二十六課	跳繩	ᡶᡠᡨᠠ ᡶᡝᡴᡠᡵᡝᠩᡤᡝ	futa fekurengge	
第二十七課	雞雀	ᠴᠣᡴᠣ ᠴᡝᠴᡳᡴᡝ	coko cecike	

順次	課名		羅馬拼音	備註
	漢文	滿文		
第二十八課	蟲	ᡠᠮᡳᠶᠠᡥᠠ	umiyaha	
第二十九課	狐欺山羊	ᡩᠣᠪᡳ ᠨᡳᠮᠠᠨ ᠪᡝ ᡥᠣᠯᡨᠣᡵᠣᠩᡤᡝ	dobi niman be holtorongge	
第三十課	二蟹	ᠵᡠᠸᡝ ᡴᠠᡨᡠᡵᡳ	juwe katuri	
第三十一課	愛兄	ᠠᡥᡡᠨ ᡩᡝ ᡥᠠᠵᡳᠯᠠᡵᠠᠩᡤᡝ	ahūn de hajilarangge	
第三十二課	薄葬	ᠨᡝᡴᡝᠯᡳᠶᡝᠨ ᡳᠴᡳᡥᡳᠶᠠᠮᡝ ᠰᡳᠨᡩᠠᡵᠠᠩᡤᡝ	nekeliyen icihiyame sindarangge	
第三十三課	梟鳴	ᡥᡡᡧᠠᡥᡡ ᡤᡠᠸᡝᠨᡩᡝᡵᡝᠩᡤᡝ	hūšahū guwenderengge	

順次	課名		羅馬拼音	備註
	漢文	滿文		
第三十四課	羣蝗	ᡤᡝᡵᡝᠨ ᠶᡝᡵᡥᡠᠸᡝ	geren yerhuwe	
第三十五課	高瓊	ᡤᠠᠣ ᡴᡳᠣᠩ	g'ao kiong	
第三十六課	金錯刀行	ᠠᡳᠰᡳᠨ ᡳ ᡴᡳᠶᠠᠯᠮᠠᡥᠠ ᠯᠣᡥᠣ ᡳ ᡳᡵᡤᡝᠪᡠᠨ	aisin i kiyalmaha loho i irgebun	
第三十七課	回聲	ᡠᡵᠠᠨ ᡠᡵᠠᠨᡩᠠᡵᠠᠩᡤᡝ	uran urandarangge	
第三十八課	捉迷藏	ᠶᠠᠰᠠ ᡩᠠᠯᡳᠪᡠᠮᡝ ᠰᠣᠮᡳᡨᠠᡵᠠ ᠪᡝ ᠵᠠᡶᠠᡵᠠ ᡝᡶᡳᠨ	yasa dalibume somitara be jafara efin	
第三十九課	廢物	ᠸᠠᠯᡳᠶᠠᡥᠠ ᠵᠠᡴᠠ	waliyaha jaka	

順　次	課　名		羅　馬　拼　音	備　註
	漢　文	滿　文		
第四十課	油	ᠨᡳᠮᡝᠩᡤᡳ	nimenggi	
第四十一課	醬	ᠮᡳᠰᡠᠨ	misun	
第四十二課	織布	ᠪᠣᠰᠣ ᠵᠣᡩᠣᡵᠣᠩᡤᡝ	boso jodorongge	
第四十三課	共織	ᡝᠮᡤᡳ ᠵᠣᡩᠣᡵᠣᠩᡤᡝ	emgi jodorongge	
第四十四課	遇熊	ᠯᡝᡶᡠ ᠪᡝ ᡠᠴᠠᡵᠠᡵᠠᠩᡤᡝ	lefu be ucararangge	
第四十五課	天津	ᡨᡳᠶᠠᠨ ᠵᡳᠨ ᠪᠠ	tiyan jin ba	
第四十六課	漢口	ᡥᠠᠨ ᡴᡝᠣ ᠠᠩᡤᠠ	han̲ keo angga	

順次	課名		羅馬拼音	備註
	漢文	滿文		
第四十七課	猴	ᠮᠣᠨᡳᠣ	monio	
第四十八課	虎	ᡨᠠᠰᡥᠠ	tasha	
第四十九課	戒妄	ᠪᠠᠯᠠᡳ ᡤᡳᠰᡠᠨ ᠪᡝ ᡨᠠᡵᡤᠠᠪᡠᡵᡝᠩᡤᡝ	balai gisun be targaburengge	
第五十課	村人	ᡤᠠᡧᠠᠨ ᡳ ᠨᡳᠶᠠᠯᠮᠠ	gašan i niyalma	
第五十一課	畫鬼	ᡥᡠᡨᡠ ᠵᡳᡵᡠᡵᡝᠩᡤᡝ	hutu jirurengge	
第五十二課	漆	ᡧᡠᡤᡳᠨ	šugin	
第五十三課	煤	ᠸᡝᡥᡝ ᠶᠠᡥᠠ	wehe yaha	
第五十四課	室梅	ᠪᠣᠣᡳ ᠨᡝᠨᡩᡝᠨ ᡳᠯᡥᠠ	booi nenden ilha	

順次	課名		羅馬拼音	備註
	漢文	滿文		
第五十五課	寬待童僕	ᡨᠠᡴᡡᡵᡧᠠᡵᠠ ᠠᠵᡳᡤᡝ ᠵᡠᡳ ᠪᡝ ᠣᠨᠴᠣᡩᠣᠮᡝ ᡨᡠᠸᠠᡵᠠᠩᡤᡝ	takūršara ajige jui be oncodome tuwarangge	
第五十六課	齊景公	ᠴᡳ ᡤᡠᡵᡠᠨ ᡳ ᡤᡳᠩ ᡤᡠᠩ	ci gurun i ging gung	
第五十七課	物質	ᠵᠠᡴᠠᡳ ᡤᡳᡵᡠ	jakai giru	
第五十八課	冰	ᠵᡠᡥᡝ	juhe	
第五十九課	孔子高	ᡴᡠᠩ ᡯ ᡤᠠᠣ	kung dz gao	
第六十課	魯寡母	ᠯᡠ ᡤᡠᡵᡠᠨ ᡩᡝ ᠠᠩᡤᠠᠰᡳ ᡝᠮᡝᡴᡝ	lu gurun de anggasi emeke	

資料來源：《北京故宮珍本叢刊》，第 725 冊，海口，海南出版社，2001 年 1 月。

《滿蒙漢合璧教科書》第六冊，共六十課，前表所列各課課名，滿漢對照後，可了解其詞義。第八課「凌霄花」，滿文讀作"wesingge ilha"，意即「上升的花」，是一種蔓生植物，是紫葳的別名。第二十五課「舟人」，滿文讀作"šuruci niyalma"，意即「水手」。第三十四課「羣蝗」，滿文讀作"geren yerhuwe"，意即「群蟻」。第三十六課「金錯刀行」，滿文讀作"aisin i kiyalmaha loho i irgebun"，意即「金鑲刀詩」。第三十八課「捉迷藏」，滿文讀作"yasa dalibume somitara be jafara efin"，意即「蒙眼捉拿躲藏遊戲」。第四十九課「戒妄」，滿文讀作"balai gisun be targaburengge"，意即「戒妄言」。第五十一課「畫鬼」，滿文讀作"hutu jirurengge"，句中"jirurengge"，當作"jijurengge"，此作"jirurengge"，疑誤。第六十課「魯寡母」，滿文讀作"lu gurun de anggasi emeke"，意即「魯國守寡婆婆」。滿漢詞義，詳略不同，互相對照，有助於了解其詞義。

課文內容，滿漢文義，逐句對照後，亦有助於了解其文義。原書第二課「我國居亞細亞之東南」，滿文讀作"musei gurun ya si ya jeo jubki i dergi julergi de bifi"，意即「我國居亞細亞洲之東南」，漢文省略「洲」字；「西北界西比利亞」，句中「西比利亞」，滿文讀作"si be lii ya"，漢譯當作「西伯利亞」。第四課「漢東諸侯」，滿文讀作"han šui mukei dergi goloi beise"，意即「漢水之東諸侯」。第九課「祓除庭院」，滿文讀作"tinggin hūwa be erime geterembure de"，意即「掃除庭院」。第十三課「觸其題」，滿文讀作"terei šenggin be cunggūšaha"，意即「觸其額」；「繫以巨緪」，滿文讀作"muwa futa i hūwaitafi"，意即「繫以粗繩」。第十六課「萬端故不笑」，滿文讀作"eiten hacin i argadacibe kemuni injehekū"，意即「雖萬端用計猶未笑」。第二十三課「不辦東南西北」，滿文讀作“dergi wargi julergi amargi be ilgarakū de”，意即「不辨東西南北」，原書「辦」，當作「辨」；「一端常向北」，滿文讀作“emu sahaliyan dube enteheme amargi foroko ici”，意即「一黑端恒向北」；「一端常向南」，滿文讀作“emu fulgiyan dube enteheme julergi foroko ici”，意即「一紅端恒向南」。

原書第二十四課「樵曰」，滿文讀作“moo sacire niyalma jabume”，意即「樵夫回答」。第二十六課「皆曰諾」，滿文讀作“gemu hendume inu seme”，意即「皆曰是」。第三十課「一蟹八跪皆蛻」，滿文讀作“emu katuri i jakūn bethe gemu turibuhe”，意即「一隻螃蟹的八隻腿都脫落了」；「過害則相委」，滿文讀作“jobolon de ucaraci ishunde waliyambi”，意即「遇害則相棄」，句中「過」，當作「遇」。第三十三課「無與吉凶之事也」，滿文讀作“sain ehe i baita de dalji akū kai”，意即「與吉凶之事不相干也」。第三十六課「一片丹心報天子」，句中「丹心」，滿文讀作“senggi mujilen”，意即「血心」。第五十四課「吾冒霜雪」，滿文讀作“bi gecen nimanggi hukšeme”，意即「我頂著霜雪」；「凌風寒」，滿文讀作“edun sahūrun latunjime”，意即「風寒來侵犯」。第五十五課「不以家自隨」，滿文讀作“boigon anggala be beyede dahalaburakū”，意即「不以家口自隨」。第五十六課「民苦皸瘃」，滿文讀作“yaribume jakjahūn de jobome”，意即「民苦於手足凍傷皸裂」；「乃令出裘發粟」，滿文讀作“uthai jibca be salabume jeku be tucibufi”，意即「就散給皮襖，發出米粟」。第五十八課「插膽瓶中」，句中「膽瓶」，滿文讀作“dasihiyakū i malu”，意即「撣瓶」。第五十九課「徒坑手而已」，滿文讀作“damu gala be tukiyeme wajiha”，意即「只是舉手而已」。

第六十課「臘日休作」，滿文讀作“gurgu butafi wecere inenggi ergembume”，意即「獵獸祭祀日休息」，古代年底漁獵既畢舉行祭祀的日子，稱為臘日，是日無事休息。通過滿漢文對照，有助於了解漢文的詞義。

《滿蒙漢合璧教科書》第七冊課名漢滿文對照表

順　次	課　名		羅　馬　拼　音	備　註
	漢　文	滿　文		
第一課	空氣	ᡠᠨᡨᡠᡥᡠᠨ ᠰᡠᡴᡩᡠᠨ	untuhun sukdun	
第二課	續	ᠰᡳᡵᠠᡵᠠᠩᡤᡝ	sirarangge	
第三課	走馬燈	ᠮᠣᡵᡳᠨ ᡶᡝᡴᠰᡳᡵᡝ ᠠᡵᠪᡠᠨ ᡳ ᡩᡝᠩᠵᠠᠨ	morin feksire arbun i dengjan	
第四課	勤勉	ᡴᡳᠴᡝᠮᡝ ᡶᠠᡧᡧᠠᡵᠠᠩᡤᡝ	kiceme faššarangge	
第五課	時辰鐘	ᡝᡵᡳᠯᡝᠮᡝ ᡤᡠᠸᡝᠨᡩᡝᡵᡝ ᠵᡠᠩᡴᡝᠨ	erileme guwendere jungken	

順次	課名		羅馬拼音	備註
	漢文	滿文		
第六課	續	ᠰᡳᡵᠠᡵᠠᠩᡤᡝ	sirarangge	
第七課	黔之驢	ᡤᡠᡳᠵᡝᠣ ᡳ ᡝᡳᡥᡝᠨ	guijeo i eihen	
第八課	臨江之麋	ᠯᡳᠨ ᡤᡳᠶᠠᠩ ᠨᡳ ᠪᠠ ᡳ ᠰᡠᠸᠠ ᠪᡠᡥᡡ	lin giyang ni ba i suwa buhū	
第九課	永某氏之鼠	ᠶᡠᠩ ᠵᡝᠣ ᡨᡝᡵᡝ ᡥᠠᠯᠠᠩᡤᠠ ᡳ ᠰᡳᠩᡤᡝᡵᡳ	yung jeo tere halangga i singgeri	
第十課	飛鳥	ᡩᡝᠶᡝᡵᡝ ᡤᠠᠰᡥᠠ	deyere gasha	
第十一課	家禽	ᠪᠣᠣᡳ ᡤᠠᠰᡥᠠ	booi gasha	

順次	課名		羅馬拼音	備註
	漢文	滿文		
第十二課	牛馬	ᡳᡥᠠᠨ ᠮᠣᡵᡳᠨ	ihan morin	
第十三課	牡丹芍藥	ᠮᠣᡩᠠᠨ ᡳᠯᡥᠠ ᡧᠣᡩᠠᠨ ᡳᠯᡥᠠ	modan ilha šodan ilha	
第十四課	杏園中棗樹	ᡤᡠᡳᠯᡝᡥᡝ ᠶᠠᡶᠠᠨ ᡳ ᡩᠣᠯᠣᡳ ᠰᠣᡵᠣ ᠮᠣᠣ	guilehe yafan i doloi soro moo	
第十五課	少慧	ᠠᠰᡳᡥᠠᠨ ᠰᡝᡴᡨᡠ	asihan sektu	
第十六課	鮑氏子	ᠪᠣᠣ ᡥᠠᠯᠠᠩᡤᠠ ᠵᡠᡳ	boo halangga jui	
第十七課	寒暖	ᡧᠠᡥᡡᡵᡠᠨ ᡥᠠᠯᡠᡴᠠᠨ	šahūrun halukan	

順　次	課名		羅　馬　拼　音	備　註
	漢文	滿文		
第十八課	五帶之生物	ᠰᡠᠨᠵᠠ ᠵᡠᡤᡡᠨ ᡳ ᠪᠠᠨᠵᡳᡵᡝ ᠵᠠᡴᠠ	sunja jugūn i banjire jaka	
第十九課	續	ᠰᡳᡵᠠᡵᠠᠩᡤᡝ	sirarangge	
第二十課	四行	ᡩᡠᡳᠨ ᠶᠠᠪᡠᠨ	duin yabun	
第二十一課	緹縈	ᡨᡳ ᡷᡠᠩ	ti žung	
第二十二課	太湖	ᡨᠠᡳ ᡥᡡ ᡨᡝᠩᡤᡳᠨ	tai hū tenggin	
第二十三課	石鍾山	ᡧᡳ ᠵᡠᠩ ᡧᠠᠨ ᠠᠯᡳᠨ	ši jung šan alin	
第二十四課	虎邱	ᡴᡡ ᡴᡳᠣ ᠮᡠᠩᡤᠠᠨ	kū kio munggan	

順次	課名		羅馬拼音	備註
	漢文	滿文		
第二十五課	陸運	ᠣᠯᡥᠣᠨ ᡩᡝ ᡨᡝᠣᡩᡝᡵᡝᠩᡤᡝ	olhon de teoderengge	
第二十六課	水運	ᠮᡠᡴᡝ ᡩᡝ ᡨᡝᠣᡩᡝᡵᡝᠩᡤᡝ	muke de teoderengge	
第二十七課	旅館	ᡨᠠᡨᠠᡵᠠ ᡴᡠᡵᡝᠨ	tatara kuren	
第二十八課	戒惰	ᠪᠠᠨᡠᡥᡡᠨ ᠪᡝ ᡨᠠᡵᡤᠠᡵᠠᠩᡤᡝ	banuhūn be targarangge	
第二十九課	陶侃	ᡨᠣᠣ ᠺᠠᠨ	too k'an	
第三十課	誠實學生	ᡠᠨᡝᠩᡤᡳ ᠶᠠᠯᠠᠩᡤᡳ ᡨᠠᠴᡳᡴᡡᡳ ᠵᡠᡳ	unenggi yalanggi tacikūi jui	

順次	課名		羅馬拼音	備註
	漢文	滿文		
第三十一課	李園童子	ᡶᠣᠶᠣᡵᠣ ᡳ ᠶᠠᡶᠠᠨ ᡳ ᠠᠵᡳᡤᡝ ᠵᡠᡳ	foyoro i yafan i ajige jui	
第三十二課	論葬	ᠪᡠᡵᡴᡳᡵᡝ ᠪᡝ ᠯᡝᠣᠯᡝᡵᡝᠩᡤᡝ	burkire be leolerengge	
第三十三課	續	ᠰᡳᡵᠠᡵᠠᠩᡤᡝ	sirarangge	
第三十四課	譏堪輿	ᠨᠠ ᡨᠠᡴᠠᡵᠠ ᠪᡝ ᡩᠠᡵᡳᡵᡝᠩᡤᡝ	na takara be darirengge	
第三十五課	爭毬	ᠮᡠᡥᠠᠯᡳᠶᠠᠨ ᠪᡝ ᡨᡝᠮᡧᡝᡵᡝᠩᡤᡝ	muhaliyan be temšerengge	
第三十六課	同類相殘	ᡝᠮᡠ ᡩᡠᠸᠠᠯᡳ ᡳᠰᡥᡠᠨᡩᡝ ᡝᠪᡩᡝᡵᡝᡵᡝᠩᡤᡝ	emu duwali ishunde ebdererengge	

順　次	課　名		羅　馬　拼　音	備　註
	漢　文	滿　文		
第三十七課	麻	ᠣᠯᠣ	olo	
第三十八課	蔬菜	ᠰᠣᡤᡳ	sogi	
第三十九課	異寶	ᡝᠨᠴᡠ ᠪᠣᠣᠪᠠᡳ	encu boobai	
第四十課	趙奢	ᠵᠣᠣ ᡧᡝ	joo še	
第四十一課	綿羊	ᡥᠣᠨᡳᠨ	honin	
第四十二課	傳書鴿	ᠵᠠᠰᡳᡤᠠᠨ ᠪᡝ ᡠᠯᠠᡵᠠ ᡤᡠᠸᡝᠴᡳᡥᡝ	jasigan be ulara guwecihe	
第四十三課	尚勇	ᠪᠠᡨᡠᡵᡠ ᠪᡝ ᠸᡝᠰᡳᡥᡠᠯᡝᡵᡝᠩᡤᡝ	baturu be wesihulerengge	
第四十四課	趙武靈王	ᠵᠣᠣ ᡤᡠᡵᡠᠨ ᡳ ᡠ ᠯᡳᠩ ᠸᠠᠩ	joo gurun i u ling wang	
第四十五課	魏乳母	ᠸᡝᡳ ᡤᡠᡵᡠᠨ ᡳ ᡥᡠᡥᡠᠨ ᡳ ᡝᠨᡳᠶᡝ	wei gurun i huhun i eniye	

順　次	課名 漢文	課名 滿文	羅馬拼音	備註
第四十六課	家用	ᠪᠣᠣᡳ ᠪᠠᡳᡨᠠᠯᠠᠨ	booi baitalan	
第四十七課	續	ᠰᡳᡵᠠᡵᠠᠩᡤᡝ	sirarangge	
第四十八課	郵政	ᡤᡳᠶᠠᠮᡠᠯᠠᡵᠠ ᡩᠠᠰᠠᠨ	giyamulara dasan	
第四十九課	電報	ᡨᠠᠯᡴᡳᠶᠠᠨ ᡳ ᠰᡝᡵᡴᡳ	talkiyan i serki	
第五十課	電話	ᡨᠠᠯᡴᡳᠶᠠᠨ ᡳ ᡤᡳᠰᡠᠨ	talkiyan i gisun	
第五十一課	嵩山	ᠰᡠᠨ ᡧᠠᠨ ᠠᠯᡳᠨ	sun šan alin	

順　次	課名		羅　馬　拼　音	備　註
	漢　文	滿　文		
第五十二課	洞庭湖	ᡩᡠᠩ ᡨᡳᠩ ᡥᡡ ᡨᡝᠩᡤᡳᠨ	dung ting hū tenggin	
第五十二課	洞庭湖	ᡩᡠᠩ ᡨᡳᠩ ᡥᡡ ᡨᡝᠩᡤᡳᠨ	dung ting hū tenggin	
第五十三課	腦	ᡶᡝᡥᡳ	fehi	
第五十四課	傳染病	ᡠᠯᠠᠮᡝ ᡳᠴᡝᠪᡠᡵᡝ ᠨᡳᠮᡝᡴᡠ	ulame icebure nimeku	
第五十五課	續	ᠰᡳᡵᠠᡵᠠᠩᡤᡝ	sirarangge	
第五十六課	雷電	ᠠᡴᠵᠠᠨ ᡨᠠᠯᡴᡳᠶᠠᠨ	akjan talkiyan	
第五十七課	續	ᠰᡳᡵᠠᡵᠠᠩᡤᡝ	sirarangge	

順次	課名		羅馬拼音	備註
	漢文	滿文		
第五十八課	製糕	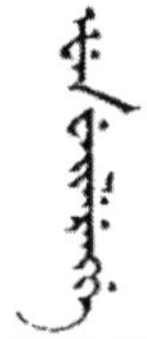	efen weilerengge	
第五十九課	續	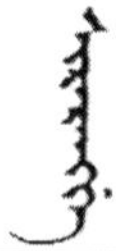	sirarangge	
第六十課	投報	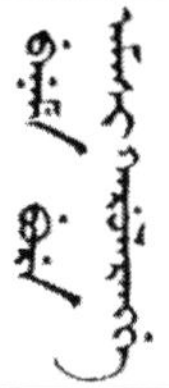	beneme bure amasi karularangge	

資料來源：《北京故宮珍本叢刊》，第 725 冊，海口，海南出版社，2001 年 1 月。

對照原書第七冊滿漢文課名，有助於了解課名的詞義。其中第七課「黔之驢」，滿文讀作“guijeo i eihen”，意即「貴州之驢」；第八課「臨江之麋」，句中「麋」，滿文讀作“suwa buhū”，意即「梅花鹿」；第九課「永某氏之鼠」，滿文讀作“yung jeo tere halangga i singgeri”，意即「永州某氏之鼠」；第三十七課「麻」，滿文讀作“olo”，意即「線麻」或「繩麻」；第四十四課「趙武靈王」，滿文讀作“joo gurun i u ling wang”，意即「趙國武靈王」；第四十五課「魏乳母」，滿文讀作“wei gurun i huhun i eniye”，意即「魏國乳母」；第四十九課「電報」，滿文讀作“talkiyan i serki”，句中“serki”，意即「跑報人」。按「電報」，規範滿文讀作“talkiyan i serkin”，對照滿漢文，有助於了解其詞義。

原書第七冊各課內容，對照滿漢文，亦有助於了解其詞義。第二課「昔時某國有囚百四十六人」，滿文讀作“seibeni fon de tere gurun de weilengge niyalma emu tanggū dehi ninggun niyalma”，句中“tere gurun”，意即「某國」；“weilengge niyalma”，意即「罪犯」，原書作「囚」。第三課「帶犬行者」，滿文讀作“indahūn be elgeme yaburengge”，意即「遛狗者」。第四課「其蜜蜂乎」，滿文讀作“terei hibasu ejen dere”，句中“hibasu”，規範滿文讀作“hibsu”。第五課「鐘有六十分」，滿文讀作“jungken tome ninju fuwen bi”，意即「每鐘點有六十分」；「分有六十秒」，滿文讀作“fuwen tome ninju miyori bi”，意即「每分有六十秒」。第八課「畋得麋麑」，句中「麋麑」，滿文讀作“suwa buhū i fiyaju”，意即「梅花鹿之鹿羔」。第九課「椸無完衣」，滿文讀作“golbun de muyahūn etuku akū”，句中「椸」，規範滿文讀作“golbon”，意即「衣架」，此作“golbun”，異。第十課「翡翠」，滿文讀作“ulgiyan cecike”，滿漢文義不合，按「翡翠」，是指「翡鳥」與「翠鳥」。「翡鳥」，滿文讀作“hailun cecike”，「翠鳥」，滿文讀作“ulgiyan cecike”；「雁」，滿文讀作“kanjiha niongniyaha”，意即「賓鴻」；「繡眼」，滿文讀作“jinjiba”，又作「粉眼」。第十一課「其足如鰭」，滿文讀作“terei ošoho ucika i adali”，意即「其爪指如魚前鰭」，滿漢文義稍有出入。第十二課「芻豆」，滿文讀作“soco orho turi”，意即「羊草豆」。第十三課「大者徑尺」，滿文讀作“amba serengge jušuru de isime”，意即「大者及尺」；「覆之以藁」，滿文讀作“orhoi dasime”，意即「以草覆之」。第十五課「以鼠矢投蜜中」，句中「鼠矢」，滿文讀作“singgeri hamu”，意即「鼠屎」。

緹縈是漢朝孝女，「縈」讀如“yeng”。《滿蒙漢合璧教科書》第七冊，第二十一課「緹縈」，滿文讀作“ti žung”，疑誤。第二十三課「下臨無極」，滿文讀作“wasihūn enggeleme fere akū”，意即「下臨無底」。第三十一課「必饜李」，滿文讀作“urunakū foyoro i ebimbidere”，意即「想必飽食李子吧」。第三十六課「松授之以椐樹之枝」，句中「椐樹」，滿文讀作“jalgari moo”，意即「靈壽木」。第三十七課「漚之以水」，滿文讀作“muke i ebeniyefi”，意即「以水泡之」。第三十八課「好鳥時鳴」，滿文讀作“sain gasha erin akū guwendere”，意即「好鳥不時鳴叫」;「金針」，滿文讀作“niohe sube”，意即「黃花菜」;「茱萸」，滿文讀作“fuseri”，意即「花椒」。

原書第四十三課「見到鼃張腹而怒」，句中「鼃」，滿文讀作“wakšan”，意即「蝦蟆」。第五十一課「自河以南」，滿文讀作“suwayan bira ci julesi”，意即「自黃河以南」;「淮以北」，滿文讀作“hūwai šui muke ci amasi”，意即「自淮水以北」。第五十四課「或謂之瘟」，滿文讀作“ememu geri sembi”，意即「或叫做瘟疫」。第六十課「傷惠傷廉」，滿文讀作“fulehun be gūtubume hanja be gūtubume”，意即「玷辱恩惠、玷辱廉潔」;「無聊」，滿文讀作“yokto akū”，意即「沒趣」;「製成四罐」，滿文讀作“duin tongmo be weileme banjinafi”，句中“tongmo”，規範滿文讀作“dongmo”，意即「茶桶」、「茶筒」，或作「茶罐」，原書滿文讀作“tongmo”，疑誤；「先生」，滿文讀作“tere tere sefu”，意即「某某先生」。原書滿漢文義，頗有出入。對照滿漢文，是不可忽視的問題。

《滿蒙漢合璧教科書》第八冊課名漢滿文對照表

順次	課名 漢文	課名 滿文	羅馬拼音	備註
第一課	獨立 自尊一	ᡝᠮᡥᡠᠨ ᡳᠯᡳᡶᡳ ᠪᡝᠶᡝ ᠸᡝᠰᡳᡥᡠᠯᡝᡵᡝᠩᡤᡝ ᡝᠮᡠ	emhun ilifi beye wesihulerengge emu	
第二課	獨立 自尊二	ᡝᠮᡥᡠᠨ ᡳᠯᡳᡶᡳ ᠪᡝᠶᡝ ᠸᡝᠰᡳᡥᡠᠯᡝᡵᡝᠩᡤᡝ ᠵᡠᠸᡝ	emhun ilifi beye wesihulerengge juwe	
第三課	獨立 自尊三	ᡝᠮᡥᡠᠨ ᡳᠯᡳᡶᡳ ᠪᡝᠶᡝ ᠸᡝᠰᡳᡥᡠᠯᡝᡵᡝᠩᡤᡝ ᡳᠯᠠᠨ	emhun ilifi beye wesihulerengge ilan	
第四課	萬里長 城	ᡨᡠᠮᡝᠨ ᠪᠠ ᡳ ᡤᠣᠯᠮᡳᠨ ᡥᡝᠴᡝᠨ	tumen ba i golmin hecen	
第五課	海底	ᠮᡝᡩᡝᡵᡳ ᡶᡝᡵᡝ	mederi fere	
第六課	星命	ᡶᡝᡨᡝᠨ ᡠᠰᡳᡥᠠ ᡥᡝᠰᡝᠪᡠᠨ	feten usiha hesebun	

順次	課名		羅馬拼音	備註
	漢文	滿文		
第七課	擇日	ᡳᠨᡝᠩᡤᡳ ᠰᠣᠨᠵᠣᡵᠣᠩᡤᡝ	inenggi sonjorongge	
第八課	水汽循環之理	ᠮᡠᡴᡝᡳ ᠰᡠᡴᡩᡠᠨ ᡳ ᠰᡠᡵᡩᡝᡵᡝ ᡤᡳᠶᠠᠨ	mukei sukdun i surdere giyan	
第九課	續	ᠰᡳᡵᠠᡵᠠᠩᡤᡝ	sirarangge	
第十課	勸孝	ᡥᡳᠶᠣᠣᡧᡠᠯᠠᡵᠠ ᠪᡝ ᡥᡠᠸᡝᡴᡳᠶᡝᠪᡠᡵᡝᠩᡤᡝ	hiyoošulara be huwekiyeburengge	
第十一課	續	ᠰᡳᡵᠠᡵᠠᠩᡤᡝ	sirarangge	
第十二課	燕詩	ᠴᡳᠪᡳᠨ ᡳ ᡳᡵᡤᡝᠪᡠᠨ	cibin i irgebun	
第十三課	顯微鏡	ᠪᠠᡩᠠᡵᠠᠮᠪᡠᠩᡤᠠ ᠪᡠᠯᡝᡴᡠ	badarambungga buleku	

順次	課名		羅馬拼音	備註
	漢文	滿文		
第十四課	種痘	ᠰᠣᡤᡳᠶᠠ ᡨᠠᡵᡳᡵᡝᠩᡤᡝ	sogiya tarirengge	
第十五課	續	ᠰᡳᡵᠠᡵᠠᠩᡤᡝ	sirarangge	
第十六課	貓與狐	ᡴᡝᠰᡳᡴᡝ ᡝᠮᡤᡳ ᡩᠣᠪᡳ	kesike emgi dobi	
第十七課	賑饑	ᠶᡠᠶᡠᡵᡝᠩᡤᡝ ᠪᡝ ᠰᠠᠯᠠᠮᡝ ᠠᡳᡨᡠᠪᡠᡵᡝᠩᡤᡝ	yuyurengge be salame aituburengge	
第十八課	泰山	ᡨᠠᡳ ᡧᠠᠨ ᠠᠯᡳᠨ	tai šan alin	
第十九課	重九約友人登高書	ᡠᠶᡠᠩᡤᡝ ᡳᠨᡝᠩᡤᡳ ᡤᡠᠴᡠ ᠨᡳᠶᠠᠯᠮᠠ ᠪᡝ ᠪᠣᠯᠵᠣᠮᡝ ᡩᡝᠨ ᡳ ᡳᠴᡳ ᡨᠠᡶᠠᡵᠠ ᠵᠠᠰᡳᡤᠠᠨ	uyungge inenggi gucu niyalma be boljome den i ici tafara jasigan	

順　次	課	名	羅　馬　拼　音	備　註
	漢 文	滿 文		
第二十課	藝菊	ᠪᠣᠵᡳᡵᡳ ᡳᠯᡥᠠ ᠪᡝ ᡨᠠᡵᡳᡵᡝᠩᡤᡝ	bojiri ilha be tarirengge	
第二十一課	鸚鵡	ᠶᡝᠩᡤᡠᡥᡝ	yengguhe	
第二十二課	豹	ᠶᠠᡵᡥᠠ	yarha	
第二十三課	先學後遊	ᠨᡝᠨᡝᠮᡝ ᡨᠠᠴᡳᡶᡳ ᠠᠮᠠᠯᠠ ᠰᠠᡵᡤᠠᡧᠠᡵᠠᠩᡤᡝ	neneme tacifi amala sargašarangge	
第二十四課	塙保己一	ᠵᡳᠶᠣᠣ ᠪᠣᠣ ᠵᡳ ᡳᡳ	jiyoo boo ji ii	
第二十五課	堅忍	ᠠᡴᡩᡠᠨ ᡴᡳᡵᡳᡵᡝᠩᡤᡝ	akdun kirirengge	
第二十六課	兵役	ᠴᠣᠣᡥᠠᡳ ᡨᠠᡴᡡᡵᠠᠨ	coohai takūran	

順　次	課　名		羅　馬　拼　音	備　註
	漢　文	滿　文		
第二十七課	續	ᠰᡳᡵᠠᡵᠠᠩᡤᡝ	sirarangge	
第二十八課	女將	ᡥᡝᡥᡝ ᠵᡳᠶᠠᠩᡤᡳᠶᡡᠨ	hehe jiyanggiyūn	
第二十九課	動物自衛之具	ᠠᡧᡧᠠᡵᠠ ᠵᠠᡴᠠᡳ ᠪᡝᠶᡝ ᡴᠠᡵᠮᠠᡵᠠ ᠠᡤᡡᡵᠠ	aššara jakai beye karmara agūra	
第三十課	樹藝	ᡨᠠᡵᡳᠮᡝ ᡨᡝᠪᡠᡵᡝᠩᡤᡝ	tarime teburengge	
第三十一課	清潔	ᡤᡝᠩᡤᡳᠶᡝᠨ ᠪᠣᠯᡤᠣ	genggiyen bolgo	
第三十二課	毋側聽	ᡠᠮᡝ ᡥᡡᠯᡥᠠᠮᡝ ᡩᠣᠨᠵᡳᡵᡝ	ume hūlhame donjire	

順次	課名		羅馬拼音	備註
	漢文	滿文		
第三十三課	毋窺私書	ᡠᠮᡝ ᠴᡳᠰᡠ ᠪᡳᡨᡥᡝ ᠪᡝ ᡥᡳᡵᠠᠴᠠᡵᠠ	ume cisu bithe be hiracara	
第三十四課	游歷之樂	ᠰᠠᡵᡤᠠᡧᠠᠮᡝ ᡩᡠᠯᡝᡵᡝ ᠰᡝᠪᠵᡝᠨ	sargašame dulere sebjen	
第三十五課	沙漠	ᡤᠣᠪᡳ	gobi	
第三十六課	續	ᠰᡳᡵᠠᡵᠠᠩᡤᡝ	sirarangge	
第三十七課	鑲金	ᠠᡳᠰᡳᠨ ᠪᡝ ᠠᠨᠠᡥᡡᠨᠵᠠᡵᠠᠩᡤᡝ	aisin be anahūnjarangge	
第三十八課	戒爭	ᡨᡝᠮᡧᡝᡵᡝ ᠪᡝ ᡨᠠᡵᡤᠠᡵᠠᠩᡤᡝ	temšere be targarangge	
第三十九課	魚	ᠨᡳᠮᠠᡥᠠ	nimaha	

順次	課名		羅馬拼音	備註
	漢文	滿文		
第四十課	蜘蛛	ᡥᡝᠯᠮᡝᡥᡝᠨ	helmehen	
第四十一課	力學	ᡥᡡᠰᡠᡨᡠᠯᡝᠮᡝ ᡨᠠᠴᡳᡵᡝᠩᡤᡝ	hūsutuleme tacirengge	
第四十二課	續	ᠰᡳᡵᠠᡵᠠᠩᡤᡝ	sirarangge	
第四十三課	采珠	ᠨᡳᠴᡠᡥᡝ ᡤᡠᡵᡠᡵᡝᠩᡤᡝ	nicuhe gururengge	
第四十四課	金屬	ᠠᡳᠰᡳᠨ ᡳ ᡩᡠᠸᠠᠯᡳ	aisin i duwali	
第四十五課	錢幣	ᠵᡳᡥᠠ ᡠᠯᡳᠨ	jiha ulin	
第四十六課	續	ᠰᡳᡵᠠᡵᠠᠩᡤᡝ	sirarangge	

順次	課名		羅馬拼音	備註
	漢文	滿文		
第四十七課	續	ᠰᡳᡵᠠᡵᠠᠩᡤᡝ	sirarangge	
第四十八課	吹竹	ᠴᡠᠰᡝ ᠮᠣᠣ ᡶᡠᠯᡤᡳᠶᡝᡵᡝᠩᡤᡝ	cuse moo fulgiyerengge	
第四十九課	不欺死友	ᠪᡠᠴᡝᡥᡝ ᡤᡠᠴᡠ ᠪᡝ ᡝᡳᡨᡝᡵᡝᡵᠠᡴᡡᠩᡤᡝ	bucehe gucu be eitererakūngge	
第五十課	雪人	ᠨᡳᠮᠠᠩᡤᡳ ᡳ ᠨᡳᠶᠠᠯᠮᠠ	nimanggi i niyalma	
第五十一課	白雪歌	ᡧᡝᠶᡝᠨ ᠨᡳᠮᠠᠩᡤᡳ ᡳ ᡠᠴᡠᠨ	šeyen nimangi i ucun	
第五十二課	基督教	ᡤᡳ ᡩᡠ ᡳ ᡨᠠᠴᡳᡥᡳᠶᠠᠨ	gi du i tacihiyan	
第五十三課	續	ᠰᡳᡵᠠᡵᠠᠩᡤᡝ	sirarangge	

順次	課名		羅馬拼音	備註
	漢文	滿文		
第五十四課	義和團	ᡳ ᡥᡝ ᡨᡠᠸᠠᠨ	i he tuwan	
第五十五課	續	ᠰᡳᡵᠠᡵᠠᠩᡤᡝ	sirarangge	
第五十六課	無鬼	ᡥᡠᡨᡠ ᠠᡴᡡ	hutu akū	
第五十七課	農	ᡠᠰᡳᠰᡳ	usisi	
第五十八課	租稅	ᡨᡠᡵᡤᡝᠨ ᠴᡳᡶᡠᠨ	turgen cifun	
第五十九課	續	ᠰᡳᡵᠠᡵᠠᠩᡤᡝ	sirarangge	
第六十課	合同	ᠠᠴᠠᠪᡠᠩᡤᠠ ᠪᠣᠵᡳ	acabunggga boji	

資料來源：《北京故宮珍本叢刊》，第725冊，海口，海南出版社，2001年1月。

《滿蒙漢合璧教科書》第八冊，計六十課，第十三課「顯微鏡」，滿文讀作“badarambungga buleku”，意即「放大鏡」。第二十課「藝菊」，滿文讀作“bojiri ilha be tarirengge”，意即「種菊」。第三十課「樹藝」，滿文讀作“tarime teburengge”，意即「種植」。第三十二課「毋側聽」，滿文讀作“ume hūlhame donjire”，意即「毋竊聽」。第五十七課「農」，滿文讀作“usisi”，意即「農夫」。對照滿文，有助於了解漢文的詞義。

除課名外，各課內容，滿漢詞義，亦可相互對照。其中第一課「蘿施松上」，滿文讀作“hūša siren jakdan moo i ninggude hayahangge”，意即「藤蘿纏繞松上」。第二課「皆祿之」，滿文讀作“gemu fulun bufi”，意即「皆給與俸祿」;「而濫與焉」，滿文讀作“bing biyang ni ada ficakū de ton arame”，意即「濫竽充數」，句中「竽」，滿文讀作“ada ficakū”，意即「排簫」。第四課「一統中夏」，滿文讀作“dulimba〔dulimbai〕 gurun be emu obume uherilehebi”，意即「一統中國」，句中「中夏」，滿文讀作“dulimba〔dulimbai〕 gurun”，意即「中國」。第五課「水母」，滿文讀作“sengguji”，意即「海蛇」;「錦渦」，滿文讀作“gin we buren”，意即「錦渦海螺」;「海賊」，滿文讀作“mederi gūlmahūn”，意即「海兔」。第六課「術士」，滿文讀作“fangga niyalma”，意即「有法術的人」，又作「方士」。第九課「亦有汗孔散汽於外」，句中「汗孔」，滿文讀作“nei funiyehe”，意即「汗毛」。第十四課「患者或不救」，句中「患者」，滿文讀作“mama eršerengge”，意即「患痘」，或「出花」，滿文又作“mama tucimbi”。第十六課「坐於危枝」，滿文讀作“den gargan i ninggude teme”，意即「坐於高枝上」;「亦何至遽殞其命」，滿文讀作“inu ainu gaitai irgen be bucere de isibumbihe”，句中“irgen”，誤，當作“ergen”，意即「命」。

原書第二十一課「鸚鵡，能言鳥也，產於熱帶」，句中「熱帶」，滿文讀作“fulgiyan jugūn”，意即「赤道」;「常以軟腐之木為薦」，句中「薦」，滿文讀作“sekji”，意即「鋪墊用的乾草」。第二十四課「喪明」，滿文讀作“yasa efebuhe”，意即「眼失明」;「大風」，滿文讀作“ayan edun”，句中“ayan”，與“amba”，同義。第二十六課「勝兵」，滿文讀作“etenggi cooha”，意即「強兵」，或「強盛的兵」。第二十八課「親執桴鼓」，滿文讀作“beye gisun jafame tunggen be tūhai”，意即「親自執鼓槌打鼓」;「親織薄為屋」，滿文讀作“beye ulhū hiyadame boo arafi”，意即「親自編織蘆葦造屋」。第二十九課「蜂之針毒螫」，滿文讀作“suilan i uncehen i šolonggo horonggo šešerengge”，意即「大馬蜂尾之尖毒螫」。第三十六課「先跽其前足」，滿文讀作“neneme terei fihe niyakūrafi”，意即「先跪其前腿」。

原書第三十八課「諦視」，滿文讀作“narhūšame cincilame”，意即「詳細看」。第三十八課「甲羊挺足登橋」，句中「挺足」，滿文讀作“fatha saniyafi”，意即「伸蹄」;「既接近」，滿文讀作“hanci adaha manggi”，意即「挨近時」。第四十課「即買之」，滿文讀作“uthai lakiyafi”，意即「即懸掛」。

原書第四十三課「一船可二十人」，滿文讀作“emu jahūdai orin niyalma baktaci ombi”，意即「一船可容二十人」;「雙函嚴閉」，滿文讀作“juru notho teng seme yaksifi”，意即「雙殼緊閉」;「內蠔猶未死也」，句中「內蠔」，滿文讀作“dorgi i yali”，意即「內肉」。第四十八課「楚之南」，滿文讀作“hūnan i julergi”，意即「湖南之南」。第五十一課「胡天八月即飛雪」，句中「胡天」，滿文讀作“monggo ba”，意即「蒙古地方」。

原書第八冊末頁標明「宣統二年歲次庚戌秋月，奉天蒙文學堂名譽監督、花翎副都統銜、前蒙古協領臣榮德謹譯」字樣。宣統二年（1910）九月二十五日，錫良於〈續譯蒙學教科書繕訂成冊進呈御覽〉一摺奏聞：「茲該員復將五、六、七、八冊續行譯出，分訂六本，裝成一函，稟請恭呈御覽，伏候欽定前來。臣覆查譯本，詞句明顯，義意洽當，洵足為開通蒙智之資。」原摺內所稱「該員」，就是譯者榮德。對照《滿蒙漢合璧教科書》與錫良奏摺，可以說明榮德所譯欽定教科書，共計八冊。屈六生先生指出，《滿蒙漢合璧教科書》共十冊，前六冊，每冊分六十課，後四冊因課文較長，每冊分三十課。林士鉉先生撰〈《滿蒙漢合璧教科書》與清末蒙古教育改革初探〉一文指出，檢閱收入於故宮珍本叢刊的《滿蒙漢合璧教科書》第七、八冊各有六十課，可知所謂「後四冊」應是第七、八冊分別各作「二本」裝訂，所以原書應有「八冊十本」。

屈六生先生撰〈論清末滿語的發展—兼論《滿蒙漢三合教科書》〉一文指出，雖然滿語文在清代總的趨勢是逐漸衰弱，但並不排除在某個時期某個地區其局部向更高層次發展，在黑龍江、吉林和內蒙呼倫貝爾地區，滿語文的應用較之京師和關內駐防點至少延長了六、七十年。

清末推行新政，改革教育，八旗官學、宗室學等舊式塾學先後改為新式學堂，大力引進近代科學知識。舊式滿蒙課文不能適應變革的新趨勢。當時京師東北的八旗學堂、滿蒙學堂亟需新式教材。於是東三省總督錫良、奉天巡撫程德全委託旗人學者榮德，及其弟子們，將學部審定，由上海商務印書館刊行的漢文初級教科書，譯成滿蒙文字，定書名為《滿蒙漢三文合璧教科書》，簡稱《滿蒙漢合璧教科書》，共八冊。內容豐富，涉及社會生活的各個方面。屈六生先生按意義分類，包括：文教衛生、政治經濟法律軍事、公交財貿通訊、科技自然地理等方面。原文將各類舉例進行分類後指出，滿語新詞語的構成，基本上是採用複合構詞法，按照滿語構詞規則將兩個以上固有詞彙組合成一個新詞語，從滿語固有詞彙中挖掘新義，而極少採用錫伯語常用的創造新詞和大量借詞的方法。原書主譯榮德為滿語文在清末的發展作出了可貴的貢獻。屈六生先生同時指出，《滿蒙漢合璧教科書》在清末條件艱苦、時間倉促，來不及廣泛徵求意見，又未能得到長期應用和修改補充，而出現一些小問題。

誠然，《滿蒙漢合璧教科書》八冊，四八〇課中的滿文繙譯，頗多有待商榷，譬如：原書第一冊第五十九課「五斗為斛」，句中「斛」，規範滿文讀作“sunto”，原書讀作“suntu”，疑誤。原書第一冊，未附滿文十二字頭字母表，亦未附滿文字母筆順說明，美中不足。第二冊「其父年老」，規範滿文讀作“terei ama se sakdaka de”，句中“terei”，原書譯作“tere”，疑誤。原書第三冊「餃」，亦即「餃子」，規範滿文讀作“giyose”，原書譯作“giyogiyan”，異。原書第四冊「常於牀前為講故事」，句中「故事」，規範滿文讀作“julen”，又作“juben”，原書譯作“fe baita”，意即「舊事」，滿漢文義不合。「祭於社」，規範滿文讀作“boihoju”，原書譯作“boigon i enduri”，異。皇城，又稱「京城」，乾隆十四年（1749）十二月新定滿文名稱，讀作“gemun hecen”，原書第五冊譯作“dorgi hoton”，意即「內城」，滿漢文義不合。「朔望必奉以香火」，句中「朔」，是「朔日」，規範滿文讀作“šongge inenggi”，原書譯作“šungge”，疑誤。原書第七冊「製成四罐」，句中「罐」，規範滿文讀作“dongmo”，意即「茶罐」，原書讀作“tongmo”，誤。第八冊「亦何至遽殞其命」，句中「命」，規範滿文讀作“ergen”，原書譯作“irgen”，意即「民人」，誤。此外，尚待商榷的問題，不勝枚舉。

瑕不掩瑜，漢文教科書，通過滿文的繙譯，有助於了解教科書中的文義。譬如：原書第三冊「衣服麗都」，句中「麗都」，又作「都麗」，滿文譯作“yangsangga fujurungga”，意即「美好有文采」;「力不能致書」，滿文譯作“hūsun de bithe be udame muterakū”，意即「力不能買書」。第四冊「螘與蟬」，滿文譯作“yerhuwe emgi bingsiku”，意即「螞蟻與蟟」。句中「蟟」，習稱「秋涼兒」，是秋蟬的一種;「廚房廁所宜隔遠」，句中「廁所」，滿文譯作“tula genere ba”，規範滿文讀作“tule genere ba”，意即「去外面的地方」;「每得布，必歸柯氏」，滿文譯作“boso be jodome banjinaha dari, urunakū ke halangga de uncafi”，意即「每織成布，必賣給柯氏」。原書第五冊「假書」，滿文譯作“bithe juwen gairengge”，意即「借書」;「居民不知樹木」，滿文譯作“tehe irgen moo be tebure be sarkū”，意即「居民不知種樹」;「眾皆夷踞相對」，句中「夷踞」，滿文譯作“dodome”，意即「蹲著」;「然後授室」，滿文譯作“teni urun gaimbi”，意即「纔娶媳婦」。原書第六冊「一蟹八跪皆蛻」，滿文譯作“emu katuri i jakūn bethe gemu turibuhe”，意即「一隻螃蟹的八隻腿都脫落了」。原書第七冊「以鼠矢投蜜中」，滿文譯作“singgeri hamu i hibsu i dolo dosimbufi”，句中「鼠矢」，滿文譯作“singgeri hamu”，意即「鼠屎」。漢文內容，屬於文言，譯出滿文，淺顯易解。《最新國文教科書》因有滿文、蒙文的譯本，而多了兩種語文保存漢文本的思想，榮德等人為滿文在清末的發展，確實作出了可貴的貢獻。

本書由國立中正大學博士班林加豐同學、中國文化大學博士班簡意娟同學打字排版，原任駐臺北韓國代表部連寬志先生、國立臺灣師範大學碩士班趙冠中同學協助校對，並承文史哲出版社彭正雄先生的熱心支持，在此一併致謝。

ᠪᠣᠴᠣ ᡨᠣᠨ

ᠪᠣᠴᠣ ᠨᡳᠣᠸᠠᠩᡤᡳᠶᠠᠨ ᡥᠣᠣᡥᠠᠨ ᡨᡝ ᠪᡝ᠈ ᠪᠣᠴᠣ ᡨᠣᠨ ᠰᡠᠸᠠᠶᠠᠨ ᠰᠠᡥᠠᠯᡳᠶᠠᠨ᠈

ᠰᠠᠮᡳ ᠰᡠᠸᠠᠶᠠᠨ᠈ ᡳ ᡶᡠᠯᡤᡳᠶᠠᠨ᠈ ᡤᡝᠩᡤᡳᠶᡝᠨ ᡝᠮᡠ ᠪᡝ ᠰᠠᡳᠨ ᡳᠨᡝᠩᡤᡳ ᠪᡝ ᠨᡳᠶᠠᠯᠮᠠ᠈

ᠨᡳᠶᠠᠯᠮᠠ ᡳ ᡥᠠᡵᡤᠠᠰᠠᠨ ᠰᠠᡳᠨ᠈ ᡤᡝᠩᡤᡳᠶᡝᠨ᠈ ᠰᡝᠮᡝ ᠪᡝ ᡤᡝᡵᡝᠨ ᠰᡠᠸᠠᠶᠠᠨ᠈ ᡥᠠᠯᡥᡡᠨ᠈

ᠨᡳᠶᠠᠯᠮᠠ ᡤᡝᡵᡝᠨ ᡥᡡᠸᠠᠩᡨᡳ᠈ ᠪᠣᠴᠣ ᡨᠣᠨ ᠰᠠᠪᡠᡵᡝ ᡝᡵᡝᠨ ᠪᡝ ᡳᠰᡳᠪᡠᡵᡝ ᠨᡳᠶᠠᠯᠮᠠᡳ᠈

ᠮᡝᠨᡝ ᠪᡝ ᡨᡠᡨᡠ ᡤᡝᠯᡝᠮᡝ᠈ ᡩᡝ ᠪᡳ ᡝᠨᡳᠶᡝ ᡳ ᡝᡵᡝᠨ᠈

ᠨᡳᠶᠠᠯᠮᠠ ᡨᡝ ᠪᡝ ᡳᠨᡝᠩᡤᡳ ᡤᡠᠸᡝᠯᡝᠪᡠᡵᡝ ᡝᡵᡝᠨ᠈ ᠨᡳᠶᠠᠯᠮᠠ᠉

一、 kung žung

kung halangga ninggun jui bi, kung žung umesi asihan, teni duin se ome. emu inenggi, ama šulhe be gajifi, alikū i dolo sindafi, geren juse be hūlame, meimeni gaifi jekini sehede, kung žung teile ajige ningge be sonjome gaihabi, ama turgun be fonjici, jabume, jui bi se ajige, ajige ningge be gaijara giyan sehebi.

一、孔融

孔氏有子六人，孔融最少，年方四歲。一日，父取梨[10]，置盤中，命諸子[11]，各取食之。孔融獨擇其小者。父問故[12]，對曰：「兒年少，當取小者。」

一、孔融

孔氏有子六人，孔融最少，年方四岁。一日，父取梨，置盘中，命诸子，各取食之。孔融独择其小者。父问故，对曰：「儿年少，当取小者。」

---

10 父取梨，滿文讀作“ama šulhe be gajifi”，意即「父親取來梨」。

11 命諸子，滿文讀作“geren juse be hūlame”，意即「呼喚諸子」。

12 父問故，滿文讀作“ama turgun be fonjici”，意即「父親問緣故時」。

ᠨᡳᡴᠠᠨ ᠠᠨᡳᠶᠠ

ᠨᡳᡴᠠᠨ ᠠᠨᡳᠶᠠ ᠨᡳᠶᠣ ᡳ ᠪᡠᠶᡝ ᠠᡴᡡ. ᡩᠣᠨᠵᡳ ᠪᡝ ᠪᡠᡥᡝ ᠠᠨᡳᠶᠠ ᠪᡝ ᠨᡳᠶᠠᠮᠠᡵᠠ.

ᠴᡳᠨᠰᡳ ᠠᠨᡳᠶᠠᠨ ᠪᡠᠶᡝ ᠪᡠᡥᡝ ᡳ ᠠᠨᡳᠶᠠ ᠪᡝ ᠴᡳᠨᠰᡳ ᡳ ᠠᠨᡳᠶᠠ ᡩᡝ ᠪᡠᡥᡝ ᠣᠮᠪᡳ.

ᠴᡳᠨᠰᡳ ᡩᠠᠰᠠᠨ ᡨᠣᠪᡳᠮᡝ ᡨᠣᠮᠣᡥᠣᠨᠣᡴᠣ. ᠠᡴᡡ ᠪᠠᡳᡨᠠ ᠠᠮᠠᡵᡤᡳ ᡳ ᠪᡝᠶᡝ.

ᡥᡡᠸᠠᠯᠠ ᠠᡴᡡᡵᡝ. ᠨᡳᡴᠠᠨ ᠠᠨᡳᠶᠠᠨ ᡥᡡᠸᠠᠯᠠᠮᡝ ᡨᠣᠮᠣᡥᠣᠨᠣᡴᠣ. ᠠᠯᡳᠨ ᠪᡝ ᠠᡨᠠᠪᡠᡥᠠᡴᡡ.

ᠠᠮᠠ. ᡝᠮᡝ ᠨᡳᠶᠠᠮᠠᠰᡳ ᠪᡝ ᡨᠠᠮᡝ ᠨᡳᡝ. ᡨᠣᡵᡤᡳ ᠪᡝ ᡩᠣᠰᡳ. ᡨᠣᠮᠣᡥᠣ ᡩᡝ.

ᡥᡡᠸᠠᠯᡳᠶᠠᠰᡠᠨ ᡥᡡᠸᠠᡵᡤᡳᠶᠠᠨ. ᡩᡝᠣ ᠪᠣᡳᡤᠣᠨ ᡩᡝᡵᡤᡳ ᠠᠮᠠ ᠠᠮᠠ ᠪᡝ ᡥᡡᠸᠠᠯᡳᠶᠠᠰᡠᠨ.

ᠮᡠᡴᡩᡝᠮᠪᡳ ᡩᠣᡵᡤᡳᠨᠴᡳ ᠨᡳᠶᠠᠮᠠ ᡨᡝ ᡳ ᠠᠮᠠᡵᡤᡳ ᡨᠠᠩᡤᡡ ᠠᡴᡡ ᠪᡠᡥᡝᠪᡳ::

二、 geren singgeri

geren singgeri yeru i dolo imiyafi, kesike be tosoro arga be gisureceme, emu singgeri ibeme hendume, honggon be kesike i monggon de hūwaitafi, kesike feksici honggon guwendeme, misei jergi bahafi erdeken i belhen obumbi sehede, geren singgeri ambula urgunjefi, sain be maktarakūngge akū, da gisurerengge hendume, we honggon be kesike i monggon de hūwaitame mutembi sehede, gemu dolori gelhun akū jaburengge akū, tuttu henduhengge, gisurere de ja, yabure de mangga ombi sehebi.

二、群鼠

群鼠聚穴中，議禦貓之策[13]。一鼠進曰[14]:「以鈴繫貓項，貓行則鈴鳴，吾輩得早為之備。」群鼠大悅，無不稱善。主議者曰:「誰能以鈴繫貓項者！」皆默然莫不敢對。故曰:「言之非艱[15]，行之維艱。」

二、群鼠

群鼠聚穴中，议御猫之策。一鼠进曰:「以铃系猫项，猫行则铃鸣，吾辈得早为之备。」群鼠大悦，无不称善。主议者曰:「谁能以铃系猫项者!」皆默然莫不敢对。故曰:「言之非艰，行之维艰。」

---

13 議禦貓之策，滿文讀作"kesike be tosoro arga be gisureceme"，意即「合議防備貓之策」。

14 一鼠進曰，滿文讀作"emu singgeri ibeme hendume"，意即「一鼠前進曰」。

15 言之非艱，滿文讀作"gisurere de ja"，意即「言之易」。

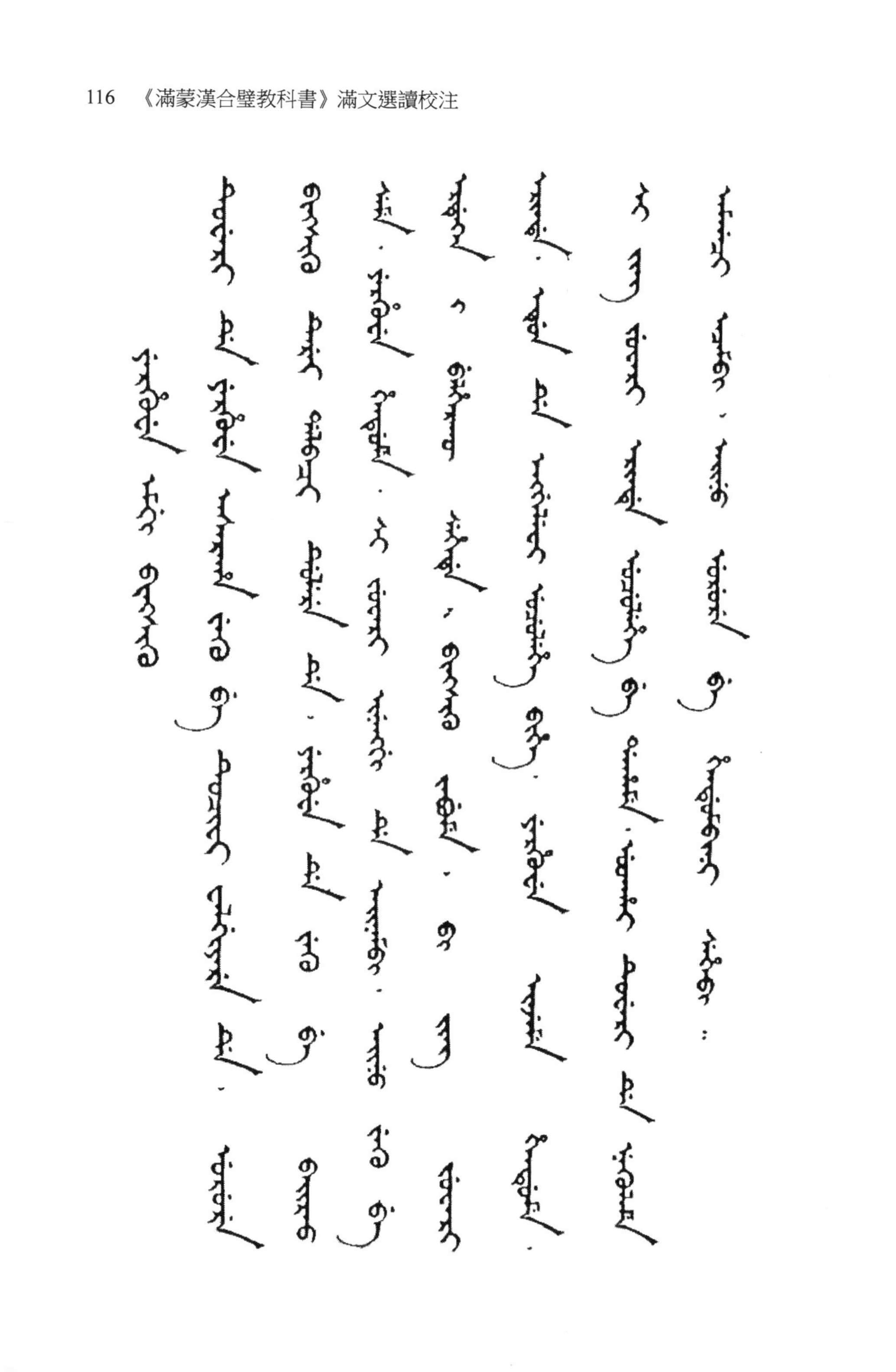

三、 yerhuwe emgi bingsiku

tuweri de yerhuwe asaraha jeku be tucifi walgiyare de, urure bingsiku terei dalbaci dulere de, yerhuwe de jeku be bairao seme, yerhuwe hendume, si juwari inenggi de ainambi, ainu jeku be erdeken i belherakū sehede, bingsiku jabume, bi jing juwari erinde, edun de enggelefi uculehe bihe, yerhuwe injeme hendume, si jing juwari erinde uculehe be dahame, uthai tuweri de nekulame amgaci acambi, ainu urure be hendumbini sehebi.

三、螘[16]與蟬

冬螘出曝藏栗，飢蟬過其側，乞栗於螘。螘曰：「爾夏日何為？胡不早備糧[17]。」蟬曰：「吾方夏時，臨風而歌。」螘笑曰：「爾當夏而歌，則宜乘冬而眠矣，胡言飢？」

三、蚁与蝉

冬蚁出曝藏栗，饥蝉过其侧，乞栗于蚁。蚁曰：「尔夏日何为？胡不早备粮。」蝉曰：「吾方夏时，临风而歌。」蚁笑曰：「尔当夏而歌，则宜乘冬而眠矣，胡言饥？」

---

16 螘，滿文讀作“yerhuwe”，意即「螞蟻」。
17 胡不早備糧，句中「胡」，滿文讀作“ainu”，意即「為何」。

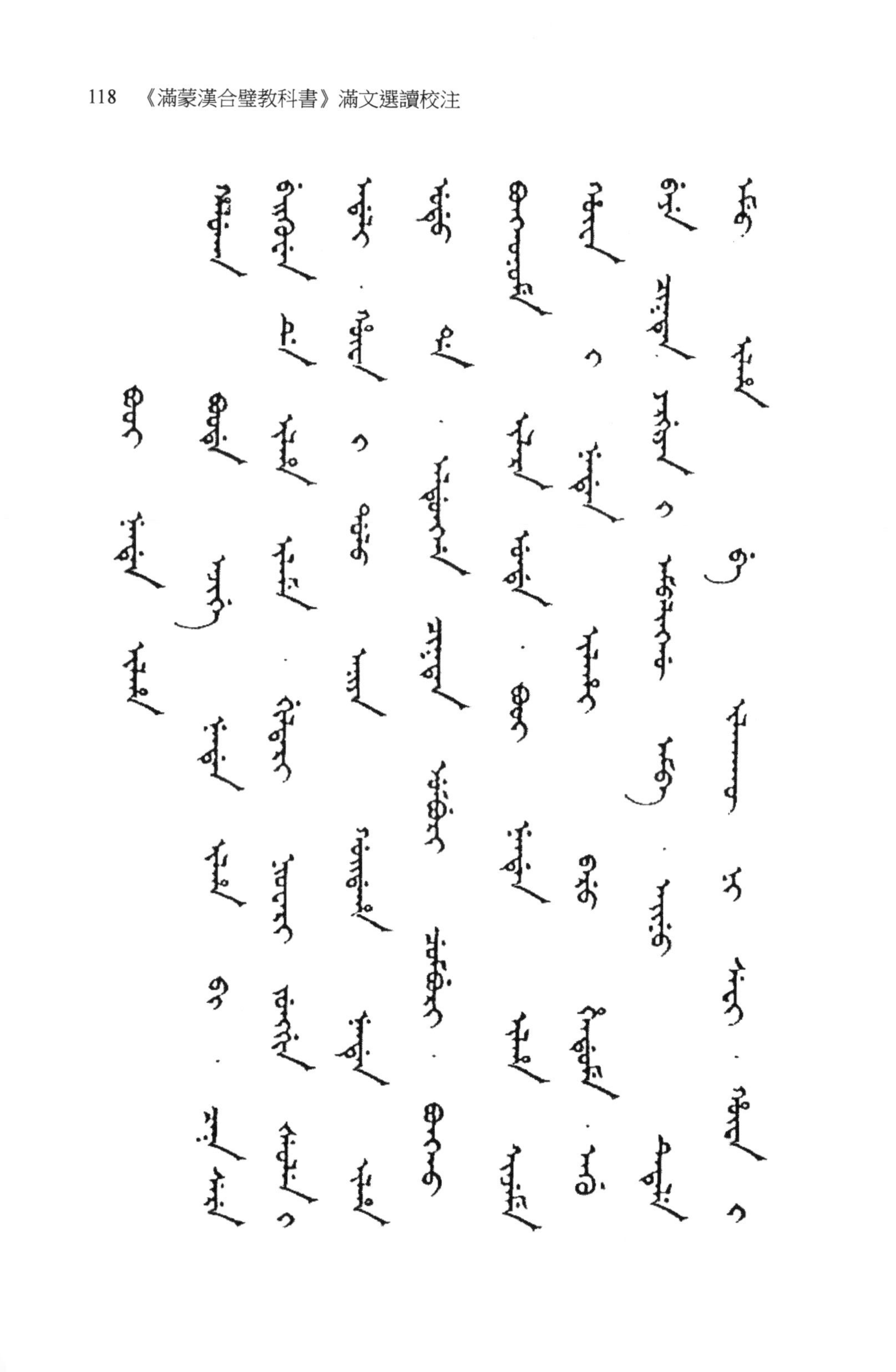

[illegible]

四、 booi nenden ilha

halukan boode ajige nenede ilha bi, cak sere beikuwen de ilha ilame giltari niowari junggin šeolen i adali, hūwa i dolo aniya goidaha nenden ilha udu da aldungga cikten umburi cumburi, bongko bongkonome ilara unde, booi nenden ilha injeme hūwa i nenden ilhai baru hendume, agu beye cikten yargiyan i ambalinggū amba, ainu tetele emu ilha be ilakakū ni sefi, hūwa i

四、室梅

溫室有小梅，隆冬開花[18]，燦爛如錦繡。庭中老梅數株[19]，古幹參差，含苞未放。室梅笑謂庭梅曰：「君軀幹誠偉大，何至今未著一花也[20]。」

四、室梅

温室有小梅，隆冬开花，灿烂如锦绣。庭中老梅数株，古干参差，含苞未放。室梅笑谓庭梅曰：「君躯干诚伟大，何至今未着一花也。」

---

18 隆冬開花，滿文讀作“cak sere beikuwen de ilha ilame”，意即「在嚴冬時開花」。

19 庭中老梅數株，滿文讀作“hūwa i dolo aniya goidaha nenden ilha udu da”，意即「庭院裡年久梅數株」。

20 何至今未著一花也，滿文讀作“ainu tetele emu ilha be ilakakū ni sefi”，意即「為何迄今未開一花呢？」

[illegible]

nenden ilha hendume, bi gecen nimanggi hukšeme, edun šahūrun latunjime, erin aliyambime ilha ilambi. halukan boode yaksime teme, niyalmai elbeme sebderilere be aliyara de hihalarakū, tere anggala agu si hūwa i hošoi ajige nenden ilha be tuwahakūn, duleke aniya boode bisire erinde, ilha ilaka lar lir seme agu de encu akū, te oci guribume hūwa i hošo de tebume, emu bongko bongkonoro unde, elei elei bucere hamika kai.

庭梅曰：「吾冒霜雪[21]，凌風寒，俟時而花[22]，不屑閉居溫室，受人蔭庇也。且君不觀庭隅小梅乎？去年在室中時，開花之盛，無異於君，今則移植庭隅，一苞未發，奄奄垂死矣。」

庭梅曰：「吾冒霜雪，凌风寒，俟时而花，不屑闭居温室，受人荫庇也。且君不观庭隅小梅乎？去年在室中时，开花之盛，无异于君，今则移植庭隅，一苞未发，奄奄垂死矣。」

---

21 吾冒霜雪，滿文讀作"bi gecen nimanggi hukšeme"，意即「我頂着霜雪」。

22 俟時而花，滿文讀作"erin aliyambime ilha ilambi"，意即「等候時令而開花」。

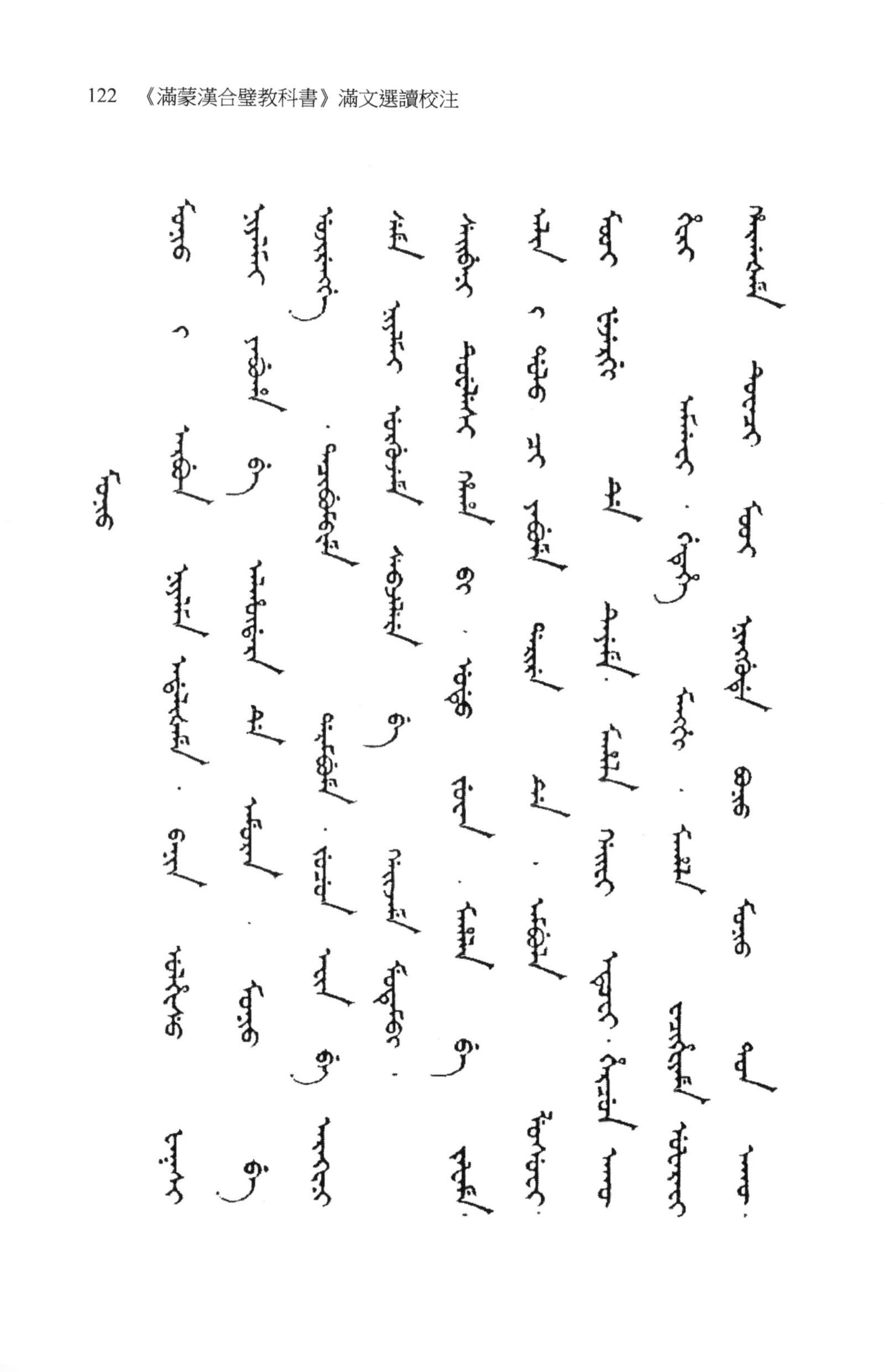

五、 monio

monio i arbun niyalma adališame, banin ulhisu faksi niyalmai yabuha be alhūdara de amuran. monio be ujirengge, tacibumbime darambume, jucun efin be arakini seme niyalmai urgunjeme sebjelere be gaijame mutembi. seibeni tuwelesi haha bi, udu juwan mahala be jafame, alin i dolo ci yabume darire de, ambula lusufi, mooi fejergi de teyeme, mahala gaifi etufi, hercun akū hiri amgafi, getehe manggi, mahala wacihiyame ufarafi, hargašame tuwaci mooi ninggude bonio monio ton akū,

---

五、猴

猴狀類人，性靈巧，喜效人之所為。豢猴者，教而馴之[23]，能令作戲劇，以博人歡樂。昔有販夫，攜帽數十具，行經山中，疲甚，息於樹下，取帽戴之，不覺熟睡。及醒[24]，帽盡失，仰見樹上猿猴無數，

五、猴

猴状类人，性灵巧，喜效人之所为。豢猴者，教而驯之，能令作戏剧，以博人欢乐。昔有贩夫，携帽数十具，行经山中，疲甚，息于树下，取帽戴之，不觉熟睡。及醒，帽尽失，仰见树上猿猴无数，

---

23 教而馴之，滿文讀作“tacibumbime darambume”，意即「教而訓練」。

24 及醒，滿文讀作“getehe manggi”，意即「醒了後」。

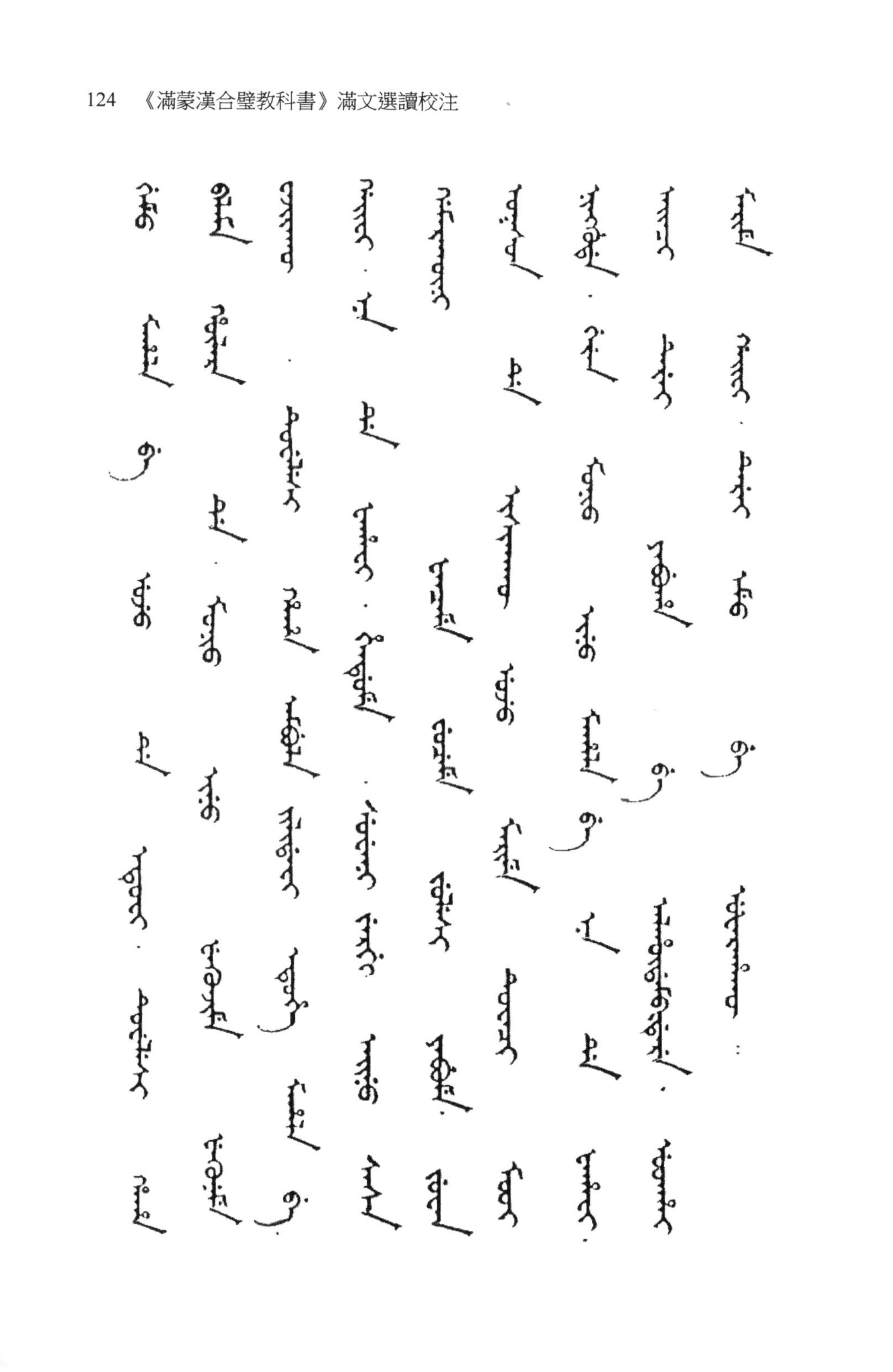

gemu mahala be uju de etufi, tuwelesi haha balama hūlara de monio inu fekunjime fekuneme wajirakū, tuwelesi haha ambula jilidafi, etuhe mahala be gaifi, na de fahafi hendume, suweni jergi ainu sasa gamarakūni, fancame fuceme julesi yabume, juwan okson de isikakū uju marime tuwaci, mooi ninggude, geren monio inu mahala be na de fahafi, ainci terei yabuha be alhūdambidere, uthai marime gaifi, terei emu be ufarahakū.

皆戴帽於首，販夫狂呼，猴亦跳踉不已[25]。販夫怒甚，取所戴帽擲於地，曰：「若輩盍并取去[26]？」憤憤前行，未及數武[27]，回顧樹上，群猴亦擲帽於地，蓋效其所為也，反取之[28]，未失其一。

皆戴帽于首，贩夫狂呼，猴亦跳踉不已。贩夫怒甚，取所戴帽掷于地，曰：「若辈盍并取去？」愤愤前行，未及数武，回顾树上，群猴亦掷帽于地，盖效其所为也，反取之，未失其一。

---

25 猴亦跳踉不已，滿文讀作"monio inu fekunjime fekuneme wajirakū"，意即「猴也不完地跳過去跳過來」。

26 若輩盍并取去，滿文讀作"suweni jergi ainu sasa gamarakūni"，意即「汝輩何不一併取去」。

27 未及數武，滿文讀作"juwan okson de isikakū"，意即「未及十步」。

28 反取之，滿文讀作"uthai marime gaifi"，意即「乃返取之」。

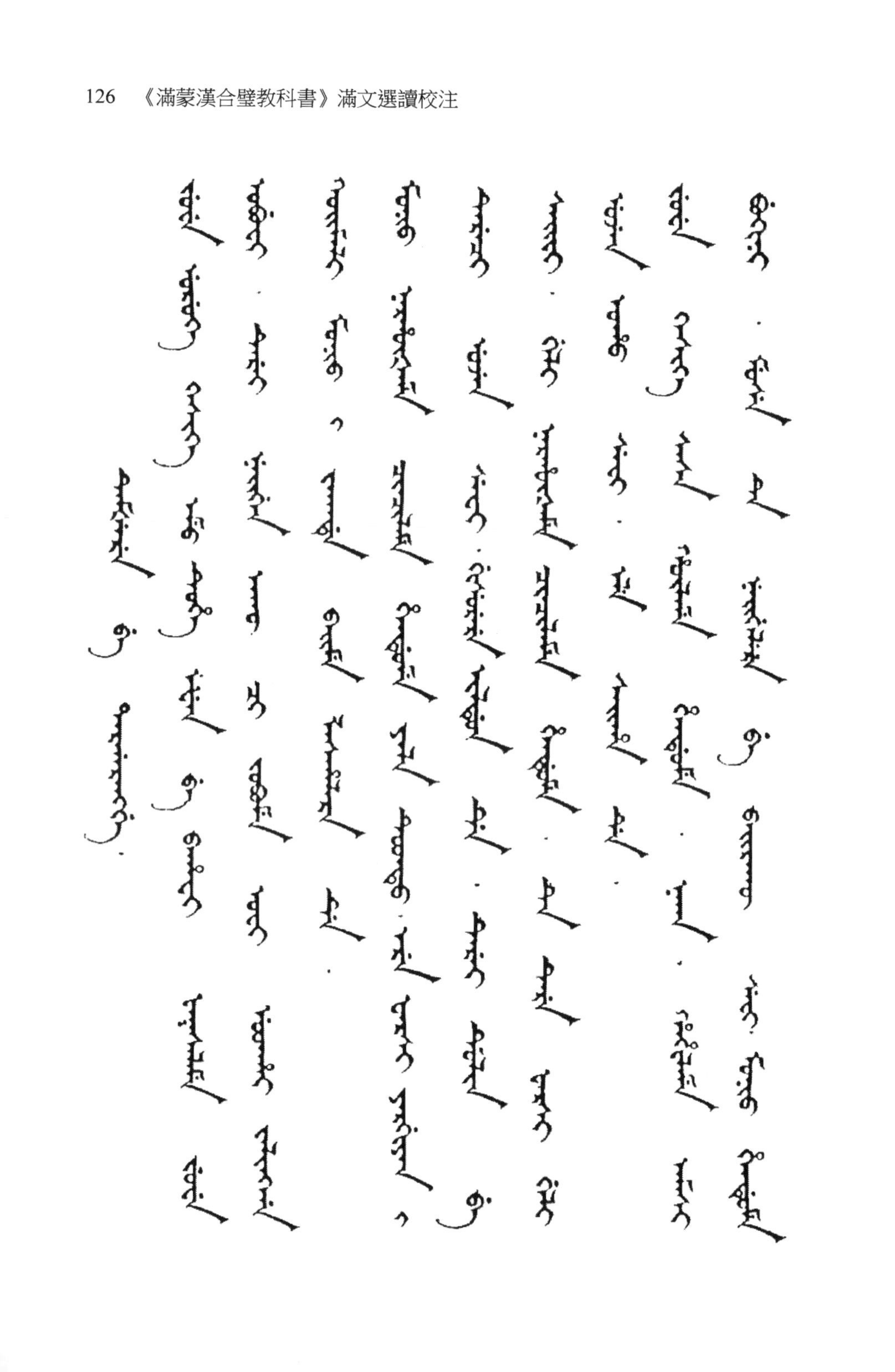

六、 temšere be targarangge

juwe uruke kisike emu tuhe efen be bahafi faksalame juwe obufi, terei neigen akū ci jobome ofi uthai jalingga koimali monio i jakade baime lashalara de, monio narhūšame cincilame hendume, yala tuttu, ere farsi yargiyan i tereci ujen sefi, gisurere ildun de, terei dulin be saifi, geli narhūšame cincilame hendume, te tere farsi geli ujen oho sefi, ele saiha de, juwe kesike sasa hūlame hendume, naka, hahilame amasi bukini, muse te neigelere be bairakū sefi, monio hendume,

---

六、戒爭

二飢貓得一餅，析而兩之[29]，患於不均[30]，乃求判於狡黠之猴[31]。猴諦視曰：「良然，此片誠重於彼。」言次，齕其半。又諦視之曰：「今彼片又重矣。」更齕之。二貓，同聲呼曰：「已矣，速以見還，吾今不求均矣。」猴曰：

六、戒争

二饥猫得一饼，析而两之，患于不均，乃求判于狡黠之猴。猴谛视曰：「良然，此片诚重于彼。」言次，龁其半。又谛视之曰：「今彼片又重矣。」更龁之。二猫，同声呼曰：「已矣，速以见还，吾今不求均矣。」猴曰：

---

29 析而兩之，滿文讀作“faksalame juwe obufi”，意即「分開為二」。

30 患於不均，滿文讀作“terei neigen akū ci jobome ofi”，意即「因苦於其不均」。

31 乃求判於狡黠之猴，滿文讀作“uthai jalingga koimali monio i jakade baime lashalara de”，意即「即於狡黠之猴跟前請求決斷時」。

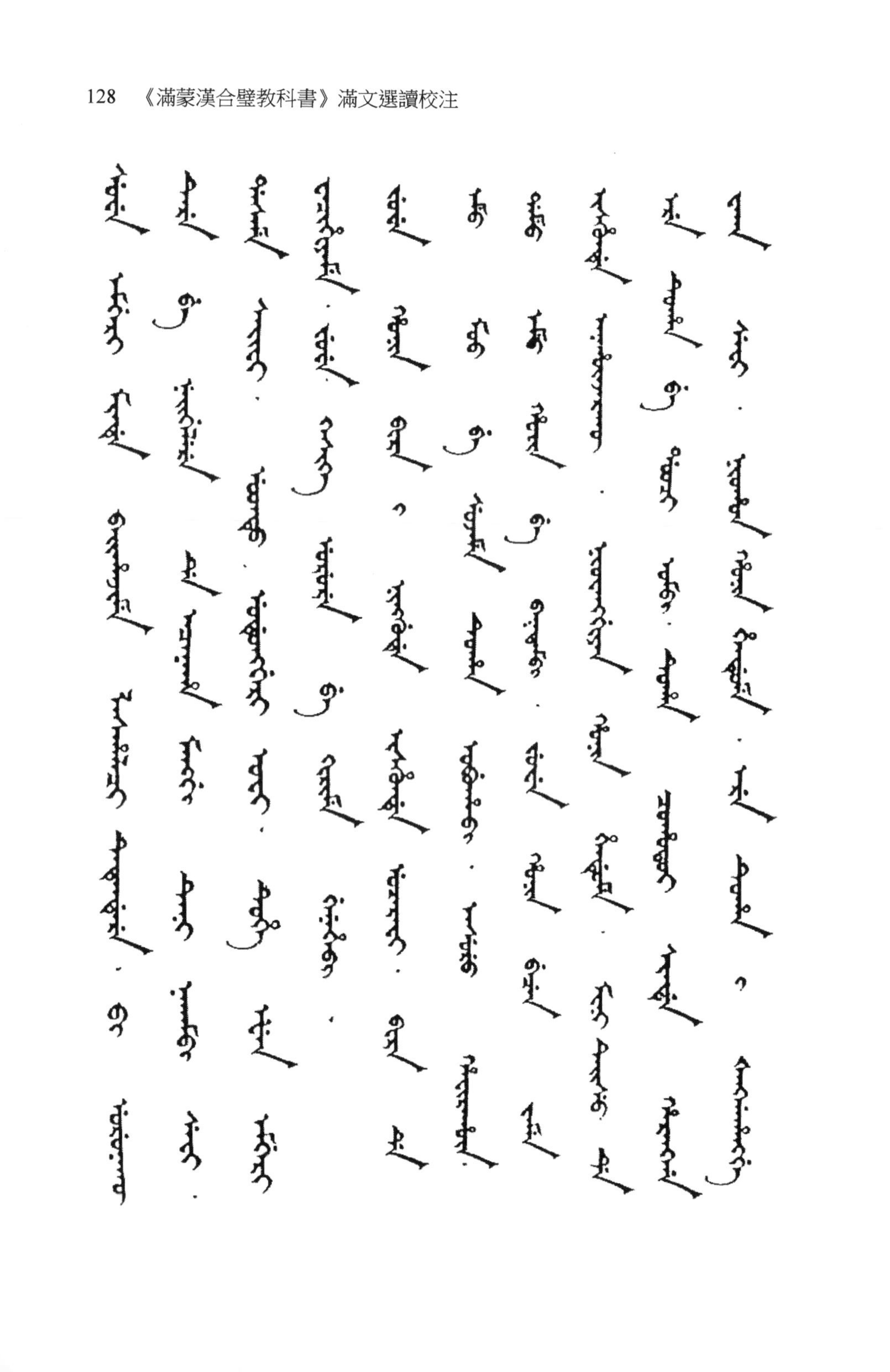

suwe emgeri minde baihanjime lashalaci tetendere, bi urunakū tere be neigelere de acanaha manggi teni nakambi sefi, dasame saifi, uttu udunggeri ofi, tuhe efen emgeri wacihiyame, juwe kesike urure be kirime genehebi. juwe honin bira i ninggude ishunde ucarafi, bira de emu moo be sujame tuhan obuhabi, asuru hafirahūn, damu emu honin baktambi, juwe honin becen jamen ishunde anahūnjarakū, niowanggiyan honin hendume, mini teisu de ere tuhan be dooci ombi. tuhan cohotoi sinde harangga waka sefi, niohon honin hendume, ere tuhan i šanggahangge,

---

爾既就決於我，我必使其適均而後已[32]，復齩之，如是數次，而餅已盡，二貓忍飢而去。二羊相遇於河上，河支一木為橋，狹甚，僅容一羊，二羊很不相讓[33]。甲羊曰：「吾分可以渡是橋，橋不專屬爾。」乙羊曰：「是橋之成，

尔既就决于我，我必使其适均而后已，复齩之，如是数次，而饼已尽，二猫忍饥而去。二羊相遇于河上，河支一木为桥，狭甚，仅容一羊，二羊很不相让。甲羊曰：「吾分可以渡是桥，桥不专属尔。」乙羊曰：「是桥之成，

---

32 我必使其適均而後已，滿文讀作“bi urunakū tere be neigelere de acanaha manggi teni nakambi”，意即「我必使其適均後才罷手」。

33 二羊很不相讓，滿文讀作“juwe honin becen jamen ishunde anahūnjarakū”，意即「二羊爭吵不相讓」。按「爭吵」，滿文讀作“becen jaman”，此作“becen jamen”，異。

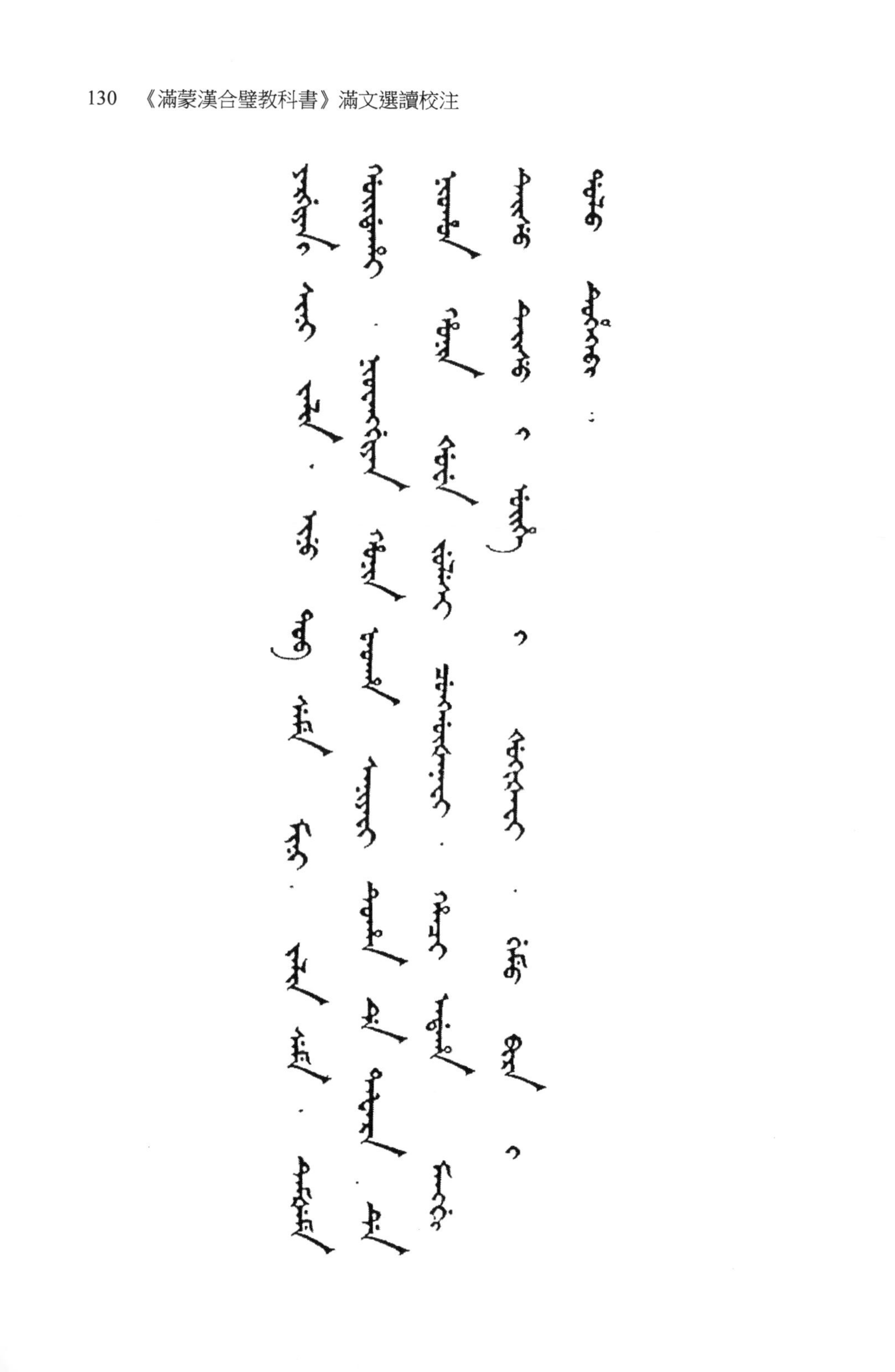

yargiyan i sini jalin, inu tob seme mini jalin seme, temšeme goidahai, niowanggiyan honin fatha saniyafi tuhan de tafara de, niohon honin šuwe julesi cunggūšanafi, hanci adaha manggi, teisu teisu i uihe i šukišafi, gemu bira i dolo tehekebi.

固為爾，亦正為我。」爭久之。甲羊挺足登橋[34]，乙羊直前觝之。既接近，各觸以角，均墜河中。

固为尔，亦正为我。」争久之。甲羊挺足登桥，乙羊直前觝之。既接近，各触以角，均坠河中。

---

[34] 甲羊挺足登橋，滿文讀作“niowanggiyan honin fatha saniyafi tuhan de tafara de”，意即「甲羊伸蹄登橋時」。

七、 ci gurun i ging gung

ci gurun i ging gung ni fonde, nimanggi nimaraha ilan inenggi bime galakakū, gung šanyan dobi i furdehe be nereme, tanggin i dolo teme, yandz dosifi acafi, ilifi majige andande bi. gung hendume, ferguwembikai, nimanggi nimaraha ilan inenggi bime abka šahūrun akū sefi, yandz jabume, amargi edun umesi cak seme irgen yaribume jakjahūn de jobome, ejen šumin

---

七、齊景公[35]

齊景公之時，雨雪三日而不霽，公被狐白之裘[36]，坐堂中，晏子入見，立有間[37]。公曰：「怪哉！雨雪三日，而天不寒。」晏子對曰：「北風甚烈，民苦皸瘃[38]，

七、齐景公

齐景公之时，雨雪三日而不霁，公被狐白之裘，坐堂中，晏子入见，立有间。公曰：「怪哉！雨雪三日，而天不寒。」晏子对曰：「北风甚烈，民苦皲瘃，

---

35 齊景公，滿文讀作“ci gurun i ging gung”，意即「齊國景公」。

36 公被狐白之裘，滿文讀作“gung šanyan dobi i furdehe nereme”，意即「公披白狐之裘」。

37 立有間，滿文讀作“ilifi majige andande”，意即「站了一會兒」。

38 民苦皸瘃，滿文讀作“irgen yaribume jakjahūn de jobome”，意即「民苦於凍裂」。

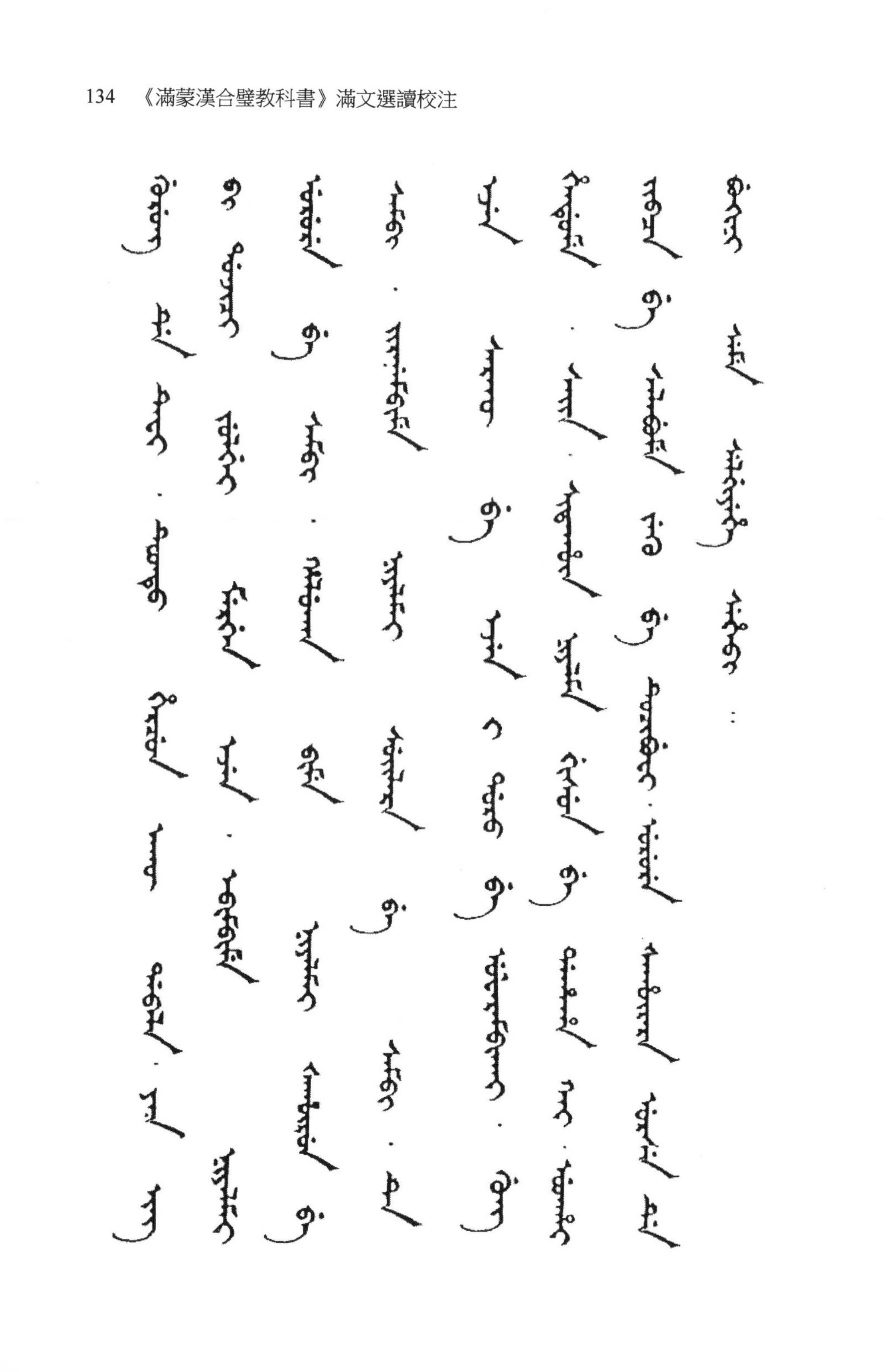

gurung de tefi, tuttu hercun akū dabala, yan ing bi donjici julgei mergen ejen, ebimbime niyalmai urure be sambi, halukan bime niyalmai šahūrun be sambi. jirgambime niyalmai suilara be sambi. te ejen sarkū be ejen i doro be ufarambikai, gung hendume, sain, sitahūn niyalma gisun be dahaha kai. uthai jibca be salabume jeku be tucibufi, urure šahūrara urse de bukini seme selgiyehe sehebi.

君居深宮，故不覺耳。嬰聞古之賢君，飽而知人之飢，溫而知人之寒，逸而知人之勞。今君不知也，失君道矣。公曰：「善，寡人聞命矣。」乃令出裘發粟[39]，與飢寒者。

君居深宫，故不觉耳。婴闻古之贤君，饱而知人之饥，温而知人之寒，逸而知人之劳。今君不知也，失君道矣。公曰：「善，寡人闻命矣。」乃令出裘发粟，与饥寒者。

---

[39] 乃令出裘發粟，滿文讀作"uthai jibca be salabume jeku be tucibufi"，意即「就散給皮襖，發出米粟」。

ᡝᡵᡝ ᠪᡠᡩᡠᠨ ᡳ ᠵᡳ ᡩᡝ ᠰᠠᠮᡠ ᠰᡝ ᡤᡝᠨᡝᡥᡝ ᡳ ᠪᡳ᠉

ᠶᠣᡵᡳ ᠨᡳᠶᠠᠯᠮᠠ᠈ ᠠᠨᡳᠶᠠ ᠪᠣᡩᠣᡵᡳ ᠮᡠᠵᡳᠯᡝᠨ ᠮᡠᡴᡡᠨ᠉

ᡶᡠᠨᡩᡝ ᡥᠣᡵᡳ ᡝᠰᡝᡳ ᡳᠰᡳᠨᠵᡳᠮᡝ ᡩᡝ ᠨᠠᠨᡤᡳᠰᡥᡠᠨ᠈ ᠮᡠᠨᡳ ᠵᡳᡥᡝ ᠨᡳᡴᠠᡳ

ᡨᡝ ᡳᠰᡳ ᠰᠠᡳᠰᠠᠨᡨᠠ ᠴᡳᠨᡳ ᠮᡠᠰᡝ ᡩᡝ ᠮᠣᠩᡤᠣᠰᡳ ᠨᡝᡴᡠ᠈ ᠠᠪᠠ

八、 takūršara ajige jui be oncodome tuwarangge

too yuwan ming peng je ba i hiyan i saraci ojoro de, boigon anggala be beyede dahalaburakū, kemuni emu takūršara ajige jui be unggime amasi maribufi, jasigan be ini jui de jasime hendume, si yamji erde i baita, beye arara de mangga ome ofi, te ere takūršara ajige jui be unggime genefi, sinde deijiku muke gaire suilacun be aisilabume, tere inu niyalmai jui kai, sain tuwaci okini sehebi. h'an gurun i wei gung tanggū yan menggun i gu

---

八、寬待僮僕

陶淵明為彭澤令[40]，不以家自隨[41]，乃遣一僕歸，以書遺其子曰：「汝旦夕之事，自給為難[42]，今遣此僕，助汝薪水之勞[43]，此亦人子也，可善遇之。」韓魏公以百金

八、宽待僮仆

陶渊明为彭泽令，不以家自随，乃遣一仆归，以书遗其子曰：「汝旦夕之事，自给为难，今遣此仆，助汝薪水之劳，此亦人子也，可善遇之。」韩魏公以百金

---

[40] 彭澤令，滿文讀作“peng je ba i hiyan i saraci”，意即「彭澤地方縣令」。

[41] 不以家自隨，滿文讀作“boigon anggala be beyede dahalaburakū”，意即「不以家口自隨」。

[42] 自給為難，滿文讀作“beye arara de mangga ome ofi”，意即「因難於自理」。

[43] 助汝薪水之勞，句中「薪水」，滿文讀作“deijiku muke”，意即「打柴取水」

hūntahan be udafi, antahasa be ambarame isame acaha manggi, gu hūntahan be derei ninggude sindafi, aha endebufi dere be karcafi, gu hūntahan falan de tuhefi meijefi, tecere antahasa gemu gūwacihiyalafi, aha falan de hujume weile be aliyame, gung ni cira aljahakū injeme tecere antahasa de alame hendume, yaya jaka urunakū hūwajara erin bi, cohotoi sitame hahilara adali akū ojoro dabala, ede aha de alame hendume, si endebuhengge inu jortai waka be naranggi weile ararakū.

得玉杯[44]，大會賓客，置杯几上，僕誤觸几[45]，玉杯墜地而碎。坐客皆愕然，僕伏地待罪[46]，公神色不變，笑語坐客曰：「凡物必有破時，特遲速異耳！」因語僕曰：「汝誤也，非故也。」卒不罪。

得玉杯，大会宾客，置杯几上，仆误触几，玉杯坠地而碎。坐客皆愕然，仆伏地待罪，公神色不变，笑语坐客曰：「凡物必有破时，特迟速异耳！」因语仆曰：「汝误也，非故也。」卒不罪。

---

44 韓魏公以百金得玉杯，滿文讀作“h'an gurun i wei gung tanggū yan menggun i gu hūntahan be udafi”，意即「韓國魏公以銀百兩買了玉杯」。

45 僕誤觸几，滿文讀作“aha endebufi dere be karcafi”，意即「奴僕誤碰桌子」。

46 僕伏地待罪，句中「地」，滿文讀作“falan”，意即「屋內地」。

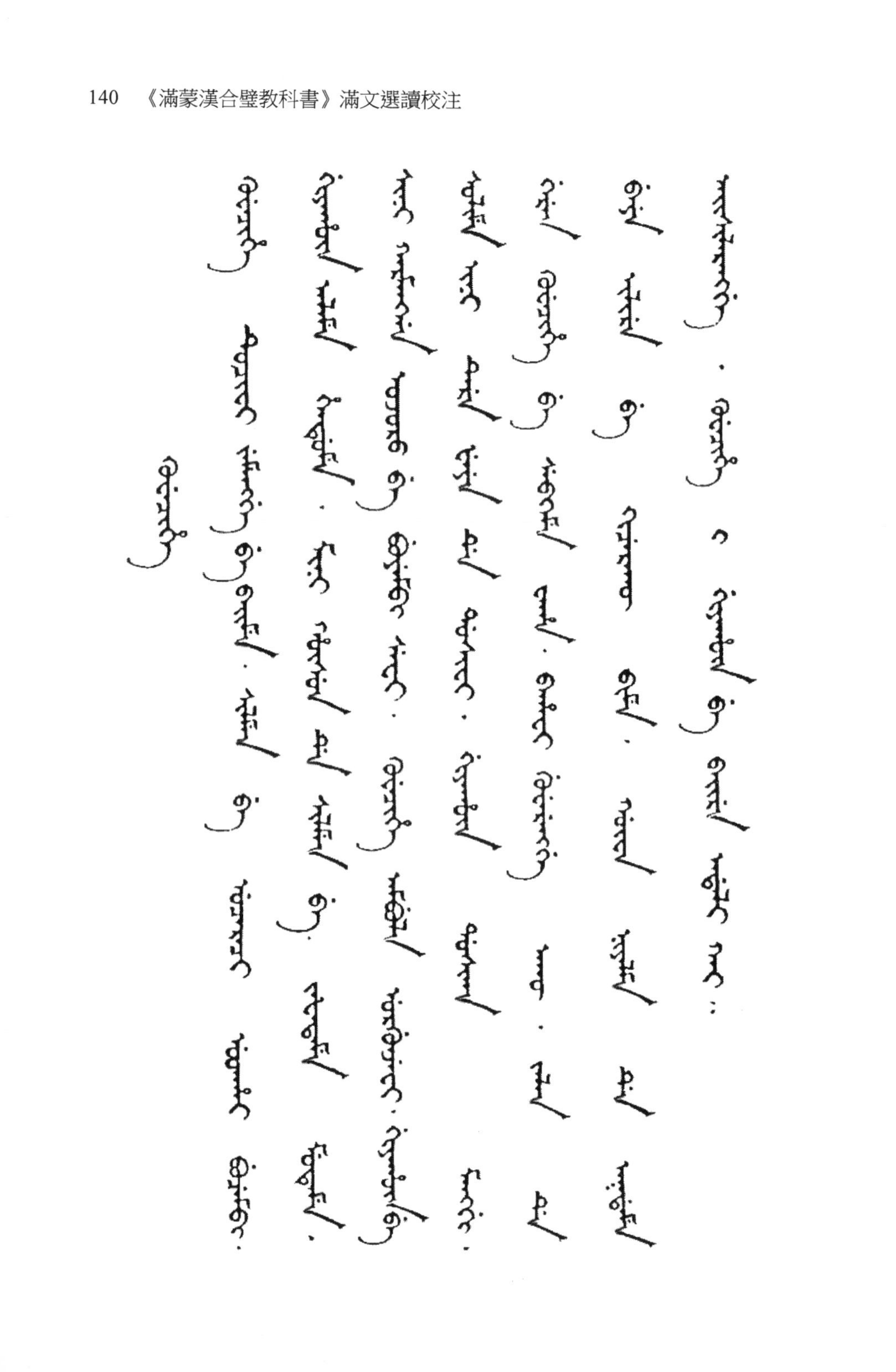

九、 kuwecihe

kuwecihe tucifi jemengge be baime, silmen be ucaraci uthai bucembi, giyahūn alame hendume, mini hūsun de silmen be jafatame muteme, sini karmangga ojoro be buyembi sefi, kuwecihe ambula urgunjefi, giyahūn be solime ini tere feye de dosifi, giyahūn dosika manggi, geren kuwecihe be sebkeme waha, bahafi guwerengge akū, jalan de beye ilire be kicerakū bime, gūwa niyalma de akdame aisilarangge, guwecihe i giyahūn be baire adali kai.

九、鴿

鴿出覓食，遇隼輒死。鷹告之曰：「吾力能制隼，願為爾衛。」鴿大悅，延鷹入其居[47]。鷹既入，撲殺群鴿，無得免者。世有不圖自立[48]，而借助於人，猶鴿之求鷹也。

九、鸽

鸽出觅食，遇隼辄死。鹰告之曰：「吾力能制隼，愿为尔卫。」鸽大悦，延鹰入其居。鹰既入，扑杀群鸽，无得免者。世有不图自立，而借助于人，犹鸽之求鹰也。

---

47 延鷹入其居，滿文讀作“giyahūn be solime ini tere feye de dosifi”，意即「請鷹進入其所居之巢窩」。

48 世有不圖自立，滿文讀作“jalan de beye ilire be kicerakū”，意即「世上不勤勉自立」。

十、 wasei subargan

hiyo halangga jui yafan i dolo sargašame, wase be tunggiyefi, sahame erei subargan obuhabi, deo omoi dalba ci jifi, bethe i feshelefi, wacihiyame na de gari mari ofi, hiyo halangga jui jilidame wakašafi, deo eme de alafi, eme hendume, yaya jaka be šanggara de umesi mangga, efulere de umesi ja, sarkū oci ojorakū kai, duibuleci booi hethe i adali, si ahūn jobobume fukjin deribumbime, si majige andande efujeci, si weile amba kai sehebi, deo teni gelhun akū gisurerakū.

十、瓦塔

薛兒遊園中[49]，拾瓦片，累以為塔，弟從池側來，以足蹴之，盡散於地，薛兒怒責之。弟訴於母，母曰：「凡物成之甚難，毀之甚易，不可不知也。譬如家業，汝兄辛苦創之[50]，而汝俄頃敗之，則汝罪大矣。」弟乃不敢言。

十、瓦塔

薛儿游园中，拾瓦片，累以为塔，弟从池侧来，以足蹴之，尽散于地，薛儿怒责之。弟诉于母，母曰：「凡物成之甚难，毁之甚易，不可不知也。譬如家业，汝兄辛苦创之，而汝俄顷败之，则汝罪大矣。」弟乃不敢言。

---

49 薛兒，滿文讀作“hiyo halangga jui”，意即「薛姓子」。

50 汝兄辛苦創之，滿文讀作“si ahūn jobobume fukjin deribumbime”，句中“si”，當作“sini”，意即「你的」。

[illegible]

[illegible]

[illegible]

[illegible]

[illegible]

[illegible]

[illegible]

[illegible]

[illegible]

十一、 jahūdai be folofi dabcikū be bairengge

seibeni cu gurun i niyalma ula de doorangge bi, dulimbai eyen de isinara de, ini dabcikū be tuhefi. ekšeme ošoho i terei taltan be folofi, hendume, ere mini dabcikū ereci tuheke kai sehe. dalin de isinjiha manggi, uthai foloho baci, muke de furifi baihai, naranggi bahakū, šuruci niyalma ini baru hendume, jahūdai yabuha gojime dabcikū yabuhakū, agu tuheke dabcikū be bahaki serede, dulimbai eyen de amasi marime baici ombikai, cu gurun i niyalma teni ulhihebi.

十一、刻舟求劍

昔楚人有渡江者[51]，及中流[52]，墜其劍，即以爪刻其舷，曰：「此吾劍所從墜也。」至岸，遂從其所刻處沒水求之，卒不得。舟人謂之曰[53]：「舟行劍不行，君欲得墜劍，其返求之中流乎？」楚人始悟。

十一、刻舟求剑

昔楚人有渡江者，及中流，坠其剑，即以爪刻其舷，曰：「此吾剑所从坠也。」至岸，遂从其所刻处没水求之，卒不得。舟人谓之曰：「舟行剑不行，君欲得坠剑，其返求之中流乎？」楚人始悟。

---

51 昔楚人有渡江者，句中「楚人」，滿文讀作“cu gurun i niyalma”，意即「楚國人」。

52 及中流，滿文讀作“dulimbai eyen de isinara de”，意即「到了中流時」。

53 舟人謂之曰，句中「舟人」，滿文讀作“šuruci niyalma”，意即「水手」。

十二、 guwan jung sakda morin be sefu oburengge

guwan jung hūwan gung be dahame gu jū gurun be dailara de, niyengniyeri de genefi tuweri de amasi marifi, alin i dolo yabure de, jugūn be fambume ufarafi, guwan jung hendume, sakada morin i mergen baitalaci ombikai sefi, tereci sakda morin be sindafi dahame, uthai fe jugūn be hahafi, guwan jung ni mergen i eici sarkūngge bici, kemuni sakda morin be sefu obuha bihe, te bici niyalma beye ini mergen de ertume, sefu be bairakū, inu mangga wakao.

十二、管仲師老馬

管仲從桓公伐孤竹[54]，春往冬返，行山中，迷失道。管仲曰：「老馬之智可用也。」乃放老馬而隨之，遂得故道。夫以管仲之智，或有所不知，則師於老馬[55]，今人自恃其智，而不求師，不亦難乎？

十二、管仲师老马

管仲从桓公伐孤竹，春往冬返，行山中，迷失道。管仲曰：「老马之智可用也。」乃放老马而随之，遂得故道。夫以管仲之智，或有所不知，则师于老马，今人自恃其智，而不求师，不亦难乎？

---

54 孤竹，滿文讀作"gu jū gurun"，意即「孤竹國」。

55 則師於老馬，滿文讀作"kemuni sakda morin be sefu obuha bihe"，意即「猶以老馬為師」。

ᠰᠠᡳᠨ ᠨᡳᠶᠠᠯᠮᠠ

ᠰᠠᡳᠨ ᠨᡳᠶᠠᠯᠮᠠ ᠣᠴᡳ ᡳᠨᡝᠩᡤᡳ ᠪᡝ ᠰᡳᠮᡝᡵᡝ ᠮᡠᠰᡝ ᡝᡵᡝ ᠣᠴᡳ ᠨᡳᠶᠠᠯᠮᠠ ᠪᡝ ᠪᠠᡳᡵᡝ ᡳ ᠪᡝ

ᡤᡠᠸᡝᠴᡳ ᠪᡝ ᠮᡠᠰᡝ ᡳ ᠪᡝᠶᡝ ᡳ ᡠᠯᡳᠨ ᡩᡝ ᡳᠨᡝᠩᡤᡳ ᠠᡵᡳᠨ ᡝᡵᡝ ᠠᡴᡡ ᠪᡝ ᠰᡝᡵᡝ ᡤᡝᠯᡝᠮᡝ ᠮᡠᠰᡝ ᡳ ᡝᡨᡝᡵᡝ ᡩᡝ ᡳ ᠠᠮᡠᡵᡝ ᡳ ᠪᡝᠶᡝ

ᡥᡡᠪᡳᠯᠠᠮᡝ ᡳᠨᡝᠩᡤᡳ ᠠᡴᡡ ᠠᠮᠠᠯᠠ ᠮᡠᠰᡝ ᡳ ᠠᠴᠠᠮᡝ ᡝᡵᡝ ᠪᡝ ᡝᠮᡠ ᠨᡳᠶᠠᠯᠮᠠ ᡳ

ᠰᠠᡳᠨ ᠨᡳᠶᠠᠯᠮᠠ ᡝᠮᡠ ᠪᡝ ᠣᠴᡳ ᡨᡝᡵᡝ ᠪᡝ ᠨᡳᠶᠠᠯᠮᠠ ᠣᠴᡳ ᡤᡝᠮᡠ ᠪᡝ ᡝᡵᡝ ᡳ ᠪᡝ

ᡤᡠᠸᡝᠴᡳ ᠠᠮᠠᠯᠠ ᠪᡠᡥᡝᠩᡤᡝ ᠰᡝᠮᡝ ᡝᡵᡝ ᠰᡝᡵᡝ ᡤᡝᠮᡠ ᡳᠨᡝᠩᡤᡳ ᡝᡵᡝ ᠪᡝ ᡳ

ᡤᡠᠸᡝᠯᡝᠮᡝ ᡳᠨᡝᠩᡤᡳ ᠪᡝ ᠠᡴᡡ ᡝᠮᡠ ᠨᡳᠶᠠᠯᠮᠠ ᠪᡝ ᠰᡝᡵᡝ ᠠᠴᠠᠮᡝ ᡤᡝᠮᡠ

ᠮᡠᠰᡝ ᡳ ᡤᡠᠸᡝᠴᡳ ᠪᡝ ᡝᡵᡝ ᠪᡝ ᠪᡝᠶᡝ ᠰᠠᡳᠨ ᡝᡵᡝ ᡳᠨᡝᠩᡤᡳ ᠪᡝ

ᡤᡠᠸᡝᠯᡝᠮᡝ ᡳ ᠪᡝᠶᡝ ᡳ ᡤᡠᠸᡝᠴᡳ ᠪᡝ ᡠᠯᡳᠨ ᠰᡝᡵᡝ ᡝᡵᡝ ᠪᡝ ᡳ ᠪᡝᠶᡝ

ᡤᡠᠸᡝᠯᡝᡴᡠᠸᡝᠮᡝᠪᡠᡥᡝᠩᡤᡝ ::

十三、 ajige gasha

ajige gasha mooi ninggu de deyeme dofi, sargan jui cuse mooi horin be yodame, gala i gidašame hendume, horin i dolo bolgo, jetere jaka jancuhūn sain, si jime teci ombi sefi, ajige gasha jabume, bi beye mooi ninggu de bisire feye bi, duin ici tuwaci untuhun šehun, genere jidere de elehun, horin i dolo yaksime tere be cihakū kai, sargan jui hendume, abka šahūrun, nimanggi kiyalmara ohode, feye naihūme tuhebure hamime, horin i ergecun icangga de isirakū, ajige gasha jabume, bi hūwaliyasun halukan i babe sonjome gurici, ombikai, aika horin i dolo tere ohode, enteheme sinde jafatame hūwaitabumbikai.

十三、小鳥

小鳥飛集樹上，女童提竹籠，以手招之曰：「籠中潔淨，食物甘美，汝其來居。」小鳥曰：「我自有巢在樹上，四顧空曠，來去自如，不願閉居籠中也。」女童曰：「天寒，風雪至[56]，巢將傾覆，不如籠之安適。」小鳥曰：「我擇和暖之所而遷之可也，若居籠中，永受汝之束縛矣。」

十三、小鸟

小鸟飞集树上，女童提竹笼，以手招之曰：「笼中洁净，食物甘美，汝其来居。」小鸟曰：「我自有巢在树上，四顾空旷，来去自如，不愿闭居笼中也。」女童曰：「天寒，风雪至，巢将倾覆，不如笼之安适。」小鸟曰：「我择和暖之所而迁之可也，若居笼中，永受汝之束缚矣。」

---

[56] 風雪至，滿文讀作“nimanggi kiyalmara ohode”，意即「風雪飄揚時」。

十四、 usin ūlen

juwang halai jui hoton ci tucifi, terei gu be tuwanaha bederefi eme de alame hendume, jui bi gu i boode bisire de, kūwaran de ihan yalume, omo de nimaha welmiyeme, ambula sebjelehe bihe sefi, non donjifi inu sargašame geneki seme, eme hendume, si se ajigan, emhun yore de jugūn be fambure hamime, terei ahūn de afabume emgi yokini sehe. sargašame wajiha manggi, bedereki serede, gu siheleme indebuki seme, juwang halai jui marame hendume, eme i gisun be gaijahakū, gelhun akū biburakū, uthai non i emgi emde marihabi.

十四、田舍

莊兒出城[57]，省其姑[58]，歸告母曰：「兒在姑家，騎牛於場，釣魚於池，樂甚。」妹聞之，亦欲往遊。母曰：「汝年幼，獨行將失道。」命其兄與偕。遊既畢，欲歸，姑止之宿。莊兒辭曰：「未得母命，不敢留。」遂與妹同返。

十四、田舍

庄儿出城，省其姑，归告母曰：「儿在姑家，骑牛于场，钓鱼于池，乐甚。」妹闻之，亦欲往游。母曰：「汝年幼，独行将失道。」命其兄与偕。游既毕，欲归，姑止之宿。庄儿辞曰：「未得母命，不敢留。」遂与妹同返。

---

57 莊兒出城，句中「莊兒」，滿文讀作“juwang halai jui”，意即「莊姓子」。
58 省其姑，滿文讀作“terei gu be tuwanaha”，意即「去探望其姑」。

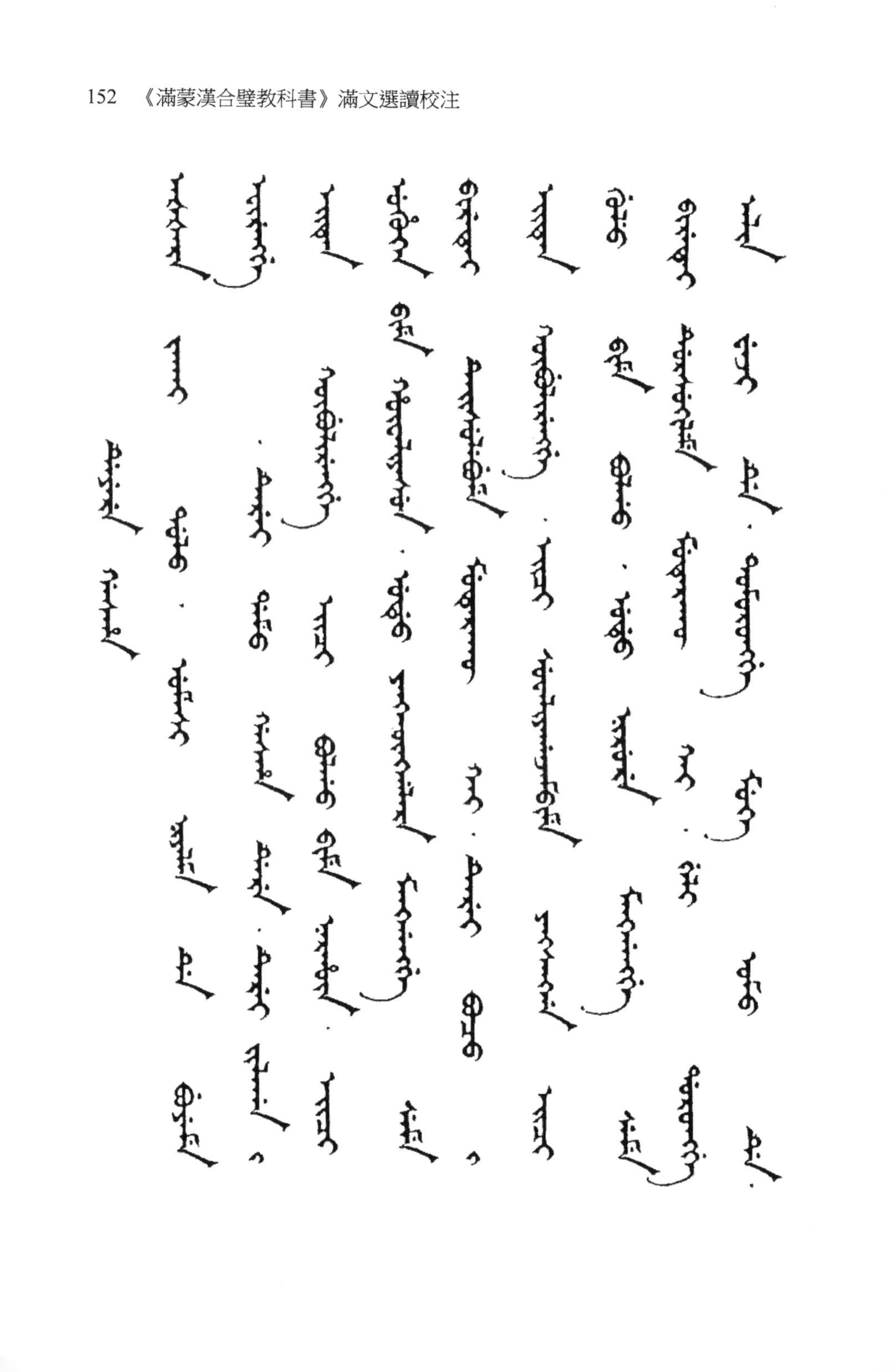

十五、 deyere gasha

aššara jakai dolo, umesi niyalma de buyeme efirengge, terei damu gasha dere. terei jilgan i eiten kūbulirengge, eici bolgo bime narhūn, eici uhuken bime hūwaliyasun, udu yangkūnggalara manggangge seme biretei teisulebume muterakū kai. terei boco i eiten kūbulirengge, eici suwaliyaganjambime yangsangga, eici gulu bime bolgo, udu nirure manggangge seme biretei dursukileme muterakū kai. geli dorongge alin weji de, tomorongge muke omo de,

---

十五、飛鳥

動物之中，最為人所愛玩者，其為鳥乎？其聲之蕃變[59]，或清而脆[60]，或柔而和，雖善歌者不能徧擬也。其色之蕃變，或駁而麗[61]，或純而潔，雖善繪者不能徧肖也。且集乎山林，棲乎水澤，

十五、飞鸟

动物之中，最为人所爱玩者，其为鸟乎？其声之蕃变，或清而脆，或柔而和，虽善歌者不能徧拟也。其色之蕃变，或驳而丽，或纯而洁，虽善绘者不能徧肖也。且集乎山林，栖乎水泽，

---

59 其聲之蕃變，句中「蕃變」，滿文讀作"eiten kūbulirengge"，意即「百變」。

60 或清而脆，滿文讀作"eici bolgo bime narhūn"，意即「或清而細」。

61 或駁而麗，滿文讀作"eici suwaliyaganjambime yangsangga"，意即「或駁雜而美麗」。

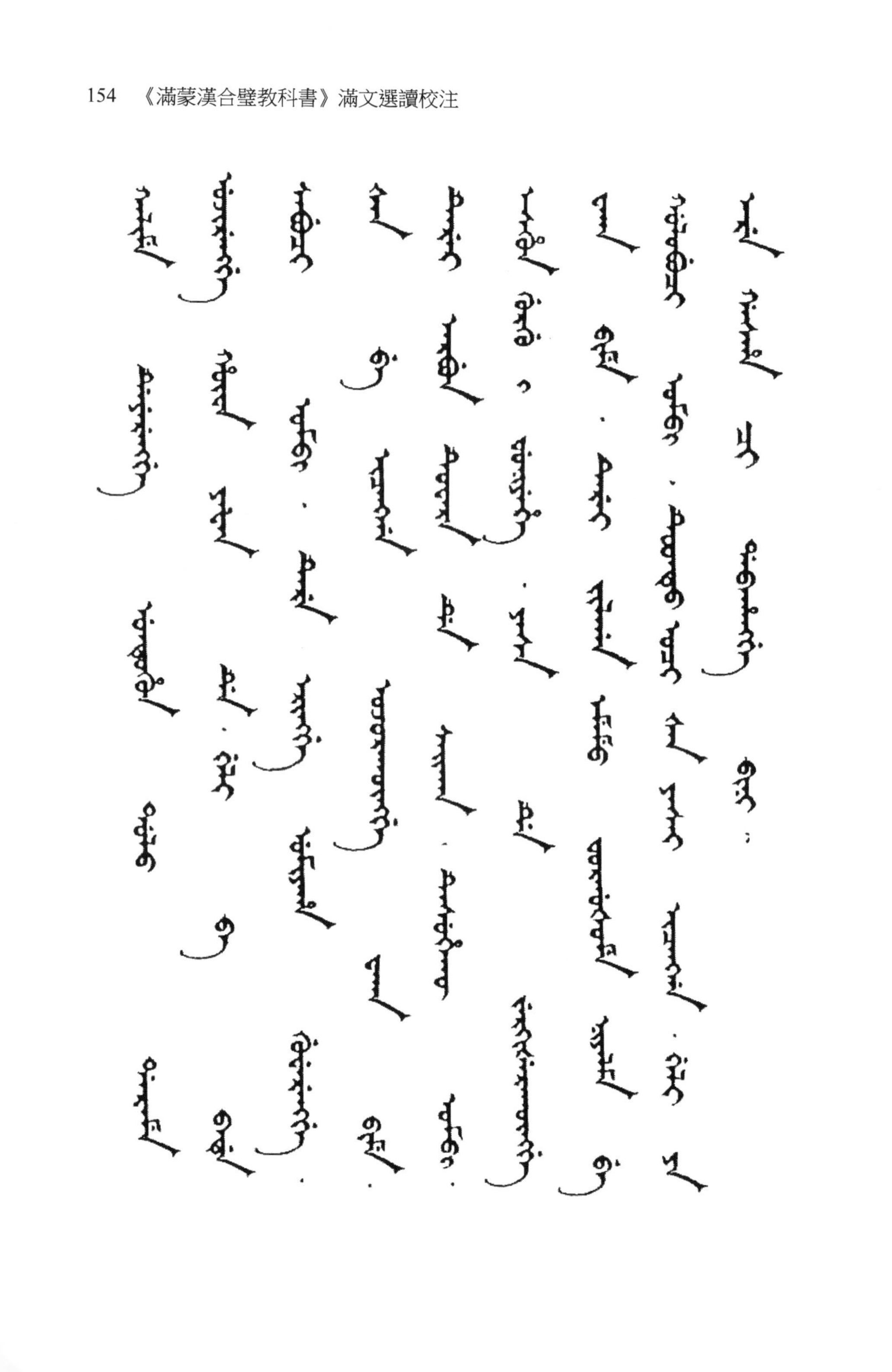

kalime deyerengge untuhun dolo, darame ujirengge hūwa yafan de, geli ba bade sabuci ombi. tere eringge umiyaha guwerengge, šan be icangga ojorakūngge waka bime, terei arbun tuwara de saikan tesuhekū ombi. eshun gurgu i funiyehe, yasa de jerkišerakūngge waka bime, terei jilgan ememu forgošome niyalma be golobuci ombi. tuttu oci šan yasai icangga, geli ya ere gasha ci dabahangge bini.

翺翔乎空中，馴養乎庭園，又無地不可以見之。彼夫候蟲之鳴，非不娛耳也，而其狀不足以為觀美。猛獸之毛，非不眩目也，而其聲或轉足以駭人。然則耳目之娛，又孰有過於鳥者乎？

翱翔乎空中，驯养乎庭园，又无地不可以见之。彼夫候虫之鸣，非不娱耳也，而其状不足以为观美。猛兽之毛，非不眩目也，而其声或转足以骇人。然则耳目之娱，又孰有过于鸟者乎？

ᠨᡳᠶᠠᠯᠮᠠ ᡥᡳᠶᠣᠣᡧᡠᠯᠠᠮᡝ ᠵᡝᠮᡝ ᡤᡝᠨᡝᡥᡝ
ᠨᡳᠶᠠᠯᠮᠠ ᡝᡵᡝ ᠪᡝ ᠠᠯᡳᡥᠠ᠈ ᡥᠣᠰᠣ ᠰᡳᠮᡝᠩᡤᡳ ᠵᡝᠯᡝ ᡨᡠᡨᡠ᠈ ᠰᡝᡵᡝ
ᠪᠠᡳᡨᠠ ᡤᡝᠯᡝᡵᡝ᠈ ᠵᠠᡴᠠᠨ ᡤᡝᠮᡠ ᡥᡳᠶᠣᠣᡧᡠᠯᠠᡵᡝ ᡤᡝᡵᡝ᠈ ᠠᠨᠠ ᠪᡳᠰᡳᡵᡝ ᡥᡡᠸᠠᡵᡝ
ᠮᡠᠰᡝ ᠪᡝ ᠮᡠᠰᡝᡤᡝᡵᡝ᠈ ᠪᡳᠰᡳᠨ ᡝᠮᡠ ᡤᡠᡵᡠᠨ ᠪᡝ᠈ ᡝᠨᡝ ᡳ ᠨᡳᠶᠠᠯᠮᠠ ᠮᡠᡩᡝᡵᡳ ᡝᠮᡠ
ᠨᡳᠶᠠᠯᠮᠠᡳ ᡤᡠᠸᡝᠯᡝ᠈ ᡝᠮᡠ ᠨᡳᠶᠠᠯᠮᠠ᠈ ᠪᡝ ᠮᡠᠰᡝᠪᡝ ᡝᠨᡝ ᠪᡳᠰᡳᠨ ᡤᡝᠮᡠᠩᡤᡝ᠈
ᠨᡳᠶᠠᠯᠮᠠ ᠮᡠᡩᡝᠮᡝ ᠮᡠᡩᡝᠨ ᠵᡠᡵᡤᠠᠨ ᡝᠮᡠ᠈ ᡤᡝᠮᡠ ᡳ ᠮᡠᡩᡝᠮᡝ ᠪᡳᠰᡳᡵᡝ
ᡥᡡᠸᠠᡵᡝᠮᡝ ᡝᠮᡠ ᠵᠠᡴᠠᠨ ᠮᡠᠰᡝ᠈ ᠮᡠᡩᡝᡵᡳ ᡩᡝ᠈ ᠨᡳᠶᠠᠯᠮᠠ ᠪᡝ ᡥᠠᡵᡤᠠᠰᠠᠮᡝ ᠪᡝ
ᠪᡳᠰᡳᠨ᠈ ᡝᠮᡠ ᠮᡠᡩᡝᠪᡝ ᡥᡳᠶᠣᠣᡧᡠᠯᠠᠮᡝ ᠮᡠᡩᡝᠰᡝᠮᠪᡳ ᠠᠨᠠ ᠪᡝ᠉

十六、 gaha haldabašara de amuran

gaha yali be ašume, mooi subehe de ilifi, dobi darime bahaki seme, wesihun tukiyeceme hendume, agu beye etuhun oho be dahame, dethe geli eldengge, bi an i ucuri donjifi agu uculere mangga, emu ucun be deribuki seme baiha manggi, gaha urgunjefi juwangka guweki seme, jilgan i deribume acabure onggolo yali emgeri tuhefi, dobi ekšeme gaifi, dahūme gaha de alame hendume, encu inenggi turgun akū agu de haldabašarangge bici, agu terebe olhošombi sehebi.

十六、鴉好諛

鴉銜肉，止樹杪[62]。狐過而欲得之，仰頌之曰：「君軀既壯，而羽復澤[63]，吾素聞君善歌，請奏一曲。」鴉悅，張口欲鳴，未發聲而肉已落，狐疾取之[64]，復語鴉曰：「他日有無故諛君者，君其慎之。」

十六、鸦好谀

鸦衔肉，止树杪。狐过而欲得之，仰颂之曰：「君躯既壮，而羽复泽，吾素闻君善歌，请奏一曲。」鸦悦，张口欲鸣，未发声而肉已落，狐疾取之，复语鸦曰：「他日有无故谀君者，君其慎之。」

---

62 止樹杪，滿文讀作“mooi subehe de ilifi”，意即「立於樹梢」。
63 而羽復澤，滿文讀作“dethe geli eldengge”，意即「翅翎復有光澤」。
64 狐疾取之，滿文讀作“dobi ekšeme gaifi”，意即「狐急忙取之」。

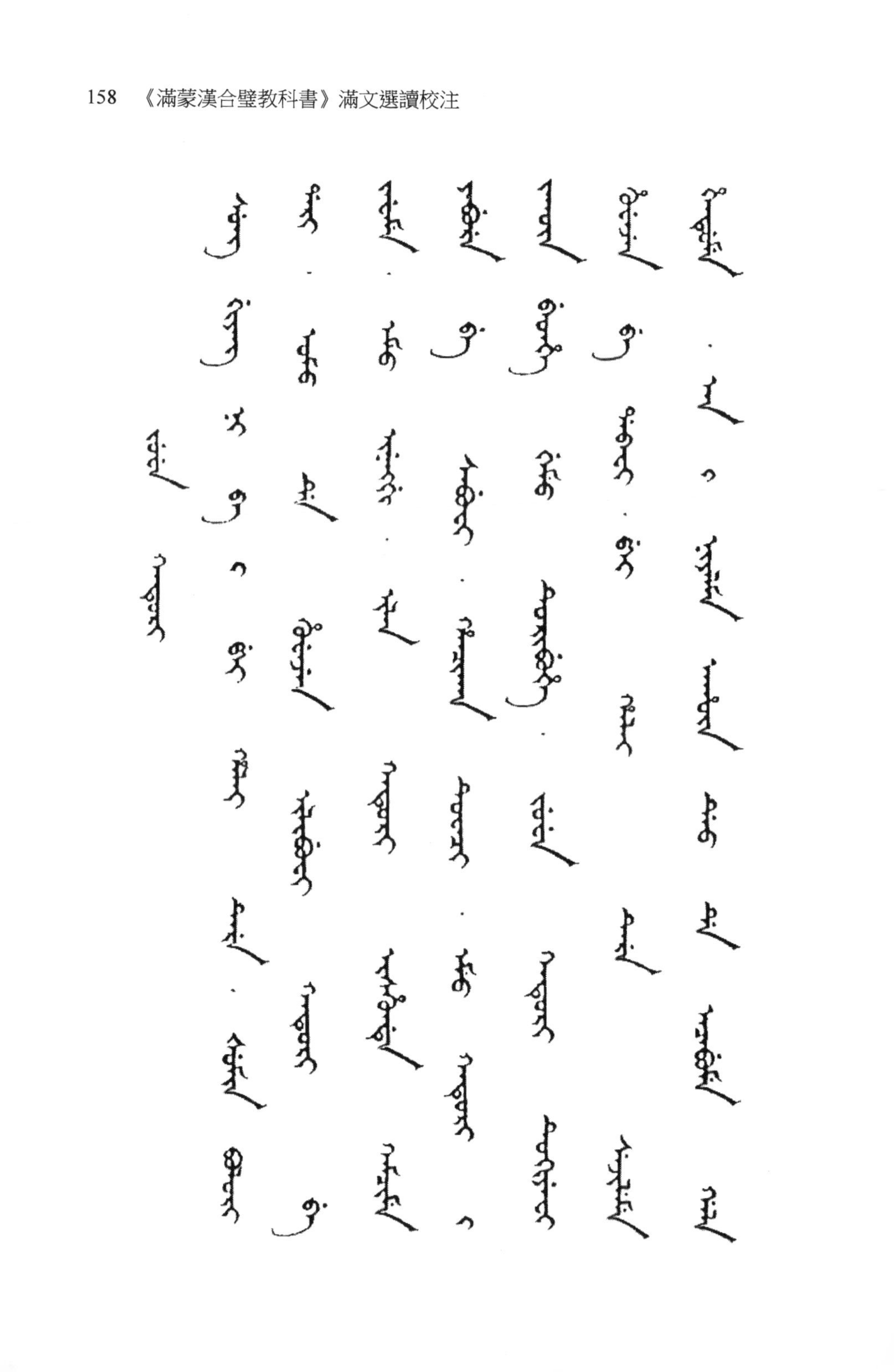

十七、 juwe katuri

sung giyang ni ba i pei halai tere, šumin bolori dari, omo de huwejen ilibufi katuri be jafame, emu inenggi, ilan katuri ishunde kamcime yabure be sabufi, hancikan tuwaci, emu katuri i jakūn bethe gemu turibuhe, juwe katuri tukiyefi huwejen be dabafi, pei halai tere sejileme hendume, an i niyalma ahūn deo de acabume gala

---

十七、二蟹

松江裴某，每深秋設簖於塘以取蟹[65]。一日，見三蟹相附而行，近視之，一蟹八跪皆蛻[66]，二蟹舁以過簖。裴某歎曰：「常人對兄弟

十七、二蟹

松江裴某，每深秋设簖于塘以取蟹。一日，见三蟹相附而行，近视之，一蟹八跪皆蜕，二蟹舁以过簖。裴某叹曰：「常人对兄弟

---

65 設簖於塘以取蟹，句中「簖」，滿文讀作"huwejen"，意即「攔魚籆子」。
66 一蟹八跪皆蛻，滿文讀作"emu katuri i jakūn bethe gemu turibuhe"，意即「一蟹八足皆脫落」。

bethe seme tukiyembi. tuttu seme aisi be sabuci ishunde temšendure, jobolon de ucaraci ishunde waliyambi. te emu katuri yabume muterakū ofi, juwe katuri unufi, ishunde wehiyendume, yargiyan i gala bethe i doro be yerterakū kai. jalan i ahūn deo hūwangga akūngge, ere katuri be tuwaci dukserakū ome mutembio.

稱手足。然見利則相爭，過害則相委[67]。今一蟹不能行，二蟹負之，相扶相持，真不愧手足之誼矣。世之兄弟不睦者，觀斯蟹能無赧然[68]。

称手足。然见利则相争，过害则相委。今一蟹不能行，二蟹负之，相扶相持，真不愧手足之谊矣。世之兄弟不睦者，观斯蟹能无赧然。

---

[67] 過害則相委，滿文讀作"jobolon de ucaraci ishunde waliyambi"，意即「遇害則相遺棄」，此處「過」，當作「遇」。

[68] 能無赧然，滿文讀作"dukserakū ome mutembio"，意即「能不羞愧臉紅嗎？」。

ᡳᠨᡝᠩᡤᡳᡩᠠᡵᡳᠩᡤᡝ ᡳᠨᡝᠩᡤᡳᡩᡝ ᠶᠠᠪᡠᠮᠪᡳ

ᡳᠨᡝᠩᡤᡳᡩᠠᡵᡳ ᠠᠪᡴᠠ ᡳᠯᡳᠵᡳᠮᡝ ᡩᡝ · ᡳᠨᡝᠩᡤᡳᡩᠠᡵᡳ ᠪᡠᡥᡝ ᡤᡠᠸᠠᠯᡳᠶᠠᠮᠪᡳ·

ᠪᡳᡵᡤᠠᠨ ᠈ ᠠᡵᡤᠠᡩᠠᠮᡝ · ᠰᡠᠯᡝᠮᡝ ᡩᠣᠪᠣᡵᡳ ᡨᡠᠮᡝᠨ ᠵᠠᡴᠠᡳ ᠪᡠᡳᡥᡝᠨ ᠈

ᠰᡳᡵᠠᡥᠠ ᡠᡵᡤᡠᠨᠵᡝᡵᡝ ᠰᡠᠸᠠᡩᠠᠮᠪᡳ ᠠᠪᠰᡳ · ᡨᡠᠸᠠ ᡳᠨᡝᠩᡤᡳ ᡩᡝ

ᠪᡠᡳᡥᡝᠨ ᡩᡠᡵᡤᡝᠨ · ᡩᡝᡵᡝ ᠪᡠᡳᡥᡝᠨ ᡩᠣᠪᠣᡵᡳᠰᡳ ᠪᡳᡥᡝ ᠮᡠᡳᠮᡝ·

ᠠᠯᡳᠪᡠᡵᡝ ᠠᡨᠠᡵᡠᠮᡝ ᡩᡝᡵᡤᡳ ᡳᠨᡝᠩᡤᡳᡩᠠᡵᡳ ᡩᠣᠪᠣᠯᡳ ᠪᡝ ᠪᡳᡥᡝ·

ᡩᡠᠯᡝᠮᡝ ᠶᠠᡵᡤᡳᠶᠠᠨ ᡨᡝᡵᡝ ᠪᡝ ᡳᠯᠠᠪᡠᠮᡝ ᠪᡝ ᡳᠯᡳᠪᡠᡶᡳ·

ᡳᠨᡝᠩᡤᡝᡵᡝ ᡳᠨᡝᠩᡤᡝᡵᡝ ᡥᡡᠰᡠᠨ ᠠᠯᡳ ᠪᡝ ᠶᠠᡵᡤᡳᠶᠠᠨ · ᠵᡠᠸᡝᡩᡝ ᡳᠨᡝᠩᡤᡝᠮᡝ·

ᠨᡳᡵᡤᡝᠨᡝᠯᡝ ᡩᡝ ᠠᡵᡤᠠᠨ ᡳᠨᡝᠩᡤᡳᠪᡝ · ᡴᠣᡥᠣᠯᡳᡴᠠᠨ ᠰᠠᠪᡠᡳᠮᡝ ᡴᠣᡥᠣᠯᡳᡴᠠᠨ ᠶᠠᡵᡤᡳ·

ᠠᡵᡤᠠᠨ ᠪᡝ ᡳᠨᡝᠩᡤᡳ ᠵᡳ ᠠᠪᡠᡴᡳᠨ ᡳᠯᡝᡵᡝ · ᡨᡝᠪᡝᡵᡝ

ᡳᠨᡝᠩᡤᡳ ᠶᠣᠪᠣᠮᡝ ᠰᡳᠨ ᠪᠣᡳᡥᠣᠨ ᠨᠣᡥᠣᠯᡳᠮᡝ ᠪᡝᡵᡝᠮᡝ ᠪᡝ ᠪᠣᡳᡥᠣᠨ

十八、 niyengniyeri inenggi leyecun

niyengniyeri abka isinjire de, niyengniyeri boco yangsangga, dalan i ergide fulha fodoho niyowanggiyan, guilehe i ilha fulgiyan soktoro adali. šolo inenggi dergi guwali tucifi, dergi guwali sebjelere baita labdu, sargašara antahasa temšeme niyengniyeri tuwabun be baime, tacire urse mujin be ilibure be erehunjeme, goroki goroki julergi alin be hargašame, jugūn goromime isinara de mangga ocibe, yaburelame dahūme yaburelame oci, minggan ba inu ja henduci ombi. musei jergi urse jing bithe hūlame bisire de, bithe

---

十八、春之謠

春日至，春色麗，隄邊楊柳綠，杏花紅似醉。暇日出東郊，東郊多樂事，遊客競尋春[69]。學人期立志，迢迢望南山，路遠莫之致[70]，行行重行行，千里亦云易。吾曹方讀書，

十八、春之谣

春日至，春色丽，堤边杨柳绿，杏花红似醉。暇日出东郊，东郊多乐事，游客竞寻春。学人期立志，迢迢望南山，路远莫之致，行行重行行，千里亦云易。吾曹方读书，

---

69 遊客競尋春，滿文讀作“sargašara antahasa temšeme niyengniyeri tuwabun be baime”，意即「遊客爭尋春景」。

70 路遠莫之致，滿文讀作“jugūn goromime isinara de mangga ocibe”，意即「路遠雖難至」。

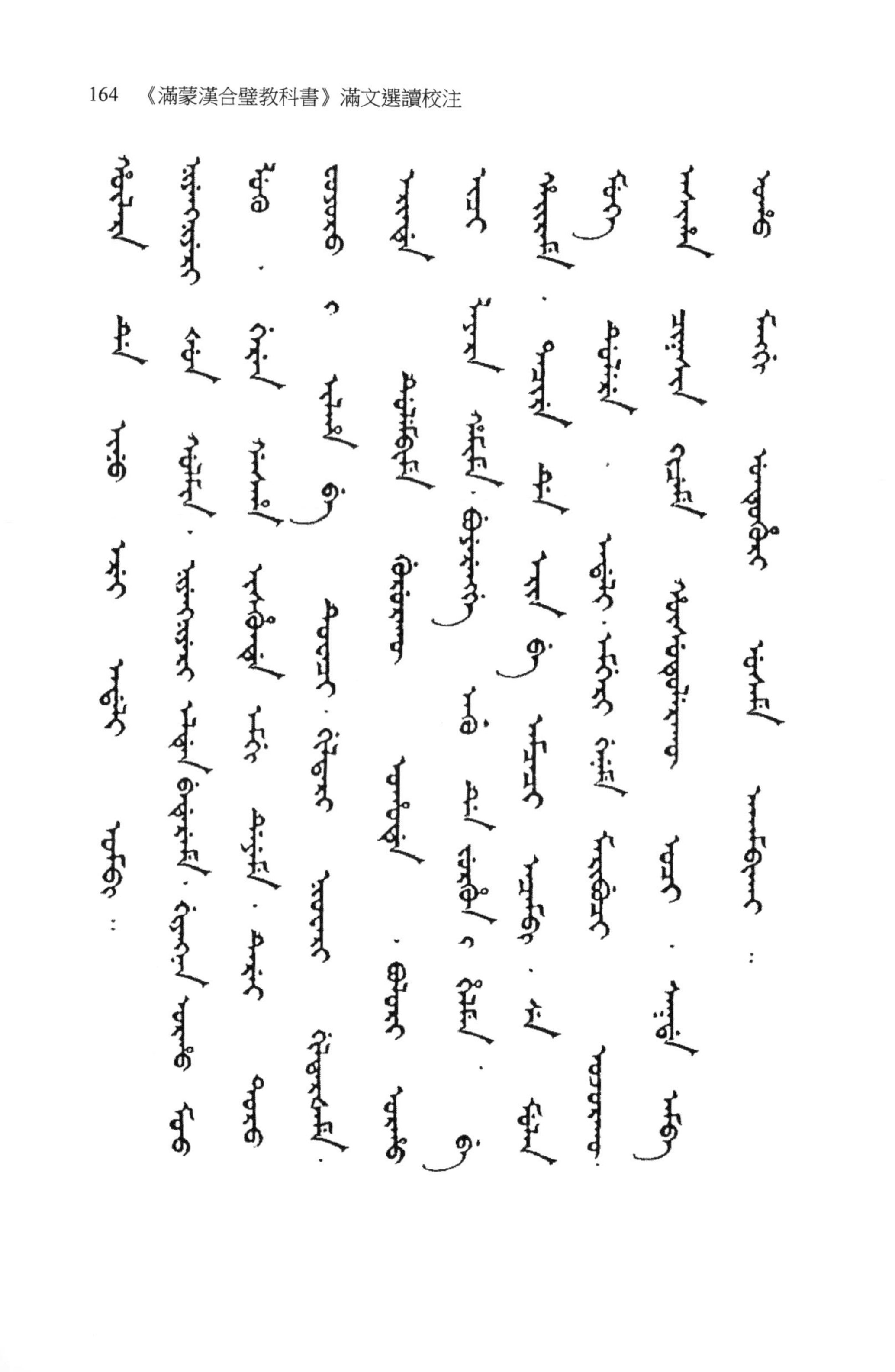

hūlara de inu erei adali ombi. niyengniyeri šun golmin, niyengniyeri elden bedereme, giyangnan orho moo luku, geren gasha ishunde emgi deyeme, terei toro foyoro i ilha be tuwaci, giltari niowari giltaršame, erinde dulembime gururakū ohode, bolori orho ici layara hamime, buyerengge agu de jurhun i helmen be hairame, tacire de erin be amcaci acambi, se mulan muke dulere adali, emgeri geneme maribuci ojorakū. asihan ciksin kiceme hūsutulerakū oci, sakda amba oho manggi untuhuri usame akambikai.

讀書亦如是。春日遲[71]，春光歸，江南草木長[72]，眾鳥相與飛，相彼桃李花，爛然揚光輝，過時而不采[73]，將隨秋草萎，願君惜寸陰。為學當及時，年華如逝水，一去不可回。少壯不努力，老大徒傷悲。

读书亦如是。春日迟，春光归，江南草木长，众鸟相与飞，相彼桃李花，烂然扬光辉，过时而不采，将随秋草萎，愿君惜寸阴。为学当及时，年华如逝水，一去不可回。少壮不努力，老大徒伤悲。

---

71 春日遲，滿文讀作"niyengniyeri šun golmin"，意即「春日長」。

72 江南草木長，滿文讀作"giyangnan orho moo luku"，意即「江南草木厚密」。

73 過時而不采，滿文讀作"erinde dulembime gururakū"，意即「過時而不採」。

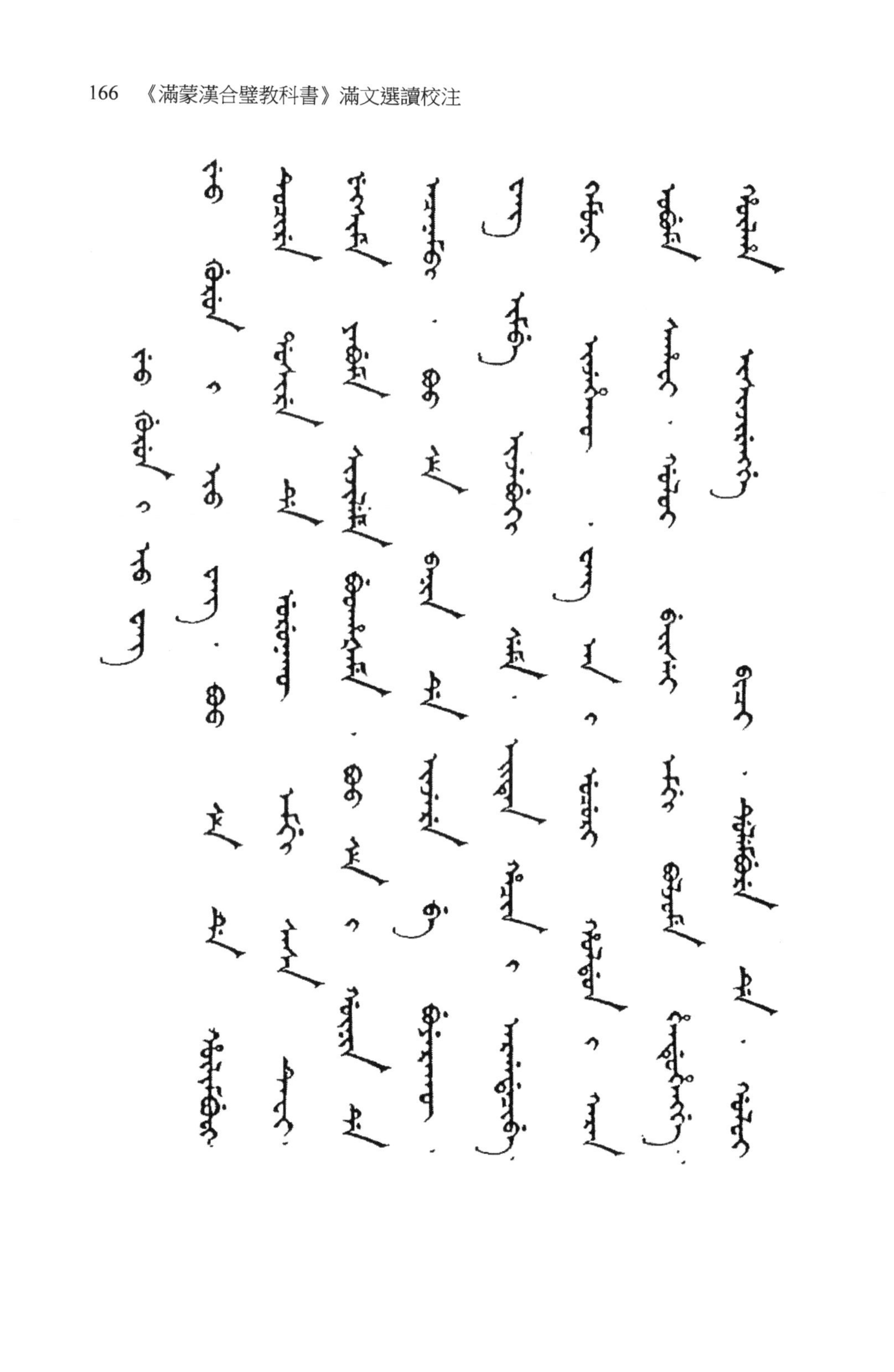

[illegible]

十九、 jeo gurun i io wang

jeo gurun i io wang, boo sy de hūlimbufi, tucire dosire de urunakū emgi sasa tefi, feksime yabume sijileme buthašame, boo sy i gūnin de acanambi. boo sy banin de injere be buyerakū, wang imbe injebuki seme, eiten hacin i argadacibe, kemuni injehekū, wang an i ucuri holdon i karan obume sahafi, goloi beisei emgi boljome henduhengge, hūlha isinjirengge bici, dulembure de, goloi

---

十九、周幽王

周幽王[74]，惑於褒姒，出入必與之同乘，驅馳弋獵，以適褒姒之意[75]。褒姒性不喜笑，王欲其笑，萬端故不笑[76]，王嘗為烽燧，與諸侯約曰：「有寇至，則舉之[77]，

十九、周幽王

周幽王，惑于褒姒，出入必与之同乘，驱驰弋猎，以适褒姒之意。褒姒性不喜笑，王欲其笑，万端故不笑，王尝为烽燧，与诸侯约曰：「有寇至，则举之，

---

74 周幽王，滿文讀作“jeo gurun i io wang”，意即「周朝之幽王」。

75 以適褒姒之意，滿文讀作“boo sy i gūnin de acanambi”，意即「以迎合褒姒之意」。

76 萬端故不笑，滿文讀作“eiten hacin i argadacibe, kemuni injehekū”，意即「雖然想盡一切辦法，仍舊不笑」。

77 則舉之，滿文讀作“dulembure de”，意即「令人點火時」。

[illegible]

beise acarangge yooni danjikini sehe bihebi, io wang boo sy be urgunjebuki seme, terei jalin holdon be dulembume, goloi beise isinjiha gojime hūlha akū ojoro jakade, boo sy uthai fancame injehe. terei amala wargi aiman i niyalma io wang be afara de, wang holdon i karan be dulembufi cooha be fideci, goloi beise akdarakū, gemu isinjihakū ofi, wargi aiman i niyalma uthai io wang be lii šan alin i fejile waha, boo sy be oljilame genehebi.

諸侯當悉來援。」幽王欲悅褒姒，為舉烽火，諸侯至而無寇，褒姒乃大笑。其後戎人攻幽王[78]，王舉烽燧徵兵[79]，諸侯不信，皆莫至，戎人遂殺王於驪山下，虜褒姒而去。

诸侯当悉来援。」幽王欲悦褒姒，为举烽火，诸侯至而无寇，褒姒乃大笑。其后戎人攻幽王，王举烽燧征兵，诸侯不信，皆莫至，戎人遂杀王于骊山下，虏褒姒而去。

---

78 其後戎人攻幽王，句中「戎人」，滿文讀作"wargi aiman i niyalma"，意即「西域部人」。

79 王舉烽燧徵兵，滿文讀作"wang holdon i karan be dulembufi cooha be fideci"，意即「王令人於烟墩臺點火調兵」。

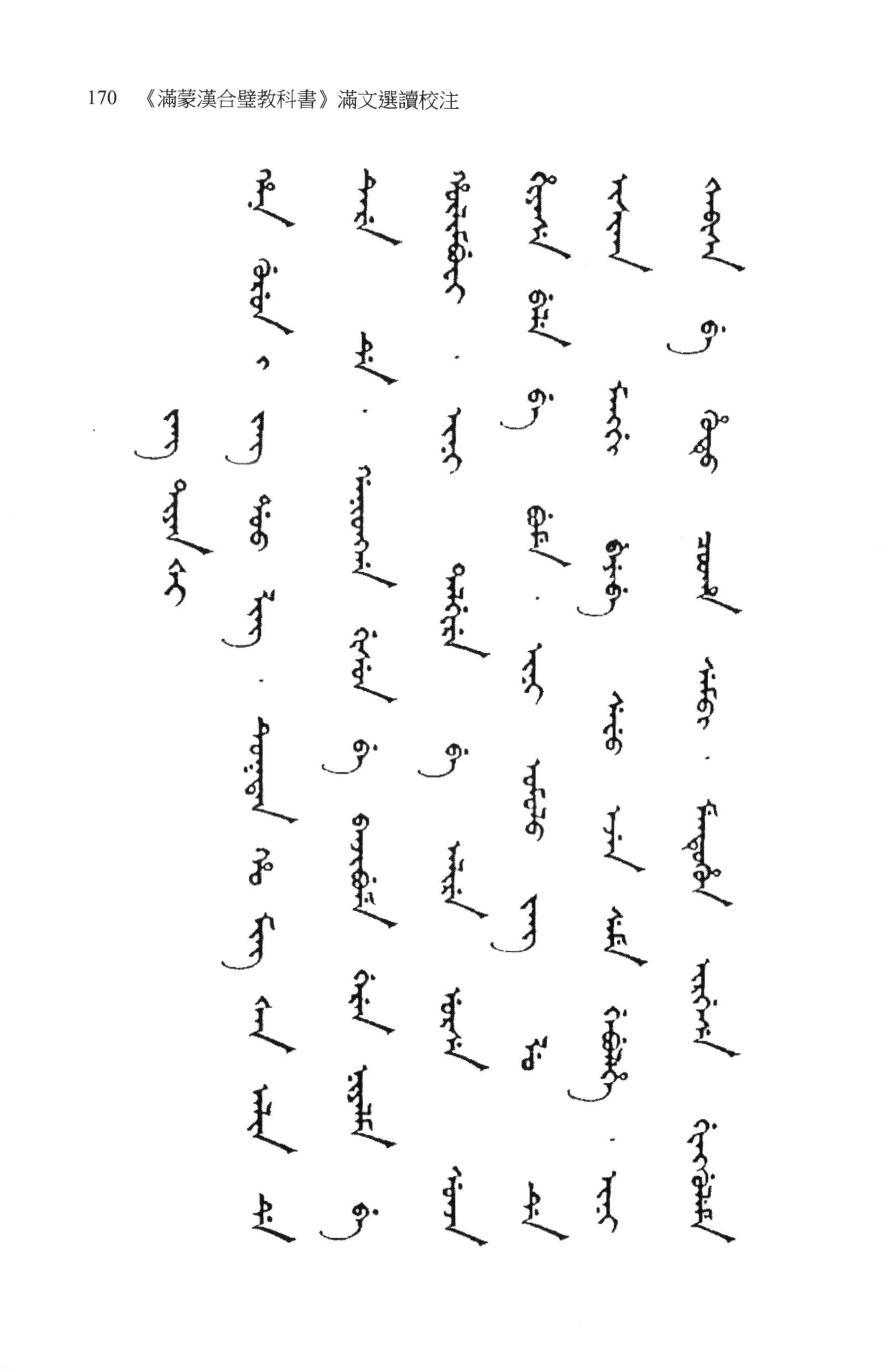

[illegible]

二十、 jang tiyan ši

han̲ gurun i jang doo ling, tuktan ho ming šan alin de tere de, ganiongga gisun be banjibume geren niyalma be hūlimbufi, ini talgire be alire urse sunja hiyase bele be bume, ini omolo jang lu de isika manggi beyebe sefu ejen seme gebulehe, ini šabisa be butu cooha sembi, mentuhun irgese gingguleme

---

二十、張天師

漢張道陵[80]，初居鶴鳴山，造妖言以惑眾，受其愚者，納米五斗。及其孫張魯，自號師君，謂其徒曰鬼卒。愚民多敬

二十、张天师

汉张道陵，初居鹤鸣山，造妖言以惑众，受其愚者，纳米五斗。及其孙张鲁，自号师君，谓其徒曰鬼卒愚民多敬

80 漢張道陵，滿文讀作“han̲ gurun i jang doo ling”，意即「漢朝之張道陵」。

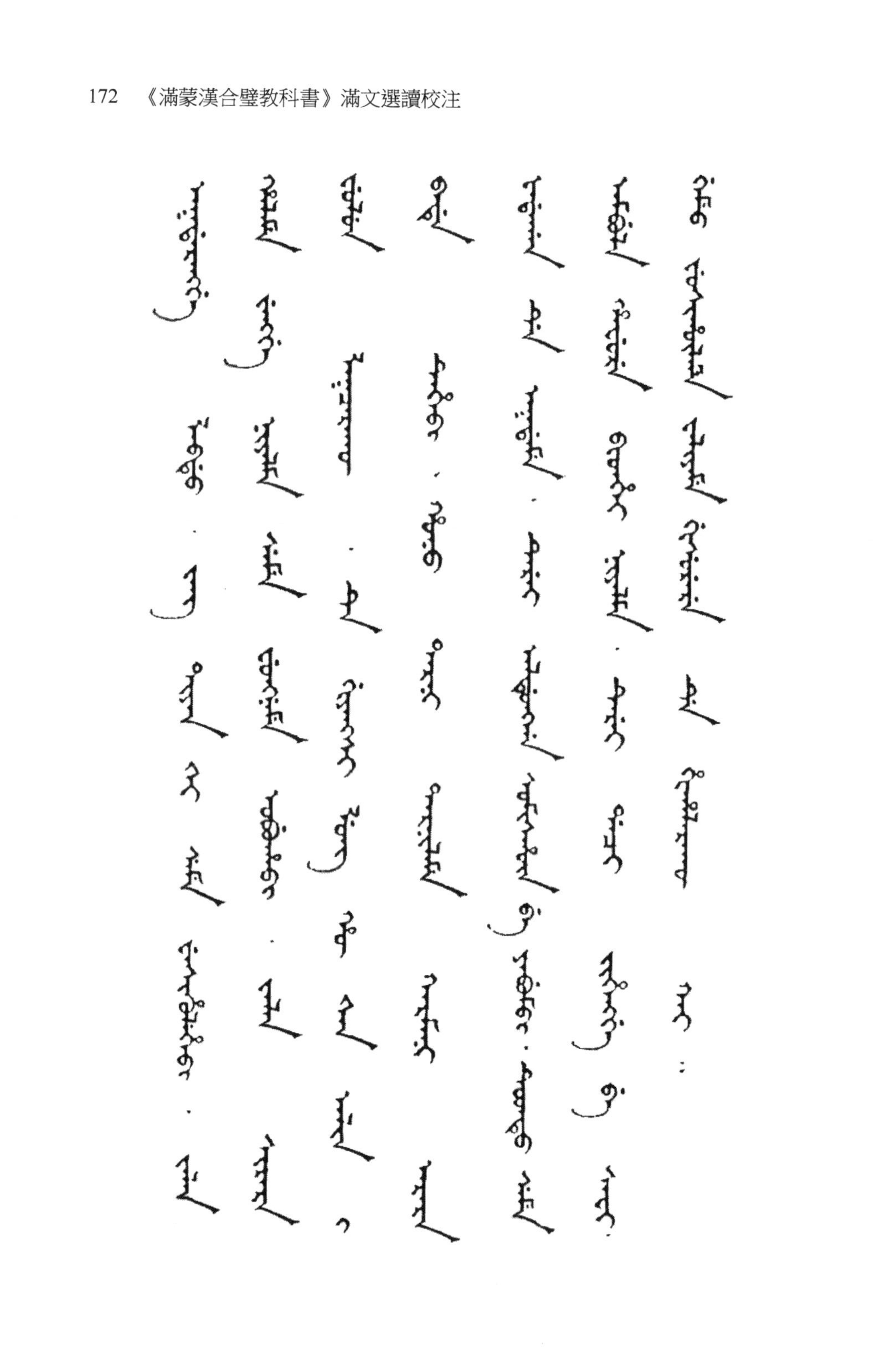

akdarangge labdu, jang tiyan ši seme wesihulehebi, jalan halame jengge niyalma seme fungneme obuhabi, jalan sirara fulun lakcarakū. te giyangsi lung hū šan alin i bade tehebi, hono tarni tarnilame karmani arara fadagan de akdame, terei aldungga somishūn be yabumbi, tuttu seme ambula hafure bithei niyalma, terei daci jihengge be safi, gemu fusihūlame waliyame gisurere de hihalarakū kai.

信之，尊曰張天師，歷代封為真人，世祿不絕。今居江西龍虎山，猶藉禁呪符籙之術，以售其詭秘[81]，然博通之士，知其所從來，皆鄙棄不屑道也。

信之，尊曰张天师，历代封为真人，世禄不绝。今居江西龙虎山，犹藉禁呪符箓之术，以售其诡秘，然博通之士，知其所从来，皆鄙弃不屑道也。

---

[81] 以售其詭秘，滿文讀作“terei aldungga somishūn be yabumbi”，意即「以行其詭秘」。

ᡨᠠᠴᡳᠪᡠ ᡤᡳᠰᡠᠨ

ᠨᡳᡵᡠᡵᡝᠮᠪᡳ ᡳ ᠪᠣᠣᡳᠨ ᠰᡝ ᠪᡝ ᡨᡝᡵᡝ ᠪᡳ ᠨᡝ ᡝᡵᡝ ᠪᡳ

ᠨᡳᡵᡠᡵᡝ ᡳ ᠪᠣᡳᡥᠣᠨ ᠰᡝ ᠨᡝ ᡝᡵᡝ ᠰᡝᡵᡝ ᠪᡝ ᠮᡝᠨᡳ ᠪᡝ

ᠮᡠᠰᡝᡳ ᡨᠣᠮᠣ ᠪᡝ ᡝᠰᡝ ᠨᡝ ᠮᡝᠨᡳ ᡨᡝ ᡩᡝ

ᠪᡝᡳᡤᡳᠶᡝᠨ ᠪᡝᠶᡝ ᠪᡳᡥᠠ ᡝᠮᡠ ᠪᡝ ᠮᡝᠨᡳ ᠪᡳ

ᠮᡝᠨᡳᠩᡤᡝ ᡨᡠᠸᠠᠮᡝ ᠰᡝᠮᠪᡳ ᠰᠠᡳᠨ ᠪᡳ ᠮᡝᠨᡳ ᡝᠮᡠ

ᠰᠠᡳᠨ ᠪᡝᠶᡝ ᡳ ᠪᠣᠣᡳ ᡥᠣᡵᠣᠨ ᠰᡝᠮᠪᡳ ᡤᡝᠯᡳ ᡳ ᠪᠣᠣ

ᠪᠣᠣᡳᠪᡝ ᠨᡳᡵᡠ ᠰᡝ ᡝᠰᡝ ᠪᡝ ᠰᡝ ᠪᡝ ᠰᡝ ᠪᡝ ᡝᠮᡠ

ᠨᡳᡵᡠᡵᡝ ᠨᡳᡵᡠᡵᡝ ᡳ ᠪᡝᠶᡝ ᠰᡝᠮᠪᡳ ᠪᡳ ᡤᡝᠮᡠ ᠰᡝ ᠪᡳ

ᠨᡳᡵᡠᡵᡝᠮᠪᡳ ᡳ ᠪᠣᠣᡳ ᠰᠠ ᠪᡝ ᠰᠠᡳᠨ ᠪᡳ ᠪᡝᠶᡝ ᠪᡝ

ᡨᠣᠮᠣᠪᡠ ᡤᡳᠰᡠᠨ

二十一、 coko cecike

yamjishūn i baita akū de, ahūn geren deo be gaifi hūwa i dolo sarašara de, coko fargi de tomoho, geren gasha feye de bedereke be sabufi, ahūn deo i baru yobodome hendume, fargi i dolo sunja coko bi, aika terei emke be wara ohode, udu coko funcembi seme, geren deo gemu duin coko sefi, ahūn hendume, inu sefi, dahanduhai fonjime, moo i ninggu de ninggun cecike bi, miyoocan i miyoocalaha de, emu cecike na de

二十一、雞雀

傍晚無事，兄率諸弟遊庭中，見雞棲於塒[82]，群鳥歸巢。兄戲謂弟曰：「塒中有五雞，若殺其一，則餘幾雞？」諸弟皆曰：「四雞」。兄曰：「然」。繼問之曰：「樹上有六雀，發槍擊之[83]，一雀墜於地，

二十一、鸡雀

傍晚无事，兄率诸弟游庭中，见鸡栖于埘，群鸟归巢。兄戏谓弟曰：「埘中有五鸡，若杀其一，则余几鸡？」诸弟皆曰：「四鸡」。兄曰：「然」。继问之曰：「树上有六雀，发枪击之，一雀坠于地，

---

82 見雞棲於塒，句中「塒」，滿文讀作“fargi”，意即「雞架」。

83 發槍擊之，滿文讀作“miyoocan i miyoocalaha de”，意即「以鳥鎗擊之」。

tuheke, ere fonde mooi ninggu de udu cecike funceci acambi sehe de, gemu jabume, sunja cecike sefi, ahūn hendume, waka kai. deo i jergi gemu kenehunjeme sesulafi, ahūn i cembe holtombi seme, curgindume temšeme ilgahai, ahūn hendume, ume jamarara, bi suwende alara, miyoocan i cecike be miyoocalara de goibuhangge tuhefi, goibuhakūngge urunakū aksame deyefi, kemuni adarame bahafi sunja cecike bi ni. geren deo teni gaitai ulhihebi.

斯時樹上當餘幾雀？」皆對曰：「五雀」。兄曰：「非也」。弟輩皆疑愕，以兄為誑己也，呶呶爭辯[84]。兄曰：「勿躁，吾語汝。夫發槍擊雀，中者墜，不中者必驚去[85]，尚安得有五雀也？」諸弟始恍然。

斯时树上当余几雀？」皆对曰：「五雀」。兄曰：「非也」。弟辈皆疑愕，以兄为诳己也，呶呶争辩。兄曰：「勿躁，吾语汝。夫发枪击雀，中者坠，不中者必惊去，尚安得有五雀也？」诸弟始恍然。

---

84 呶呶爭辯，滿文讀作“curgindume tamšeme ilgahai”，意即「一直喧嘩爭辯」。

85 驚去，滿文讀作“aksame deyefi”，意即「驚飛」。

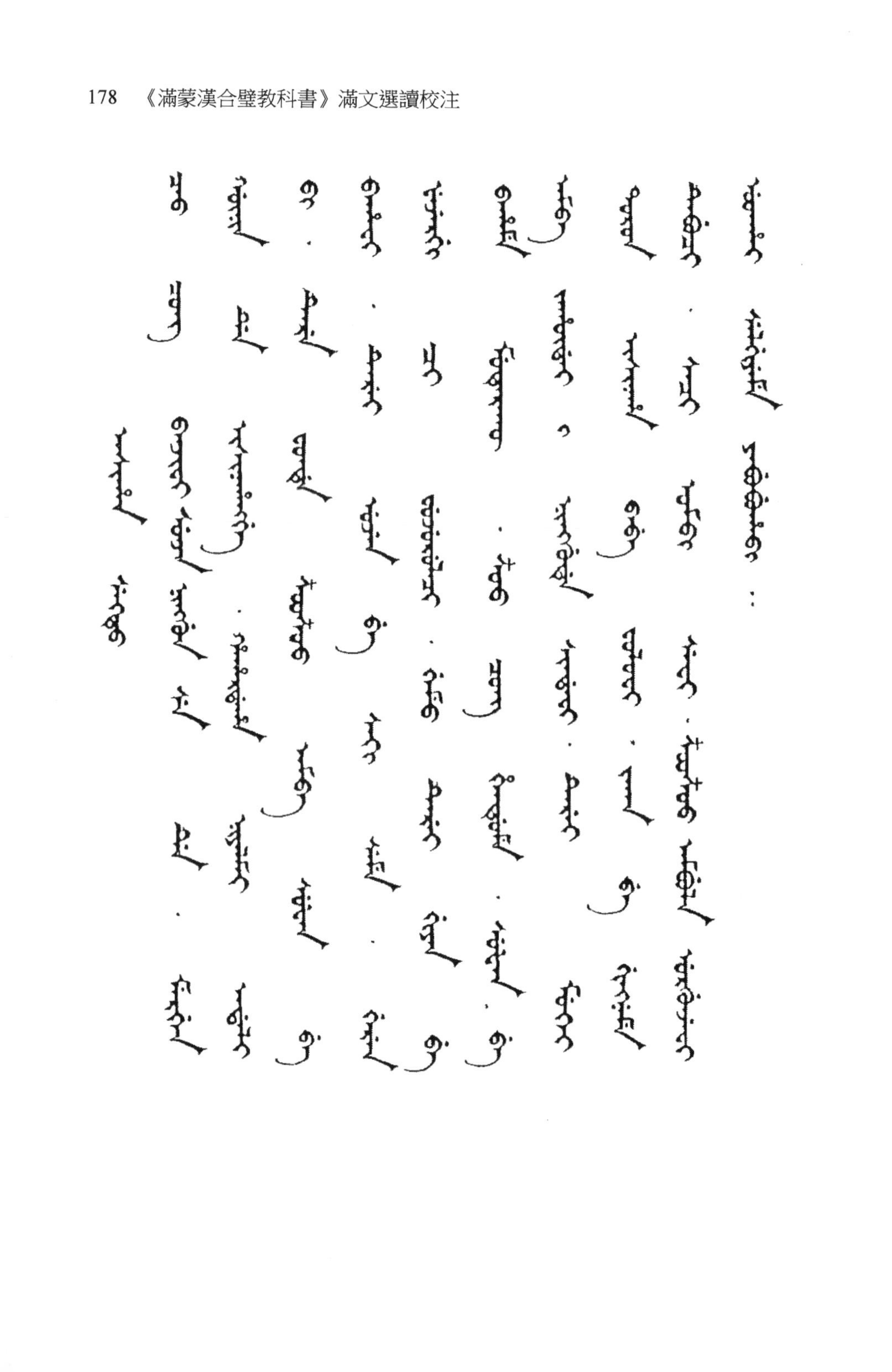

二十二、 asihan sektu

cao cong banjifi sunja ninggun se de, mergen gūnin de isinahangge, hahardaha niyalmai adali bi. tere fonde ts'oots'oo amba sufan be bahafi, terei ujen be saki seme, geren fejergi ci fujurulaci, gemu terei giyan be bahame muterakū. ts'oo cong hendume, sufan be amba jahūdai i ninggude sindafi, terei mukei toron isinaha babe folofi, jaka be gingneme tebuci saci ombi sefi, ts'oots'oo ambula urgunjefi uthai selgiyeme yabubuhabi.

二十二、少慧

曹沖生五、六歲[86]，智意所及，有若成人。時曹操得巨象，欲知其重，訪之群下，咸莫能得其理。沖曰[87]：「置象大船之上，而刻其水痕所至，稱物以載之，則可知矣。」操大悅[88]，即施行焉[89]。

二十二、少慧

曹冲生五、六岁，智意所及，有若成人。时曹操得巨象，欲知其重，访之群下，咸莫能得其理。冲曰：「置象大船之上，而刻其水痕所至，称物以载之，则可知矣。」操大悦，即施行焉。

---

[86] 曹沖，滿文音寫或作“cao cong”，或作“ts'oo cong”，此當作“ts'oo cong”。

[87] 沖曰，滿文讀作“ts'oo cong hendume”，意即「曹沖曰」。

[88] 操大悅，句中「操」，滿文讀作“ts'oots'oo”，意即「曹操」。

[89] 即施行焉，滿文讀作“uthai selgiyeme yabubuhabi”，意即「即傳令施行已」。

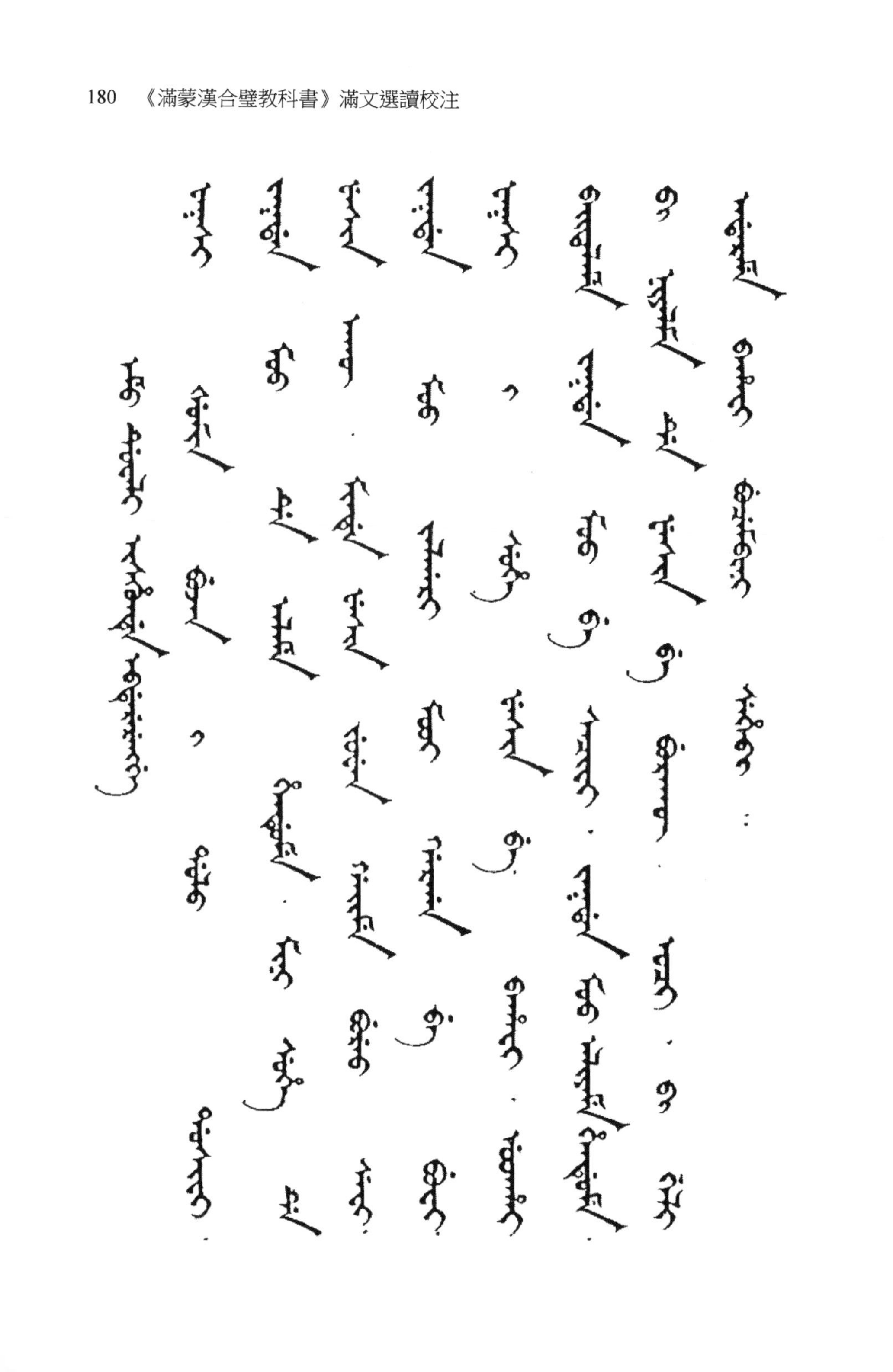

二十三、 emu duwali ishunde ebdererengge

faksi šumin bujan i dolo dosifi, jakdan moo de alame hendume, mini suhe de fesin akū, minde fesin juwen gaime bureo sefi, jakdan moo jalgari mooi gargan be bufi, faksi i suhe fesin be bahafi, uthai baitalame jakdan moo be sacifi, jakdan moo aliyame hendume, bi niyalma de fesin be burakū oci, bi geli adarame bahafi bucembini sehebi.

二十三、同類相殘

匠人入深林之中，告松樹曰:「吾斧無柄，乞假吾以柄[90]。」松授之以椐樹之枝[91]。匠人之斧得柄，即用以伐松。松悔曰：「吾不授柄於人，吾又安得死。」

二十三、同类相残

匠人入深林之中，告松树曰:「吾斧无柄，乞假吾以柄。」松授之以椐树之枝。匠人之斧得柄，即用以伐松。松悔曰:「吾不授柄于人，吾又安得死。」

[90] 乞假吾以柄，滿文讀作“minde fesin juwen gaime bureo”，意即「請借給我柄吧」。

[91] 椐樹，滿文讀作“jalgari mooi”，意即「靈壽樹」。

ᠰᡠᠪᡠᠪᡠᡥᡝ ᠪᡝ ᠵᡠᠸᡝ ᠠᠮᠠᠰᡳ ᠨᡳ ᠪᠠᡳ ::

ᠪᠠᡳᡥᠠ ᠰᡳᠨᡩᡝᡥᡝ ᠪᡝ ᠠᡴᡡᠮᡝ · ᠪᠣᡳ ᠵᡠᠸᡝᠨ ᠰᡝ ᡨᠠᠮᡳ · ᠠᡳᠰᡳᡵᡝ

ᠠᠪᡠ ᠠᠮᠠᠰᡳ ᠨᡳ ᠵᡳᡥᡝᠩᡤᡝ ᠠᡴᡡᡩᡠᠪᡠᡥᡝ ᠠᠮᠠ ᠪᡝᡵᡝ · ᠵᡠᠸᡝ ᠠᠮᠠᠰᡳ ᠨᡳ

ᠠᡵᠠᡥᠠᠪᡠᡥᡝ ᠠᠨᡳᠶᠠ ᠵᡳᡥᡝᠩᡤᡝᠨᡳ ᡨᠠᠮᡳᠨᡳ ᠠᠨ ᠵᡳᡥᡝᠩᡤᡝ ᠠᠮᠠᠪᡠᡥᡝ · ᠠᡳᡥᡝ

ᠣᠮᠣᡳᠪᠣᠣᡵᡳ ᠪᡠᡤᡠᠴᡳᠨᡝ · ᠠᡳᠪᡝᠨ ᠠᡳᠨᡳᠨ ᠣᠮᠣᡳᠪᠣᠣᡵᡳ ᠵᡳᡥᡝᠩᡤᡝᠨᡳ · ᠠᠪᡝ

ᠵᡠᠸᡝ ᠠᠮᠠᠰᡳ ᠠᡳᠨᡳᡥᡝ ᠨᡳ ᠠᡵᡤᠠᠮᡳᡥᡝ ᠠᠪᡠᡵᡳ ᠪᡝᡵᡝᠪᡠᡥᡝ · ᠠᡳᠨᡳᠨ ᠠᡳᠨᡳᠨ

ᠠᠮᠠᠰᡳ ᠠᡳᠨᡳᠨᡳᠨ ᠠᡳᠪᡠᡥᡝ ᠪᡝᡳᡵᡳ · ᠠᡳᠨᡳᡥᡝ ᠠᡳᠨᡳᠨᡳᠨ ᠠᡳᠨᡳᠪᡠᡥᡝ ᠵᡳᡥᡝᠩᡤᡝᠨ ᠠᡳᡵᡳ · ᡨᠠᡥᠠ

ᠵᡠᠸᡝᠨ ᠰᡝ ᠵᡳᡥᡝᡵᡝ ᠠᡳᠨᡳᠪᡠᡥᡝ · ᠪᠣᡳ ᠠᠪᡠᡵᡳ ᠠᡳᠨᡳᡥᡝ ᠰᠠᠪᡠᡥᡝ ·

ᠵᡠᠸᡝ ᠠᠮᠠᠰᡳ ᠠᡳᠨᡳᡥᡝ ᠨᡳ ᠠᡵᡤᠠᠮᡳᡥᡝ ᠠᠪᡠᡵᡳ ᠪᡝᡵᡝᠪᡠᡥᡝ · ᠪᠣᡳ

ᠠᠮᠠᠰᡳ ᠵᡳᡥᡝᠩᡤᡝᠨᡳᠨ

二十四、 tasha felerengge

juwe tasha niyalma be temšeme ofi becunume, guwan juwang dz feleki serede, guwan ioi nakame hendume, tasha serengge eshun gurgu, niyalma serengge jancuhūn jemengge kai. te juwe tasha niyalma be temšeme ofi becunume, ajige ningge toktofi bucembi, amba ningge toktofi feyelembi, agu aliyabume terei feyelehe manggi jai felere ohode, ere emu tasha be felere suilacun akū bime, juwe tasha be bahara yargiyan bi sehede, guwan juwang dz oha, emgeri yabubuha de juwe tasha be baha.

二十四、刺虎

兩虎爭人而鬥，管莊子將刺之[92]，管與止之曰：「虎者猛獸，人者甘餌也，今兩虎爭人而鬥，小者必死，大者必傷，子待其既傷而後刺之[93]，是無刺一虎之勞，而有得兩虎之實。」管莊子從之，一舉而獲二虎。

二十四、刺虎

两虎争人而斗，管庄子将刺之，管与止之曰：「虎者猛兽，人者甘饵也，今两虎争人而斗，小者必死，大者必伤，子待其既伤而后刺之，是无刺一虎之劳，而有得两虎之实。」管庄子从之，一举而获二虎。

---

[92] 管莊子將刺之，滿文讀作“guwan juwang dz feleki serede”，意即「管莊子想要刺時」。

[93] 子待其既傷而後刺之，句中「子」，滿文讀作“agu”，意即「君」，或「老兄」。

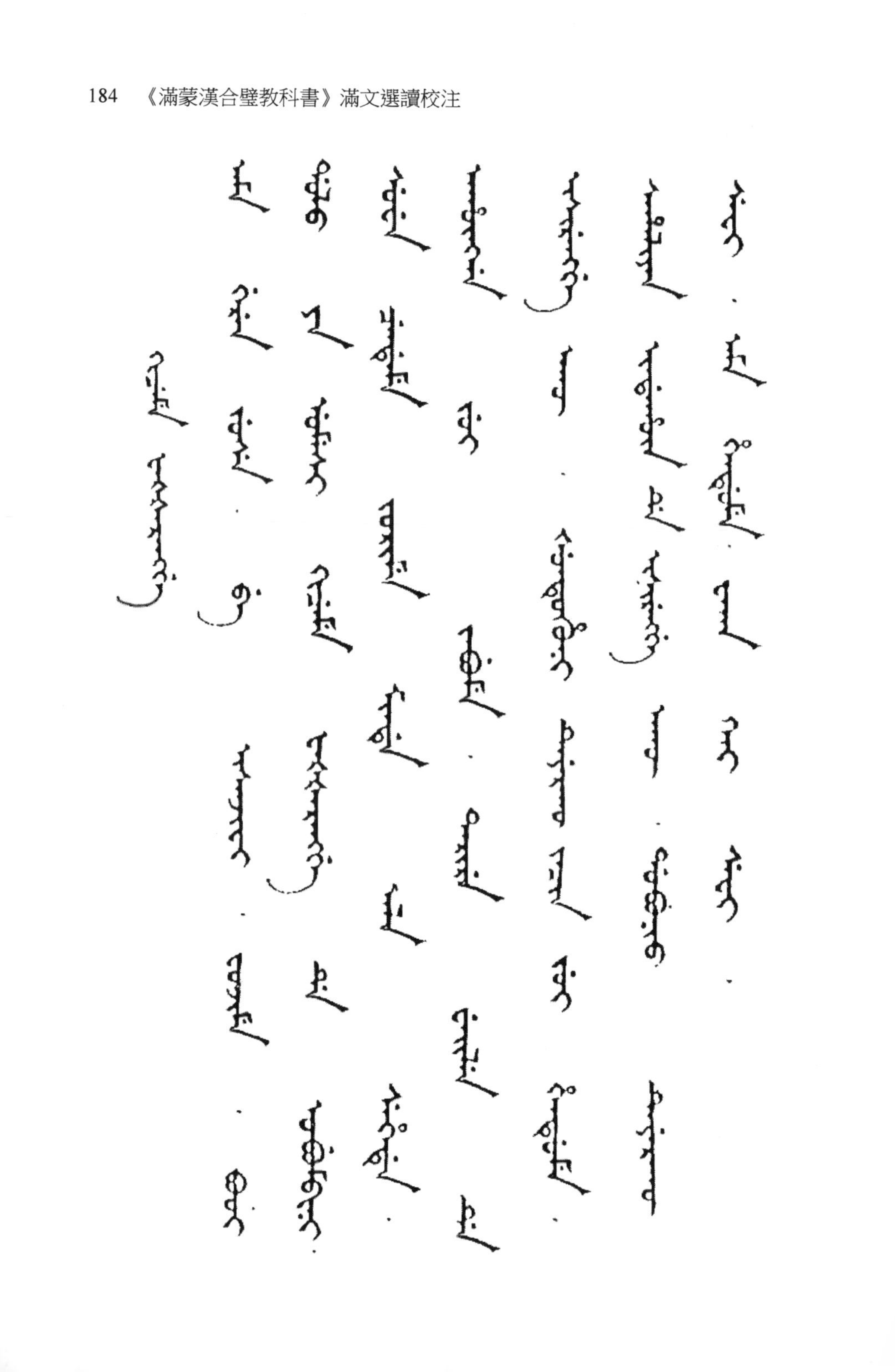

二十五、 kiceme faššarangge

ama geren juse be isanjifi fonjime, booi dolo ya umesi kiceme faššarangge de obumbini, suwe cendeme jorime minde ala sehede, ahūngga jui jabume, tarire weilen de isirengge akū, šuntuhuni teyerakū. jacin jui hendume, sahaliyan indahūn de isirengge akū, dobonio teyerakū sefi, ama hendume, waka kai sefi.

二十五、勤勉

父集諸兒問之曰:「家中孰為最勤勉者，爾輩試指以告我。」長兒曰[94]:「莫若佃工[95]，終日不息。」次兒曰:「莫若黑犬，終夜不息。」父曰:「非也。」

二十五、勤勉

父集诸儿问之曰：「家中孰为最勤勉者，尔辈试指以告我。」长儿曰：「莫若佃工，终日不息。」次儿曰：「莫若黑犬，终夜不息。」父曰：「非也。」

94 長兒曰，滿文讀作“ahūngga jui jabume”，意即「長子答曰」。
95 佃工，滿文讀作“tarire weilen”，意即「耕作」。

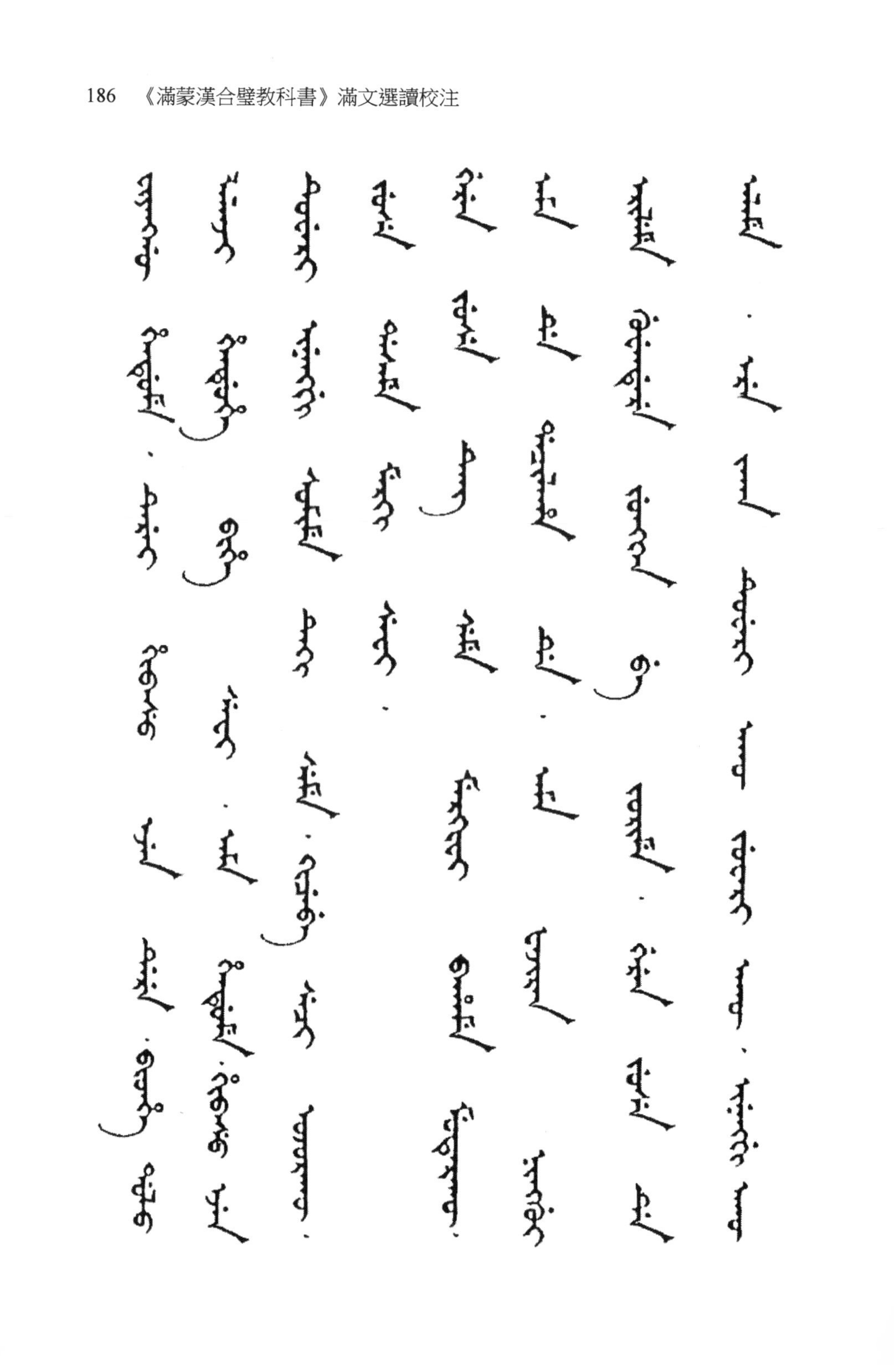

fiyanggū hendume, terei hibsu ejen dere. bithe dolo lalanji henduhe bihe sefi, ama hendume, hibsu ejen tuweri inenggi somime teki seme, kicebe seci ojorakū, juse dasame merki sefi, geren juse teng seme merkifi bahame muterakū, ama de dacilaha de, ama fajiran ninggui erileme guwendere jungken be jorime, geren juse de alame, ere jaka tuweri akū juwari akū, inenggi akū

少者曰[96]:「其蜜蜂乎?書中屢言之。」父曰:「蜜蜂日伏處[97],不得為勤,兒更思之。」諸兒苦笑思不能得,請示於父,父指壁上時辰鐘,告諸兒曰:「是物無冬無夏,無晝

少者曰:「其蜜蜂乎?书中屡言之。」父曰:「蜜蜂日伏处,不得为勤,儿更思之。」诸儿苦笑思不能得,请示于父,父指壁上时辰钟,告诸儿曰:「是物无冬无夏,无昼

---

96 少者,滿文讀作"fiyanggū",意即「老么」,或「最小的」。

97 蜜蜂日伏處,滿文讀作"hibsu ejen tuweri inenggi somime teki seme",意即「蜜蜂冬眠」,或「蜜蜂冬天窩藏」。

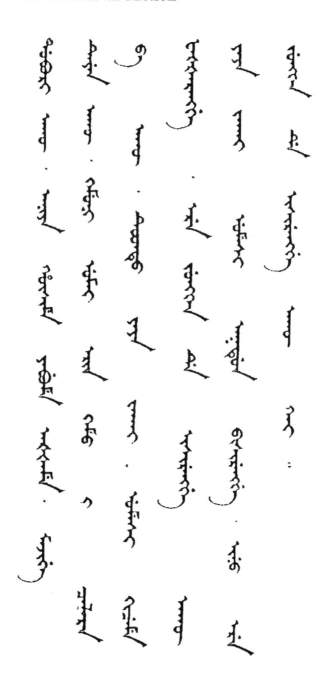

[illegible] ᠠᡴᡡ · [illegible]

[illegible] ᠠᡴᡡ · [illegible]

ᠪᡝ ᠠᡴᡡ · [illegible] · [illegible]

[illegible] · [illegible]

[illegible] · [illegible]

[illegible] ᠠᡴᡡ [illegible] ::

dobori akū, aniya hūsime yabume aššame, majige teyen akū, kemuni umai erin kemu i calara ba akū, tuttu yaya jakai umesi kiceme faššarangge, ere jungken de isirengge akū, yaya jakai umesi akdun bisirengge, inu ere jungken de isirengge akū kai.

無夜，終歲行動，不少休息[98]，且未嘗有時刻之差，故凡物之最勤勉者，莫此鐘若[99]，凡物之最有信者，亦莫此鐘若也。」

无夜，终岁行动，不少休息，且未尝有时刻之差，故凡物之最勤勉者，莫此钟若，凡物之最有信者，亦莫此钟若也。」

---

98 不少休息，滿文讀作"majige teyen akū"，意即「不稍休息」。
99 莫此鐘若，滿文讀作"ere jungken de isirengge akū"，意即「不及此鐘」。

ᠨᡳᠶᠠᠯᠮᠠ

ᠨᡳᡴᠠᠨ ᠰᠠᡳᠨ ᠰᡳᠨᡩᡝᠮᡝ ᠪᠣᠰᡳᠮᠪᡠ ᠮᡠᠰᡝ · ᠰᡠᠨ ᡝᠪᡝᡵᡥᡠᠨ ᡠᠰᡝᠨ ᡳ

ᡝᠪᡠᡥᡠ ᠰᠠᡳᠨ · ᡠᠪᠠᡳᠮᡝ ᠠᠮᠪᠠ ᠨᡳᡴᠣᠮᠣᠨ ᠠᠮᠠᠯᠠᠨ · ᠶᠣ ᠶᠣ ᠪᡳᡨᡝᡥᡝᠯᡝ ·

ᡠᠵᡳᠯᡳ ᠨᡳᠶᠠᠯᠮᠠ ᠣᠪᠣᡴᡳ ᠠᠮᡠᡴᠣ ᡳᠰᡳᠨᠵᡳ ᠪᡳ ᠪᠠᡳᡵᡝ · ᠪᠠᠨᠵᡳᠮᠪᡳ ᠪᡳᡨᡝ ·

ᡠᠮᡝᠰᡳᠪᡠ ᡳᠨᡝᠩᡤᡳ ᠪᠣᡥᡝᠨᡝ ᡨᡝᠨᡳᠨ ᡳᠨᡝᠩᡤᡳᠪᠣ · ᠨᡝᡥᡝ ᠨᡳᠰᡳᠪᡠ ᠠᠮᡠᡵᠠᠮᡝ

ᡨᠣᠯᡤᡳᠨ ᠪᠣᡳᡥᠣ ᠮᡝᠩᡤᡝᠨ ᡤᡳᠣᠪᡠᡥᡝ · ᠨᡳᠶᠠᠯᠮᠠ · ᡠᠵᡳᠮᠪᡳ ᠨᡳᠶᠠᠯᠮᠠ ᠨᡝᡥᡝ ·

ᠰᠣᠪᡳ ᡠᠵᡳᠯᡝᠮᡝ ᠪᡝ ᠰᠣᡵᡤᡳᠮᡝ ᠪᡳ ᠰᠠᠯᠠ ᠪᠣᠪᠣ · ᡠᠵᡳᠯᡝᠮᡝ ᠰᠠᡳᠨ

ᡝᠮᡠ ᠪᡝ · ᡤᡳᠰᡠᡵᡝᠮᡝ ᠣᡴᠣᠨ ᡠᠪᠠᡳᠮᠠ ᠣᠮᡳᠪᡠ · ᡠᠵᡳᠮᠪᡳ ᠨᡳᠶᠠᠯᠮᠠ ᠪᡝ

ᠠᡳᠰᡳᠯᠠᠮᠪᡠ ᡤᡳᠰᡠᠨ ::

二十六、 gaha

gahacin den deyeme muterakū ofi, šun dositala feye i dolo teme, monggon sampi gorokon tuwame, u u guwendehei. ajige gaha kemuni tucifi jemengge be baime, baharangge bici, urunakū ašume bederefi neneme ulebumbi. ede sefu tacikūi jusei baru alame hendume, gaha, ajige gasha inu hono niyaman de hajilara be sara bade, niyalma ama eme de, hiyoošulame ujime muterakū ohode, ajige gasha de isirakū kai.

二十六、烏

老烏不能高飛[100]，終日處巢中，伸首遙望[101]，嗚嗚而鳴。小烏常出覓食，有所得，必銜歸先哺之。先生語學生曰[102]：「烏，小鳥也，尚知愛親，人於父母，不能孝養，則小鳥之不如矣！」

二十六、乌

老乌不能高飞，终日处巢中，伸首遥望，鳴鳴而鸣。小乌常出觅食，有所得，必衔归先哺之。先生语学生曰：「乌，小鸟也，尚知爱亲，人于父母，不能孝养，则小鸟之不如矣！」

---

100 老烏不能高飛，句中「老烏」，滿文讀作“gahacin”，意即「老鴉」。

101 伸首遙望，句中「伸首」，滿文讀作“monggon sampi”，意即「引領」，又作「伸長脖子」、「伸頸」。

102 先生語學生曰，滿文讀作“ede sefu tacikūi jusei baru alame hendume”，意即「因此先生告訴學生說」。

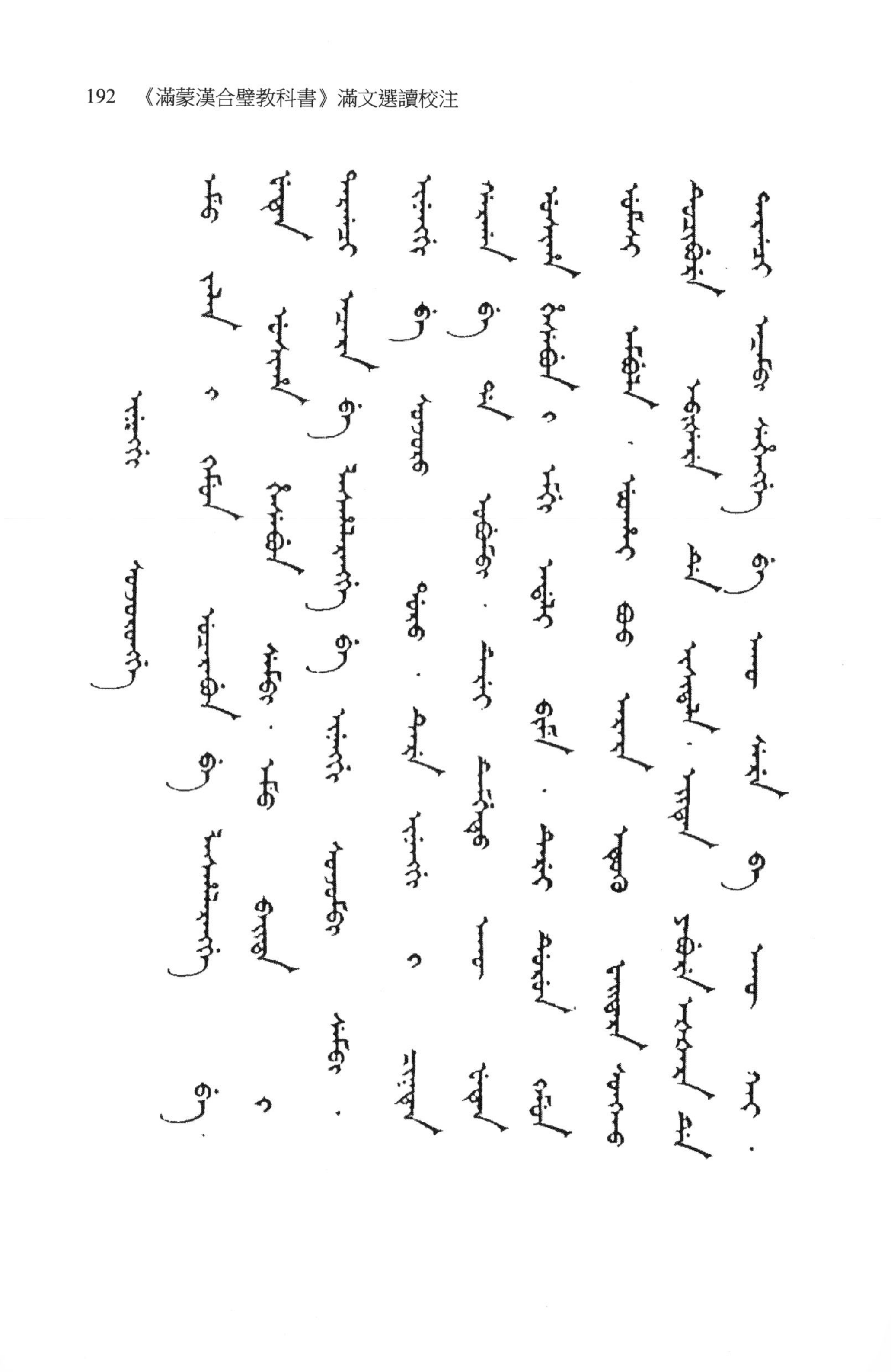

二十七、 ineenggi sonjorongge

emu jalan i kemun ucarabun be lashalarangge be feten usiha hesebun sembi, emu baita i targaci acara be lashalarangge be inenggi sonjombi sembi. inenggi be sonjoro doro, tere inenggi i cikten gargan be da obumbi, terei temgetu akū feten usiha hesebun i emgi adali bime, terei durun kemun umesi ambula, uthai boo arara, etuku faitara, songko tucibure, ebišere de isitala, eiten yabure eššara de targaci acambi sehengge be akū sere ba akū kai.

二十七、擇日

斷終身之境遇者，曰星命；斷一事之宜忌者，曰擇日。擇日之道，以其日之干支為主，其無據與星命同；而範圍甚廣，[103]乃至營室、裁衣、出行、沐浴，一切舉動[104]，莫不有所謂宜忌者焉。

二十七、择日

断终身之境遇者，曰星命；断一事之宜忌者，曰择日。择日之道，以其日之干支为主，其无据与星命同；而范围甚广，乃至营室、裁衣、出行、沐浴，一切举动，莫不有所谓宜忌者焉。

---

[103] 範圍甚廣，句中「範圍」，滿文讀作“durun kemun”，意即「規模」。

[104] 一切舉動，滿文讀作“eiten yabure eššara”，句中“eššara”，當作“aššara”。

ᡝᡵᡝ ᡥᠣᡨᠣᠨ ᠪᠣᠣ ᠠᠨᠠᠮᡝ ᡳᠰᡳᠪᡠᡥᠠᠩᡤᡝ᠈ ᡳᠯᡤᠠᠪᡠᡵᡝ ᡠᡶᡠ ᡠᡵᡠᠨ
ᡠᠨᡠᡵᡝ ᠪᡝ ᡠᡵᡠᠰᡝᠮᡝ᠈ ᡠᠨᠣᡥᠣ ᡤᡠᠨᡳᠮᡝ ᡤᡠᠨᡳᠮᡝ᠈ ᡠᠨᡠᡥᡠ ᡠᡵᡠᡥᡠ
ᡠᠨᡠᡵᡝ ᠪᡝ ᡠᡵᡠᠰᡝᠮᡝ ᠪᡳ᠈ ᡳᠰᡳ ᡠᡵᡠᡥᡠ ᡠᠵᡠᠨ ᡠᠵᡠᡵᡝ
ᡠᡵᡠᡥᡠ ᡠᠨᡠᡵᡝ ᡝ ᠮᡠᡨᡝᡶᡳ᠈ ᠠᠨᠠᠮᡝ ᠮᡳᠨᡳ ᡠᠨᡠᡵᡝ ᠠᠮᠠ ᠪᡳ
ᠪᠣᡨᠣᠨ ᡠᡥᠠᠨ ᠠᠮᡝ ᡳᠰᡳᠪᡠᡥᠠᠩᡤᡝ ᡠᠵᡠᠮᡝ ᡳᠰᡳᠪᡠᡥᠠᡴᡡ᠈ ᠪᠣᡨᠣᠨ
ᠮᠠᠩᡤᡳ ᠪᡳᠮᡝ ᡳᠰᡳᠪᡠᡥᠠᠩᡤᡝ᠈ ᡠᡶᡠ ᡳᠰᡳᠪᡠᡥᠠᡴᡡ᠈ ᡠᠵᡠᡵᡝ
ᠮᡠᠨᡩᡠᡥᡠᡵᡝ ᡠᡥᠠᠰᠠ ᡠᠨᡠᡵᡝ ᠪᡳ᠈ ᡩᡝ ᡩᠣᡥᡳᠨ ᠪᠣᡨᠣᠨ ᠮᡠᡨᡝᠰᡝ ᡩᡝᡵᡳ
ᡩᡝᡵᡳᠣᡵᡳ᠈ ᠪᡳᡵᡝ ᠪᡝ ᠪᠣᡤᠣ᠈ ᡠᠨᡳᠶᡝᠨ ᠪᡝ ᡠᡥᠣᠪᠣ᠈ ᡳᠯᡤᠠᠪᡠᡵᡝ ᡳᠮᡳᠯᡝᡵᡝ
ᡳᠰᡳᠪᡠᡥᠠᠩᡤᡝ ᠠᠮᠪᡠᠯᡠ᠈ ᠠᠮᠪᠠ ᠮᠣᡩᠣ ᠠᠮᠪᠠ ᠠᠨᠠ᠈ ᡳ

te bicibe boo arara goidarangge, ememu udu juwan inenggi be duleme, etuku weilere weilen, inu udu inenggi be dulerengge bi, ere udu juwan inenggi udu inenggi i dolo, ainahai ehe inenggi akū ni. booci jugūn de isinarangge songko tucibumbikai, booci tanggin de isinarangge, inu songko tucibumbikai, songko tucibuci ojorakū inenggi de, bi mini booci tucirakū ome mutembio. dere be oboro, gala be oboro, gemu ebišere hacin, niyalma inenggidari arambime, aiseme sain ehe akū ni, ere

---

夫營室之久，或歷數十日，製衣之工，亦經數日，此數十日數日中，未必無凶日也。自家而至路，出行也，自室而至堂，亦出行也，不宜出行之日，吾其能不出無室乎？洗面、濯手，皆沐浴之類，人日日為之，何以無凶吉？

夫营室之久，或历数十日，制衣之工，亦经数日，此数十日数日中，未必无凶日也。自家而至路，出行也，自室而至堂，亦出行也，不宜出行之日，吾其能不出无室乎？洗面、濯手，皆沐浴之类，人日日为之，何以无凶吉？

ᠵᠣᠪᠣᠯᠣᠨ ᡳ ᠪᠣᡳᡥᠣᠨ ᠈ ᠪᠠᠨᡳᠨ ᠠᠰᡳᠨ ᠠᠮᡠᡵᠠᠨ ᠨᡳᠩᡤᡝ ᠈ ᠠᠨᠠᠨ

ᡨᠣᠪ ᠵᡝᠯᡝ ᠨᡳᠩᡤᡠᠨ ᡩᠣᠪᠣᠪᡠᠩᡤᡝ ᠠᡴᡡ ᠪᡝᠨᡝ ᠈

kooli i bodoci, terei targaci acambi sehengge, ainci emu hacin hafuci ojorongge akū dere.

以此例推[105]，其所言之宜忌，殆無一可通者。

以此例推，其所言之宜忌，殆无一可通者。

---

[105] 以此例推，滿文讀作"ere kooli i bodoci"，意即「以此例推算」，或「以此例推想」。

[illegible]

二十八、 feten usiha hesebun

niowanggiyan niohon fulgiyan fulahūn suwayan sohon šanyan šahūn sahaliyan sahahūn, erebe abkai cikten sembi. singgeri ihan tasha gūlmahūn muduri meihe morin honin bonio coko indahūn ulgiyan, erebe na i gargan sembi. julgei niyalma cikten gargan i gebu be banjibufi, aniya biya inenggi erin i temgetu be ejehe dabala, šumin gūnin bifi terei dolo baktambuhangge waka kai. amaga jalan i fangga niyalma i

---

二十八、星命

甲乙丙丁戊己庚辛壬癸[106]，是謂天干。子丑寅卯辰巳午未申酉戌亥[107]，是謂地支。古人制干支之名，以記年月日時之號耳，非有深意寓其中也。後世術士

二十八、星命

甲乙丙丁戊己庚辛壬癸，是谓天干。子丑寅卯辰巳午未申酉戌亥，是谓地支。古人制干支之名，以记年月日时之号耳，非有深意寓其中也。后世术士

---

106 甲，滿文讀作“niowanggiyan”，意即「綠」；乙，滿文讀作“niohon”，意即「淺綠」；丙，滿文讀作“fulgiyan”，意即「紅」；丁，滿文讀作“fulahūn”，意即「淡紅」；戊，滿文讀作“suwayan”，意即「黃」；己，滿文讀作“sohon”，意即「淡黃」；庚，滿文讀作“šanyan”，又作“šanggiyan”，意即「白」；辛，滿文讀作“šahūn”，意即「淡白」；壬，滿文讀作“sahaliyan”，意即「黑」；癸，滿文讀作“sahahūn”，意即「淡黑」。

107 子丑寅卯辰巳午未申酉戌亥，滿文依次讀作“singgeri ihan tasha gūlmahūn muduri meihe morin honin bonio coko indahūn ulgiyan”，意即「鼠牛虎兔龍蛇馬羊猴雞狗猪」十二生肖屬相。

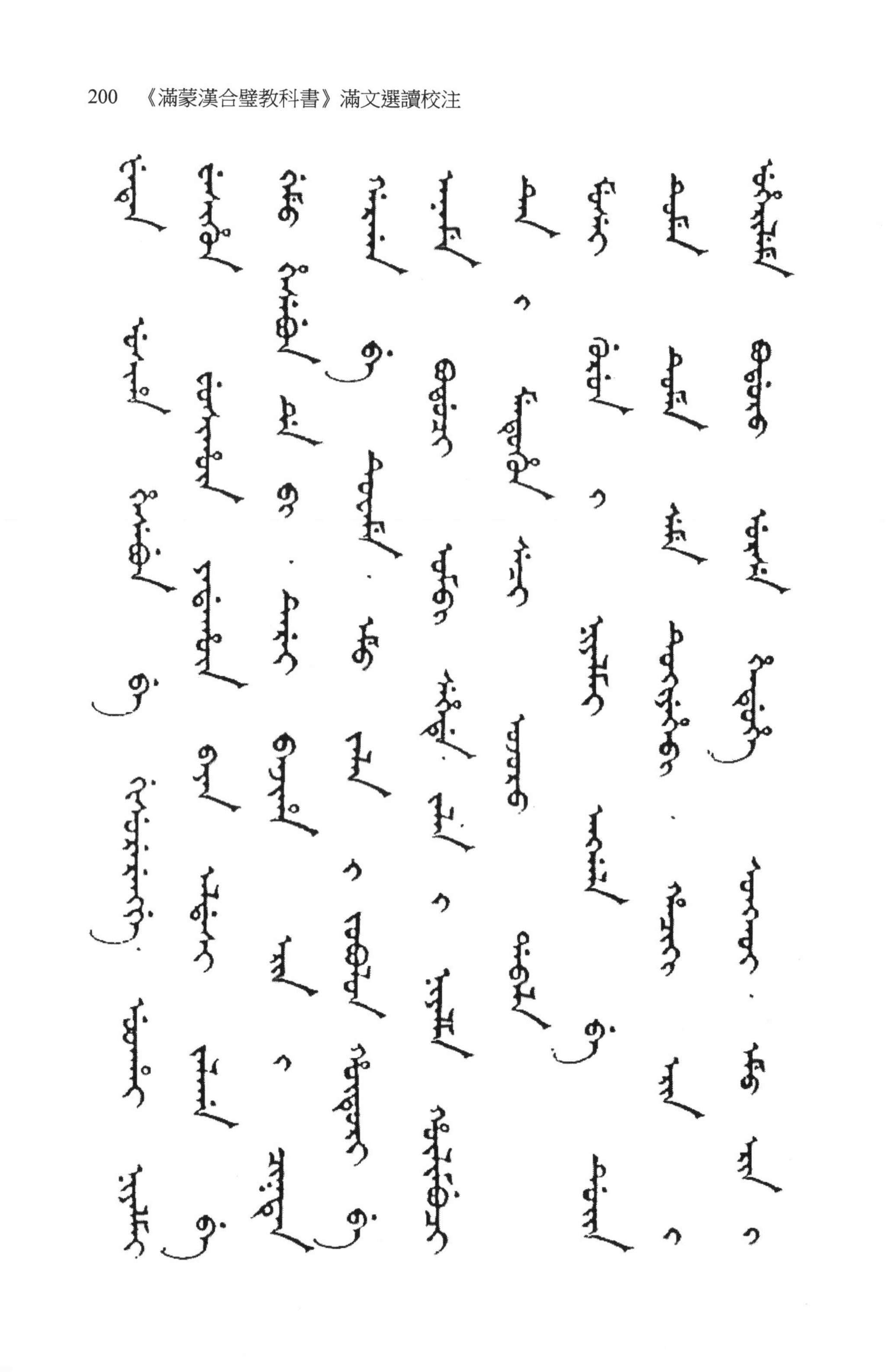

feten usiha hesebun be gisurerengge, uthai niyalmai wesihun fusihūn yadahūn bayan aldasi jalgan be gemu hesebun de bi, terei banjiha erin i cikten gargan be tuwame, emu jalan i jobolon hūturi be aname bodoci ombi sehede, jalan i niyalma hūlimbuci ten i mentuhun seci ojoro dabala. musei gurun i niyalmai anggala be duin tumen tumen seme tukiyehebi, hanciki erin i uherileme bodoro urse henduhe songkoi, emu erin i

---

之言星命者，輒謂人之貴賤貧富夭壽，皆主於命[108]，是其生時之干支，可推終身之禍福[109]，世人惑之，可謂至愚也已。我國人口號稱四萬萬，依近時統計家言，

之言星命者，辄谓人之贵贱贫富夭寿，皆主于命，是其生时之干支，可推终身之祸福，世人惑之，可谓至愚也已。我国人口号称四万万，依近时统计家言，

---

108 皆主於命，滿文讀作"gemu hesebun de bi"，意即「皆在於命」。

109 可推終身之禍福，滿文讀作"emu jalan i jobolon hūturi be aname bodoci ombi"，意即「可推算一世之禍福」。

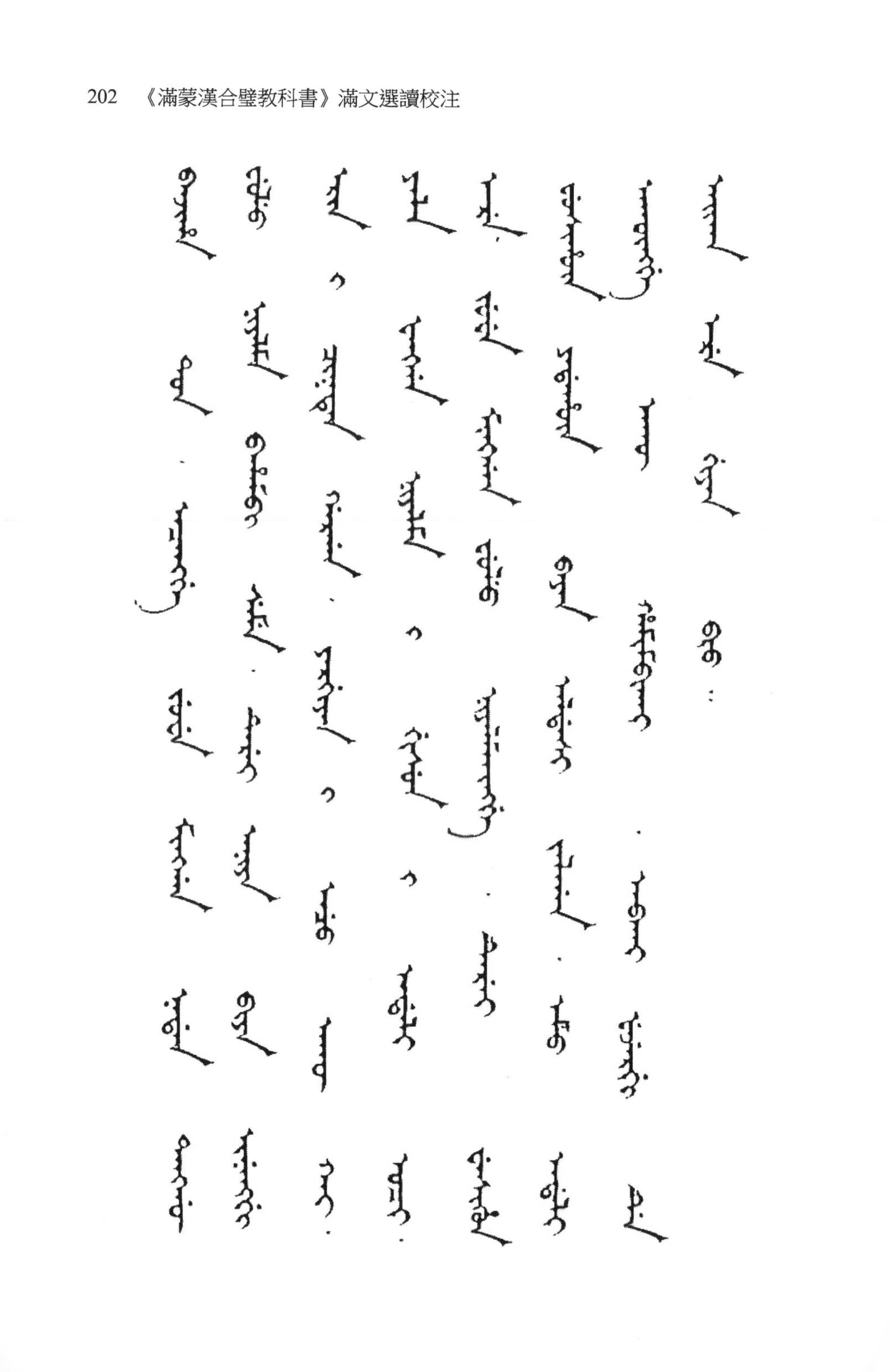

banjiha ton, acangge juwe minggan nadan tanggū fulu niyalma bahambi seme, terei aniya biya inenggi erin i cikten gargan, yargiyan i encu akū kai. yala fangga niyalma i gisun i adali oci, ere juwe minggan fulu niyalmaingge, tere wesihun fusihūn yadahūn bayan aldasi jalgan, emu adali akūngge akū hamimbikai, abkai fejergi de aika ere giyan bio.

一時生產之數，當得二千七百餘人，其年月日時之干支，固無以異也。果若術士之言，則此二千餘人者，其貴賤貧富夭壽，將無一而不同矣，天下寧有是理耶？

一时生产之数，当得二千七百余人，其年月日时之干支，固无以异也。果若术士之言，则此二千余人者，其贵贱贫富夭寿，将无一而不同矣，天下宁有是理耶？

ᡤᡠᠪᠴᡳᠯᡝᠮᡝ ᠸᡝᡳᠯᡝ

ᠵᡝᡴᡝ ᠪᡝ ᡠᠪᠠ ᠶᠠᡥᠠ ᠪᡳᡥᡝ ᠮᡝᠨᡳ ᡨᡝᡵᡝ ᠵᡝᡴᡝ ᠶᠠᠯᡳ ᠪᠣ ᡤᡠᠪᠴᡳᠯᡝᠮᡝ·

ᡳᠮᡝᡵᡝ ᠠᡵᡥᠠ ᠨᡳᠶᠠᠯᠮᠠ ᠶᠣᠪᠣᠨ· ᠪᡳᡥᡝ ᠶᠠᠯᡳ ᠠᡴᡡ ᠪᠠᡳᡨᠠ ᠰᡝᠮᡝ ᡨᡝᠯᡝᡳ·

ᠮᡠᠰᡝᡳ ᠪᠠᡳᡨᠠᠯᠠᠮᡝ· ᠵᡝᠮᡝ ᠶᠠᠯᡳ ᡤᡠᡵᡠᠨ ᠠᠮᠪᠠ ᠰᡝᠮᡝ ᡨᡠᡵᡤᡠᠨ ᡩᠠᠯᡳᠮᡝ

ᠨᡳᠶᠠᠯᠮᠠ ᠮᡝᠨᡳ· ᠪᠠᡳᡨᠠ ᠪᡳ ᠠᡵᠠᠮᡝ ᠮᡝᠨᡳ ᠪᡝ ᠠᡵᡤᠠ ᡨᡝᡵᡝ ᡨᡠᡵᡤᡠᠨ

ᠪᡳᡥᡝ ᠪᡝ ᡠᠪᠠᡳ· ᠪᠠᡳᡨᠠ ᠶᠠᠯᡳ ᠠᡵᠠᠮᡝ ᡳ ᠠᡵᡤᠠᠮᡝ ᠪᡳᡥᡝ ᡠᠪᠠᠯᡳ· ᠪᠠᡳᡨᠠ ᠰᡝᠮᡝ

ᠮᡝᠨᡳ ᠪᡝ ᡨᡝᡵᡝᠯᡝᠮᡝ· ᠶᠠᠪᡠᠨᡳ· ᡠᠪᠠᠯᡳᡥᠠ ᠶᠠᠪᡠᠪᡠᡥᠠᡴᡡ· ᠶᠠᠯᡳ ᡨᡝᠯᡝᠪᡠᡥᠠᠩᡤᡝ

ᡠᠪᠠᠰᠠᠪᡠᡥᠠ· ᠶᠠᡤᠠᠯᡳ ᠪᡳᡥᡝᠪᡳ· ᡨᡝᡵᡝ ᠮᡝᠨᡳ ᠪᡳᡥᡝ ᠠᠮᠪᠠᠯᡳ

ᡠᠪᠠᠰᠠ ᠪᡝ ᡳᠯᡤᠠᠪᡠᡥᠠᠩᡤᡝ ᠪᡳᡥᡝ ::

二十九、 yadahūn bayan

giyang peng juwe šeng emu tacikū de, giyang šeng ni boo yadahūn, mahala sabu manarangge labdu, peng šeng alha bulha i etuku etufi, duleme jerkišeme, giyang šeng tuwarakū, yamji erde kiceme tacime, simnehe dari, uthai uju faidame tacin be wajiha amala giyangnara sefu ofi, boode inu ulhiyen i elgiyen ohobi. peng šeng tacin be waliyafi, inenggi goidahai mutebuhekū, ulin wacihiyambime oitobufi, sejileme hendume, te teni bayan de ertuci ojorakū be sahambikai sehebi.

二十九、貧富

姜彭二生同學[110]，姜生家貧，冠履多敝。彭生衣華服[111]，過而炫之，姜生不顧，旦夕勤學，每試，輒高列[112]，卒業後而講師，家亦漸裕。彭生廢學，歷久無成，貲盡而困，歎曰：「乃今知富之不足恃矣[113]。」

二十九、贫富

姜彭二生同学，姜生家贫，冠履多敝。彭生衣华服，过而炫之，姜生不顾，旦夕勤学，每试，辄高列，卒业后而讲师，家亦渐裕。彭生废学，历久无成，赀尽而困，叹曰：「乃今知富之不足恃矣。」

---

110 姜彭二生同學，句中「同學」，滿文讀作“emu tacikū de”，意即「在同一學校」。

111 彭生衣華服，句中「衣華服」，滿文讀作“alha bulha i etuku etufi”，意即「穿華麗的衣服」。

112 輒高列，滿文讀作“uthai uju faidame”，意即「即列首」。

113 乃今知富之不足恃矣，滿文讀作“te teni bayan de ertuci ojorakū be sahambikai sehebi”，意即「如今方知富之不足恃矣」。

三十、 h'an lo u

h'an lo u i boode an i ucuri yadahūn, geli haji aniya de teisulefi, ini boode funcehe bele damu juwe moro hiyase, gucu gargan hafirabuha be alanjihangge bi, dulin be dendeme buki seme, ini sargan hendume, uttu oci cimari muse antaka sefi, h'an lo u hoo hio hendume, muse cimari urume bucerengge inu, tere ere inenggi urume bucerengge inu sehe, fuhali dulin be dendeme buhebi.

三十、韓樂吾

韓樂吾家素貧，又遭歲歉，其家餘米僅二升。有友來告急，欲分半與之。其妻曰：「若明日何[114]？」樂吾慨然曰[115]：「吾等是明日死[116]，渠卻是今日死[117]。」竟分半與之。

三十、韩乐吾

韩乐吾家素贫，又遭岁歉，其家余米仅二升。有友来告急，欲分半与之。其妻曰：「若明日何？」乐吾慨然曰：「吾等是明日死，渠却是今日死。」竟分半与之。

---

114 若明日何，滿文讀作“uttu oci cimari muse antaka”，意即「若是這樣明日我們如何？」。

115 樂吾慨然曰，句中「樂吾」，滿文讀作“h'an lo u”，意即「韓樂吾」。

116 明日死，滿文讀作“cimari urume bucerengge inu”，意即「是明日餓死」。

117 渠卻是今日死，滿文讀作“tere ere inenggi urume bucerengge inu”，意即「他卻是今日餓死」。

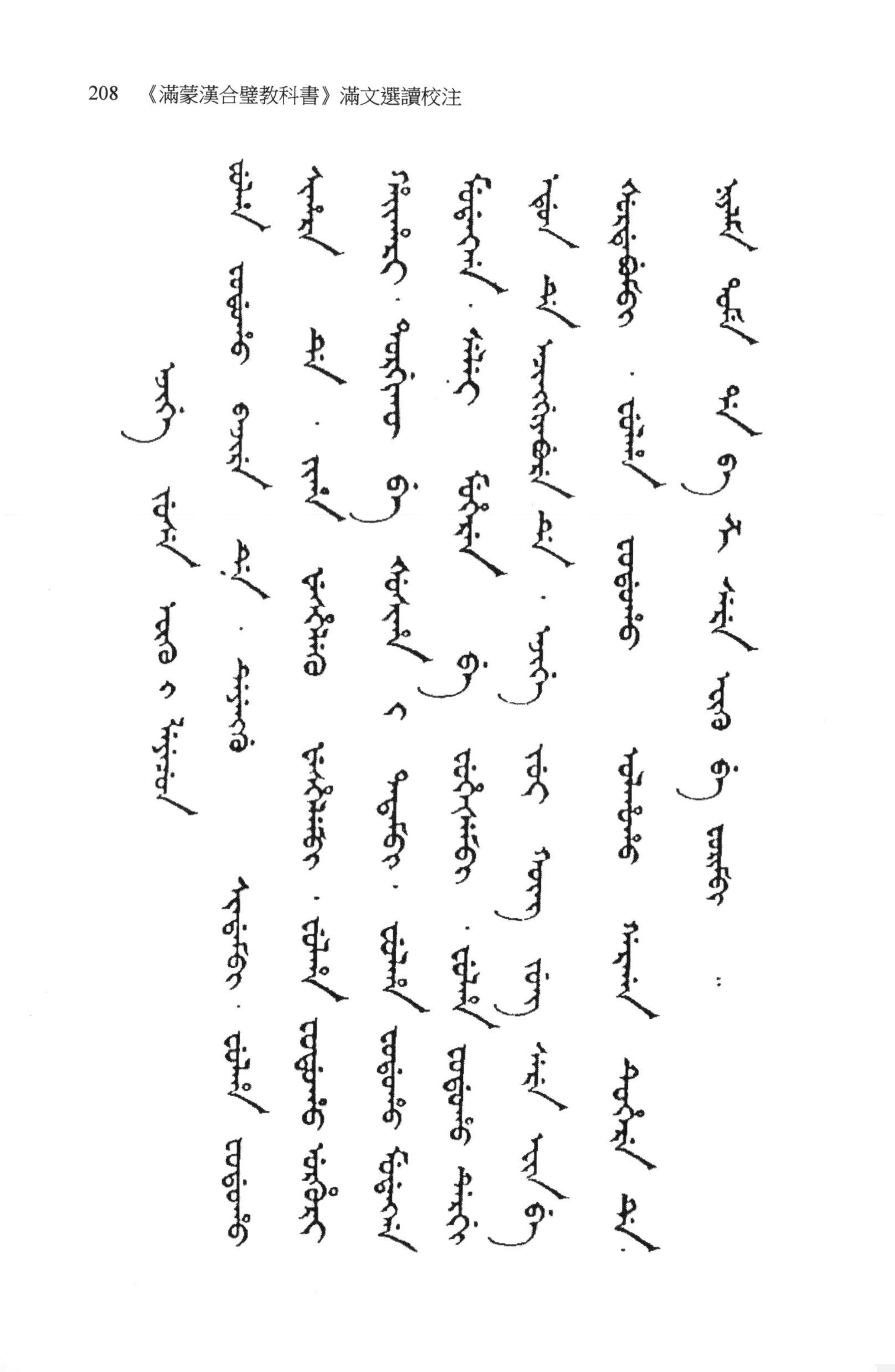

三十一、 ajige juse efiku i leyecun

fulha fodoho banjire de, deyenggu sindambi, fulha fodoho sihara de, jiha fesheleku feshelembi, fulha fodoho urhuri haihari, torgikū be šusiha i tatambi. fulha fodoho mudangga mudangga, selei muheren be fuhešembi. fulha fodoho dergi edun de acinggiyabure de, ajige jui kūng jung sere efin be šurdebumbi. fulha fodoho olhoho gargan tuhere de, niyalma tome da ba dz sere efiku be forimbi.

三十一、小兒戲具謠

楊柳兒生，放風箏。楊柳兒死[118]，踢毽子。楊柳兒婆娑[119]，抽陀螺[120]。楊柳兒彎彎，滾鐵環。楊柳搖東風，兒童轉空鐘。楊柳垂枯枝[121]，家家打拔兒[122]。

三十一、小儿戏具谣

杨柳儿生，放风筝。杨柳儿死，踢毽子。杨柳儿婆娑，抽陀螺。杨柳儿弯弯，滚铁环。杨柳摇东风，儿童转空钟。杨柳垂枯枝，家家打拔儿。

---

118 楊柳兒死，滿文讀作“fulha fodoho sihara de”，意即「楊柳凋謝時」。

119 楊柳兒婆娑，句中「婆娑」，滿文讀作“urhuri haihari”，意即「搖搖擺擺」。

120 抽陀螺，滿文讀作“torgikū be šusiha i tatambi”，意即「用鞭抽打陀螺」。

121 楊柳垂枯枝，滿文讀作“fulha fodoho olhoho gargan tuhere de”，意即「楊柳枯枝掉落時」。

122 家家打拔兒，滿文讀作“niyalma tome da ba dz sere efiku be forimbi”，意即「人人捶打拔子的玩具」。句中「打拔子」，又作「打拔拔」，兒童遊戲名。小兒以木二寸，制如棗核，置地而棒之，一擊令起，隨一即令遠，以近為負。

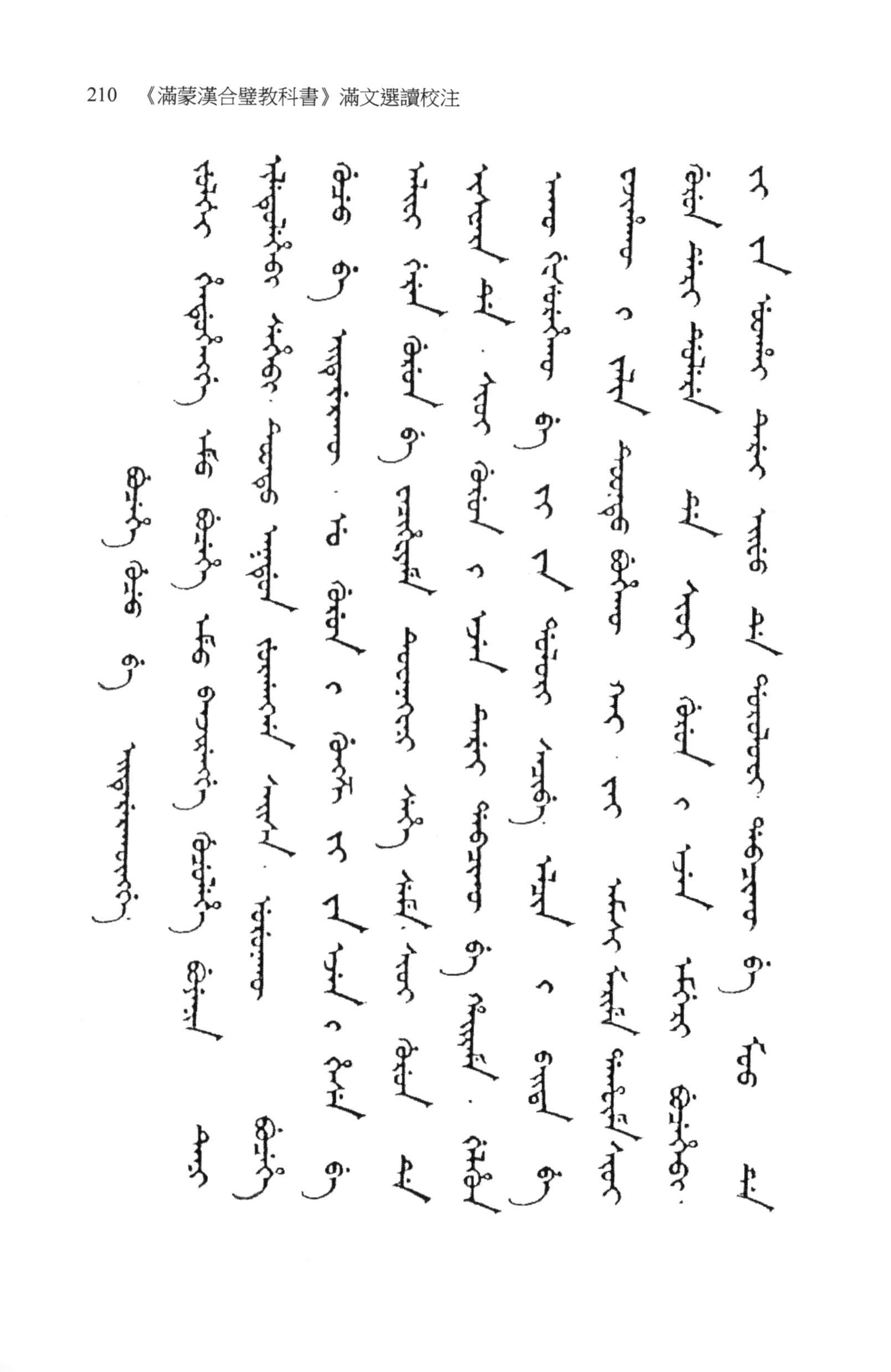

三十二、 bucehe gucu be eitererakūngge

julgei henduhengge, emu bucehe emu banjirengge guculehe buyenin teni iletulehebi sehebi, tuttu akdun jurgangga saisa, urunakū bucehe gucu be eitererakū. u gurun i gungdz ji ja ejen i hese be alifi geren gurun be wacihiyame tuwanakini sehe seme, sioi gurun de isinara de, sioi gurun i ejen terei dabcikū be hairame, gelhun akū gisurehekū be ji ja dolori sacibe, elcin i baita be wajihakū i jalin tuttu buhekū kai. jai amasi marime dahūme sioi gurun deri dulere de sioi gurun i ejen emgeri bucehebi. ji ja uthai terei eifu de dorolofi, dabcikū be moo de

---

三十二、不欺死友

古云：「一死一生，交情乃見。」故信義之士，必不欺死友。吳公子季札[123]，奉君命歷聘列國，至徐[124]，徐君愛其劍[125]，而不敢言。季札知之，為未畢使，故未之贈也。及還，復過徐，徐君已死。季札乃拜其墓[126]，挂劍於樹

三十二、不欺死友

古云：「一死一生，交情乃见。」故信义之士，必不欺死友。吴公子季札，奉君命历聘列国，至徐，徐君爱其剑，而不敢言。季札知之，为未毕使，故未之赠也。及还，复过徐，徐君已死。季札乃拜其墓，挂剑于树

---

123 吳公子，滿文讀作“u gurun i gungdz”，意即「吳國之公子」。

124 至徐，滿文讀作“sioi gurun de isinara de”，意即「至徐國時」。

125 徐君，滿文讀作“sioi gurun i ejen”，意即「徐國之君」。

126 季札乃拜其墓，滿文讀作“ji ja uthai terei eifu de dorolofi”，意即「季札即至其墓行禮」。

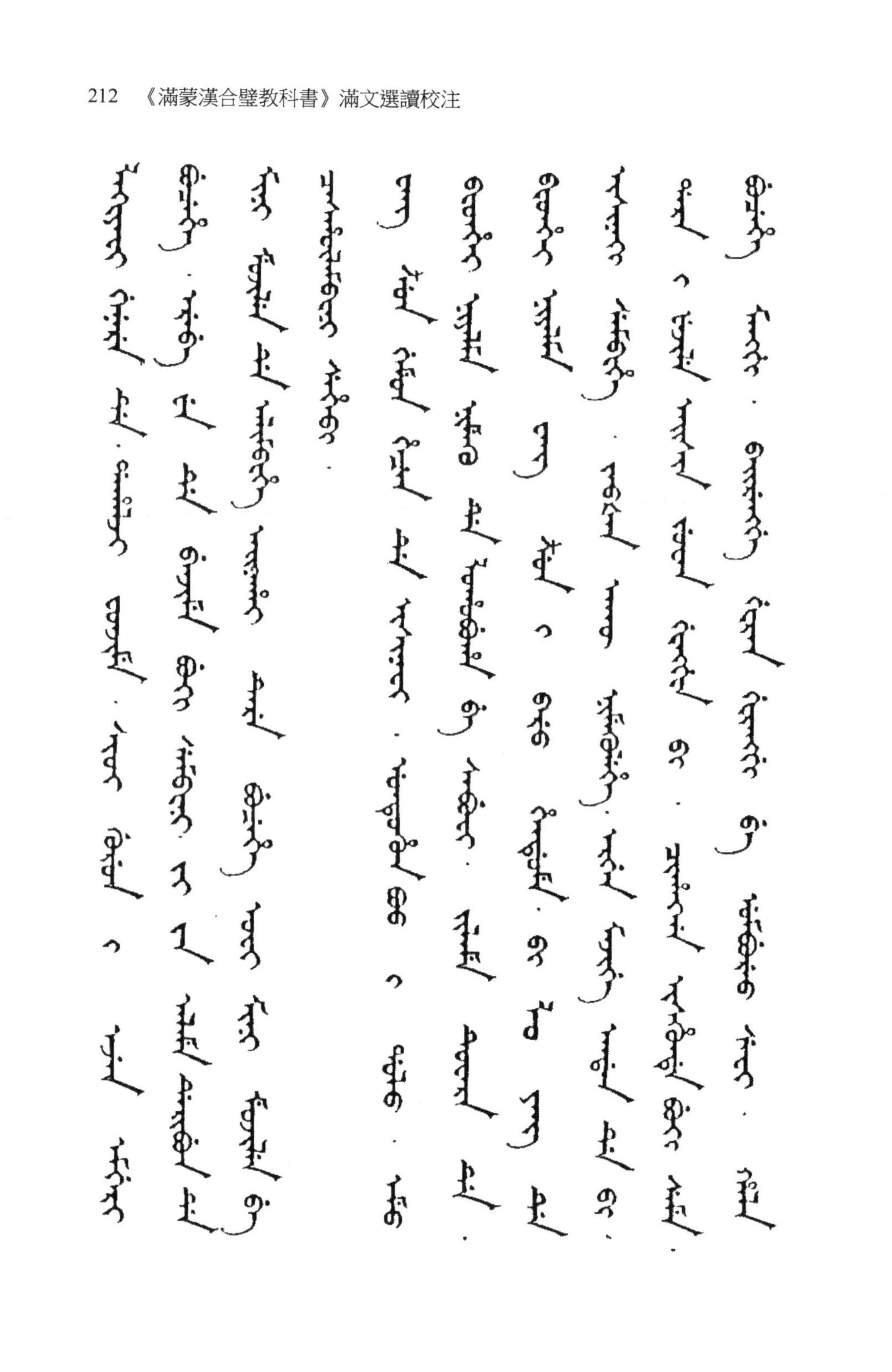

lakiyafi genere de, dahalji fonjime, sioi gurun i ejen emgeri bucehe, erebe we de benjime buki sembini. ji ja alame, deribun de mini mujilen de alimbihe ainahai tere bucehe ofi mini mujilen be cashūlambini sehebi.
wang ts'un gemun hecen de isinafi, untuhun boo i dolo, emu bithei niyalma nimeku de lohobuha be sabufi, jilame tuwara de, bithei niyalma wang ts'un i baru hendume, bi lo yang de isinaki sembihe, jabšan akū nimekulehe, ergen majige andan de bi. dara i fejile aisin juwan ginggin bi, cihangga ishunde buki seme, bucehe manggi, bairengge giran giranggi be umbureo sefi, hala

---

而去。從者曰：「徐君已死，將誰贈乎？」季札曰：「始吾心許之，豈以死背吾心哉！」

王忳詣京師，於空舍中，見一書生疾困[127]，愍而視之。書生謂忳曰[128]：「我當到洛陽，不幸被病，命在須臾，腰下有金十斤，願以相贈，死後，乞藏骸骨[129]。」

而去。从者曰：「徐君已死，将谁赠乎？」季札曰：「始吾心许之，岂以死背吾心哉！」

王忳诣京师，于空舍中，见一书生疾困，愍而视之。书生谓忳曰：「我当到洛阳，不幸被病，命在须臾，腰下有金十斤，愿以相赠，死后，乞藏骸骨。」

---

127 疾困，滿文讀作"nimeku de lohobuha"，意即「為疾病所困住」。
128 書生謂忳曰，句中「忳」，滿文讀作"wang ts'un"，意即「王忳」。
129 乞藏骸骨，滿文讀作"bairengge giran giranggi be umbureo"，意即「請求掩埋骸骨」。

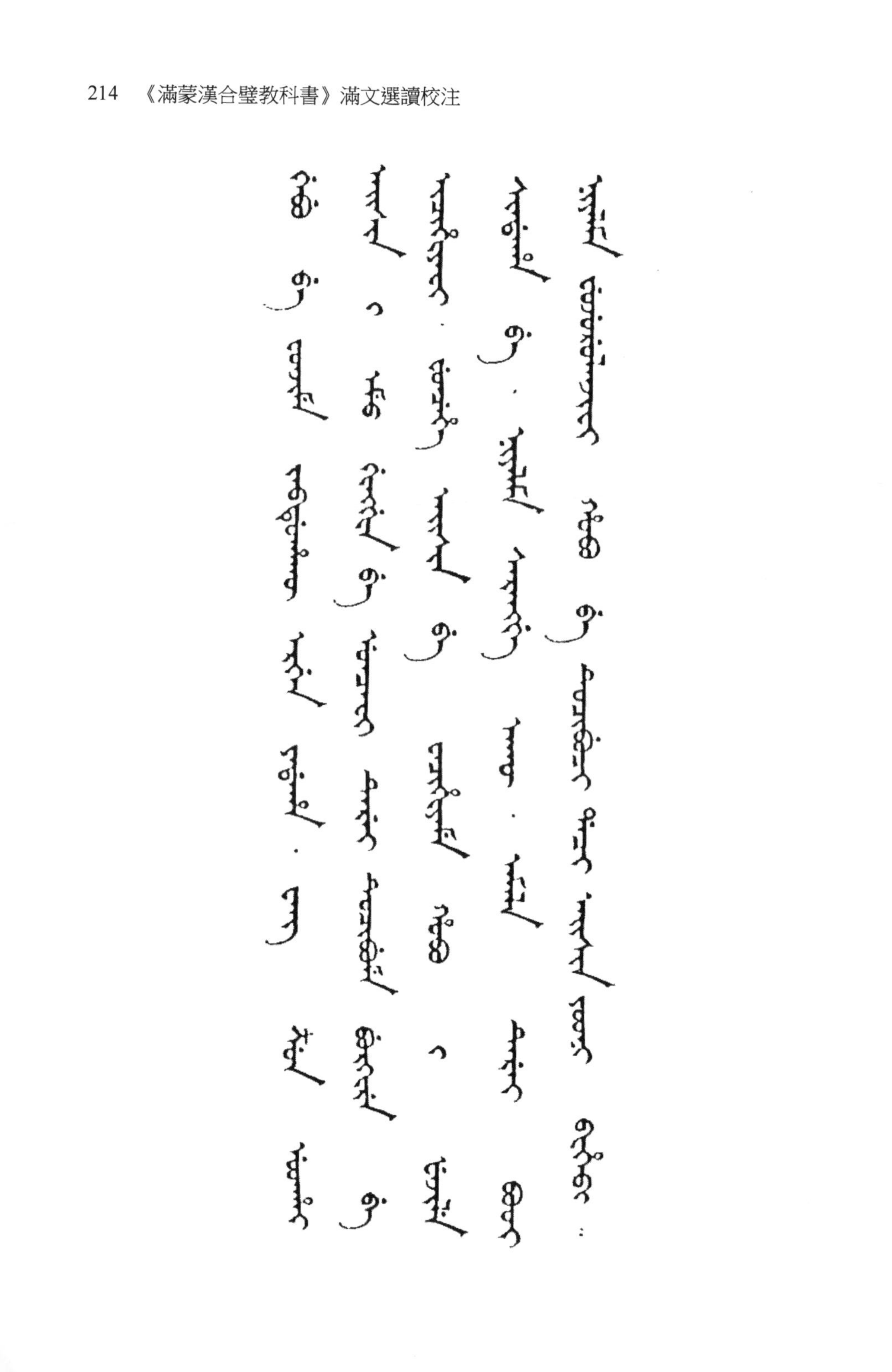

gebu be fonjime jabduhakū ergen yadaha. wang ts'un uthai aisin i emu ginggin be uncafi terei tucibume burkire be icihiyafi, funcehe aisin be wacihiyame hobo i fejile sindaha be, niyalma sarangge akū. amala terei booi niyalma fujurulanjifi hobo be tucibuci daci aisin yooni bihebi.

未及問姓名而絕[130]，忳即鬻金一斤，營其殯葬，餘金悉置棺下，人無知者。後其家來訪[131]，發棺而原金俱在。

未及问姓名而绝，忳即鬻金一斤，营其殡葬，余金悉置棺下，人无知者。后其家来访，发棺而原金俱在。

---

130 未及問姓名而絕，句中「絕」，滿文讀作"ergen yadaha"，意即「斷了氣」，或作「氣盡了」。

131 其家來訪，滿文讀作"terei booi niyalma fujurulanjifi"，意即「其家人來訪」。

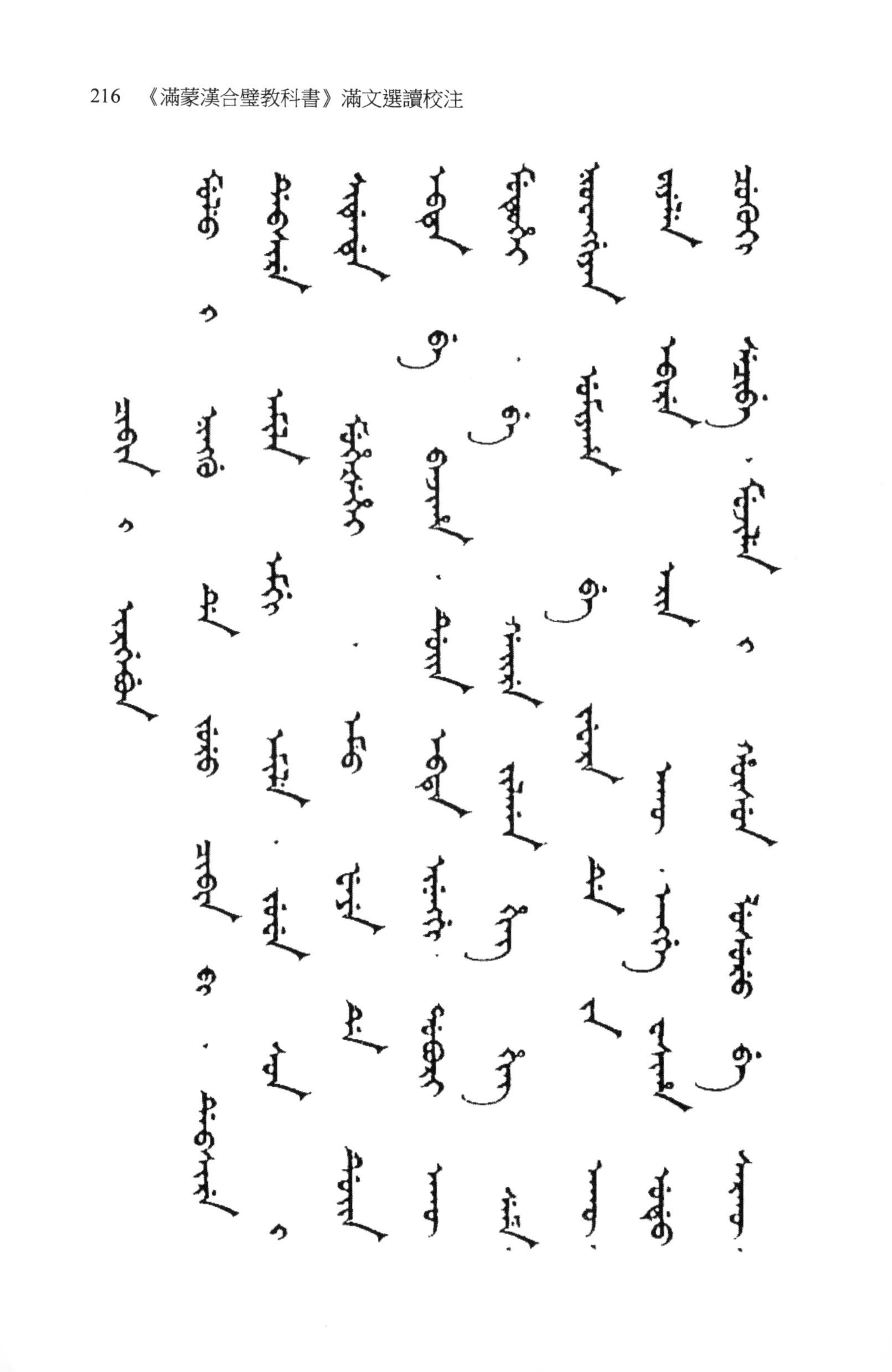

三十三、 cibin i irgebun

mulu i ninggu de juru cibin bi, debsire debsire amila emgi emile, juwe son i sidende muhešehei, emu feye de duin ebte be banjiha, duin ebte inenggi dobori akū mutuhei, be gaire jilgan hing hing seme, niowanggiyan umiyaha be jafara de ja akū, fiyelen ebire erin akū, engge wasiha udu cukuki secibe, mujilen i hūsun lusuru be sarkū.

三十三、燕詩

梁上有雙燕，翩翩雄與雌。銜泥兩椽間[132]，一巢生四兒[133]。四兒日夜長，索食聲孜孜。青蟲不易捕，黃口無飽期。嘴爪雖欲弊[134]，心力不知疲。

三十三、燕诗

梁上有双燕，翩翩雄与雌。衔泥两椽间，一巢生四儿。四儿日夜长，索食声孜孜。青虫不易捕，黄口无饱期。嘴爪虽欲弊，心力不知疲。

---

132 銜泥兩椽間，句中「銜泥」，滿文讀作"muhešehei"，意即「燕口不停地銜泥」。

133 一巢生四兒，句中「四兒」，滿文讀作"duin ebte"，意即「四雛」。

134 嘴爪雖欲弊，句中「弊」，滿文讀作"cukuki"，動詞原型作"cukumbi"，意即「疲敝」，或作「疲憊」。

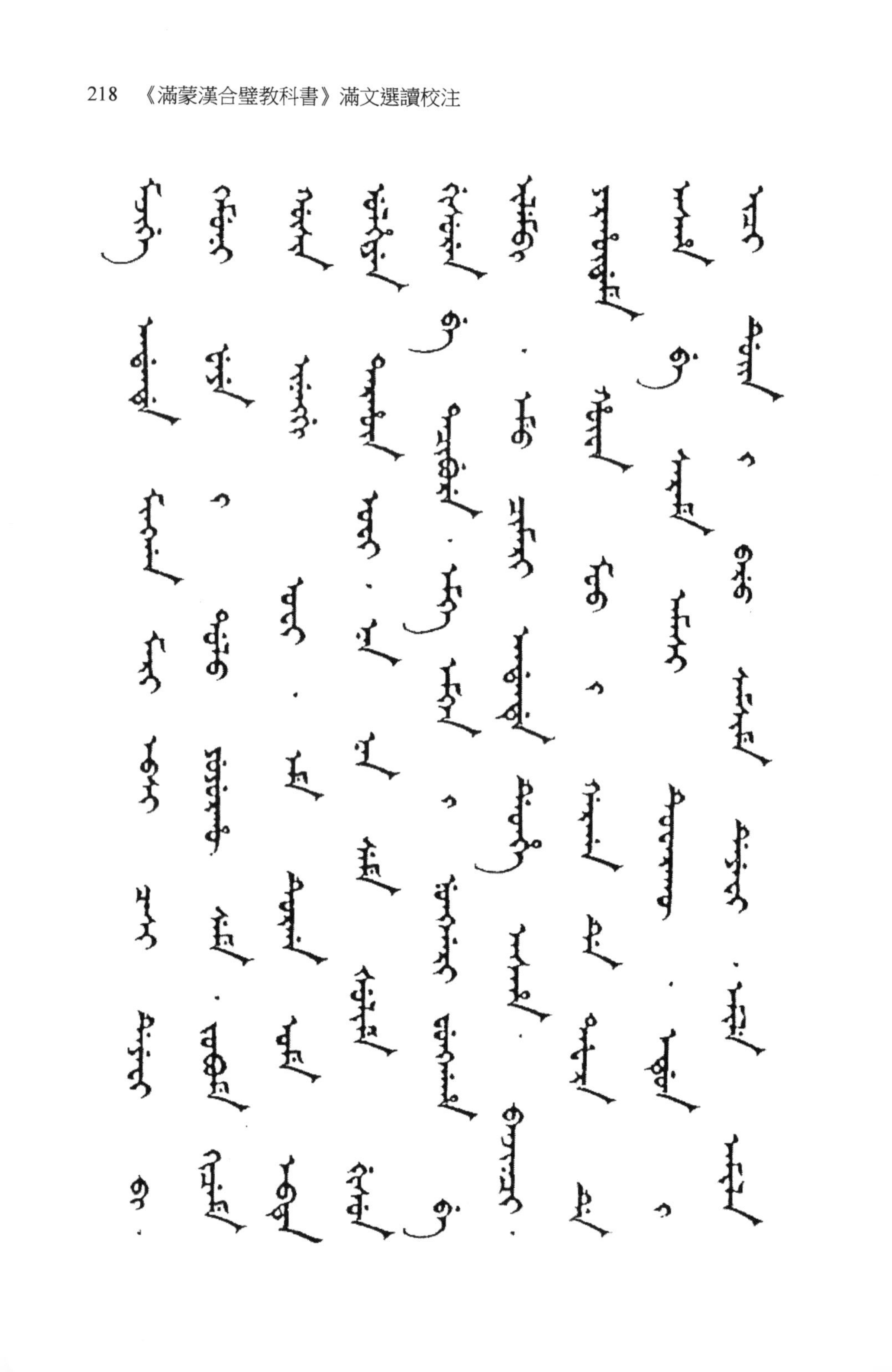

[illegible]

[illegible]

[illegible]

[illegible]

[illegible]

[illegible]

[illegible]

[illegible]

[illegible]

majige andande minggan mari ebsi casi deyefi bi, kemuni feye i dolo yuyurahū seme, jobome kiceme gūsin inenggi ofi, eme turga ome ebte ulhiyen tarhūn ofi, nan nan seme šulime gisun gisuren be tacibure, emke emken i nunggari funggaha be ilembi, emu cimari andande dethe asha banjinaci, yarhūdame hūwa moo i gargan de tafara de, asha be sarame amasi tuwarakū, edun i ici duin i baru samsime deyefi, emile amila

---

須臾千來往[135]，猶恐巢中飢。辛勤三十日，母瘦雛漸肥。喃喃教言語[136]，一一刷毛衣[137]。一旦羽翼成，引上庭樹枝。舉翅不回顧，隨風四散飛。

须臾千来往，犹恐巢中饥。辛勤三十日，母瘦雏渐肥。喃喃教言语，一一刷毛衣。一旦羽翼成，引上庭树枝。举翅不回顾，随风四散飞。

---

135 須臾千來往，滿文讀作“majige andande minggan mari ebsi casi deyefi bi”，意即「須臾來來往往飛了千回」。

136 喃喃教言語，滿文讀作“nan nan seme šulime gisun gisuren be tacibure”，意即「教小鳥喃喃鳴叫的言語」。

137 一一刷毛衣，滿文讀作“emke emken i nunggari funggaha be ilembi”，意即「一片一片地舌餂羽毛」。

[illegible]

untuhun i dolo guwendeme, jilgan wacihiyacibe hūlame mariburakū, kemuni untuhun feye i dorgide dosifi, jang jing seme dobonio ušambi, cibin cibin si ume usarara, si forgošome beye gūnici acambi. si ebte oho inenggi, den deyefi eme ci cashūlaha erin be gūni. tere erin ama eme i gūniha be, enenggi si saci acambikai.

雌雄空中鳴，聲盡呼不歸。卻入空巢裏[138]，啁啾終夜悲[139]。燕燕爾勿悲，爾當反自思。思爾為雛日，高飛背母時。當時父母念，今日爾應知。

雌雄空中鸣，声尽呼不归。却入空巢里，啁啾终夜悲。燕燕尔勿悲，尔当反自思。思尔为雏日，高飞背母时。当时父母念，今日尔应知。

---

138 卻入空巢裏，滿文讀作"kemuni untuhun feye i dorgide dosifi"，意即「猶入空巢裏」。

139 啁啾終夜悲，句中「啁啾」，滿文讀作"jang jing seme"，意即「鳥雀相尋聲」。

ᠨᡳᠶᠠᠯᠮᠠ ᡤᡝᠮᡠ ᠸᡝᠰᡳᠮᠪᡳ

ᠨᡳᠶᠠᠯᠮᠠ ᡤᡝᠮᡠ ᠸᡝᠰᡳᠮᠪᡳ . ᠪᡝᠶᡝ ᡤᡝᠮᡠ ᠠᠨᡳᠶᠠ ᠪᡝᠶᡝᡩᡝ ᡥᠣᠴᡳᡴᠣᠨ ᠨ

ᠠᠨᡳᠶᠠ ᠪᠠᠨᡳᡥᠠ . ᠨᡳᠶᠠᠯᠮᠠᠨᡳ ᠠᠯᡳᠮᠪᡳ ᠪᡳᠴᡳᠪᡝ ᠮᡠᡴᡝ ᡥᡡᡨᡠᠴᡳᠨ

ᠠᠮᠪᠠᠯᡳᠩᡤᡡ ᡩᡝ . ᡤᡝᠮᡠ ᡨᡝ ᠠᠯᡳᠮᠪᡳ ᠨ ᠵᡠᠸᡝᡩᡝᠪᡠᡵᡝ ᠠᠮᠪᡠᠯᡳᠩᡤᡡ ᠪᠠᡳᠴᡳ ᡝᠨᡝ

ᠵᡠᠸᡝᡵᡳ ᠠᠨᡳᠶᠠ ᡳᠴᡳ ᠠᠮᠪᠠ ᠠᠯᡳᠮᠪᡳ ᡩᡝ . ᠮᡠᡴᡡ ᡥᡝᠮᡠ ᠪᡳᠰᡳ ᡝᡵᡝᠨ

ᠮᡠᡴᡡ ᠮᡠᡴᡡᠪᡠ ᡩᡝ . ᡤᡝᠮᡠ ᡨᡝ ᠠᠯᡳᠨ ᠪᡠᡵᡝᡥᡝ ᠨ ᠮᡠᡴᡝᠮᡠᠴᡠᡥᡝ ᠪᠠᠨᡳᡥᠠ ᠪᡳᠰᡳ ᡝᡵᡝ .

ᠪᠣᡳᡥᠣᠨ ᡩᡝ ᠪᡠᠨᡳᡵᡝᠨ ᠸᡝᠰᡳᡥᡠᠨ ᡥᡝᠰᡝᡳ . ᠪᡠᡥᡝ ᡩᡝ

ᠪᡝᠨᡝᠪᡠᡥᡝ ᠠᠮᠪᠠᠯᡳᠩᡤᡡ ᠮᡠᡴᡝ . ᠵᡳᡩᡝᡵᡝ ᡩᡝ ᡝᡵᡝ .

三十四、 niyalmai emu banjirengge

niyalmai emu banjirengge, terei emu aniyai duin forgon i adali dere. niyengniyeri edun hūwaliyasun halukan, orho moo fulhureme aššara de, emu se ajigan i ferguwecuke arbušara gese kai. juwari aga erin akū agara de, orho moo šak seme luku ojoro de, emu se ciksin i tucibume iletulere gese kai. bolori de dulefi banjiname fahanara, tuweri de dulembime siharangge oci, ciksin ci sakdafi,

---

三十四、人之一生

人之一生，其猶一歲之四時乎？春風和煦，草木萌動，一童年之活潑也[140]。夏雨時行，草木暢茂，一壯年之發達也。經秋成實[141]，歷冬而凋，則由壯而老，

三十四、人之一生

人之一生，其犹一岁之四时乎？春风和煦，草木萌动，一童年之活泼也。夏雨时行，草木畅茂，一壮年之发达也。经秋成实，历冬而凋，则由壮而老，

---

140 一童年之活潑也，滿文讀作“emu se ajigan i ferguwecuke arbušara gese kai”，意即「似一童年之活潑也」。

141 經秋成實，滿文讀作“bolori de dulefi banjiname fahanara”，意即「經過秋天後長成籽實」。

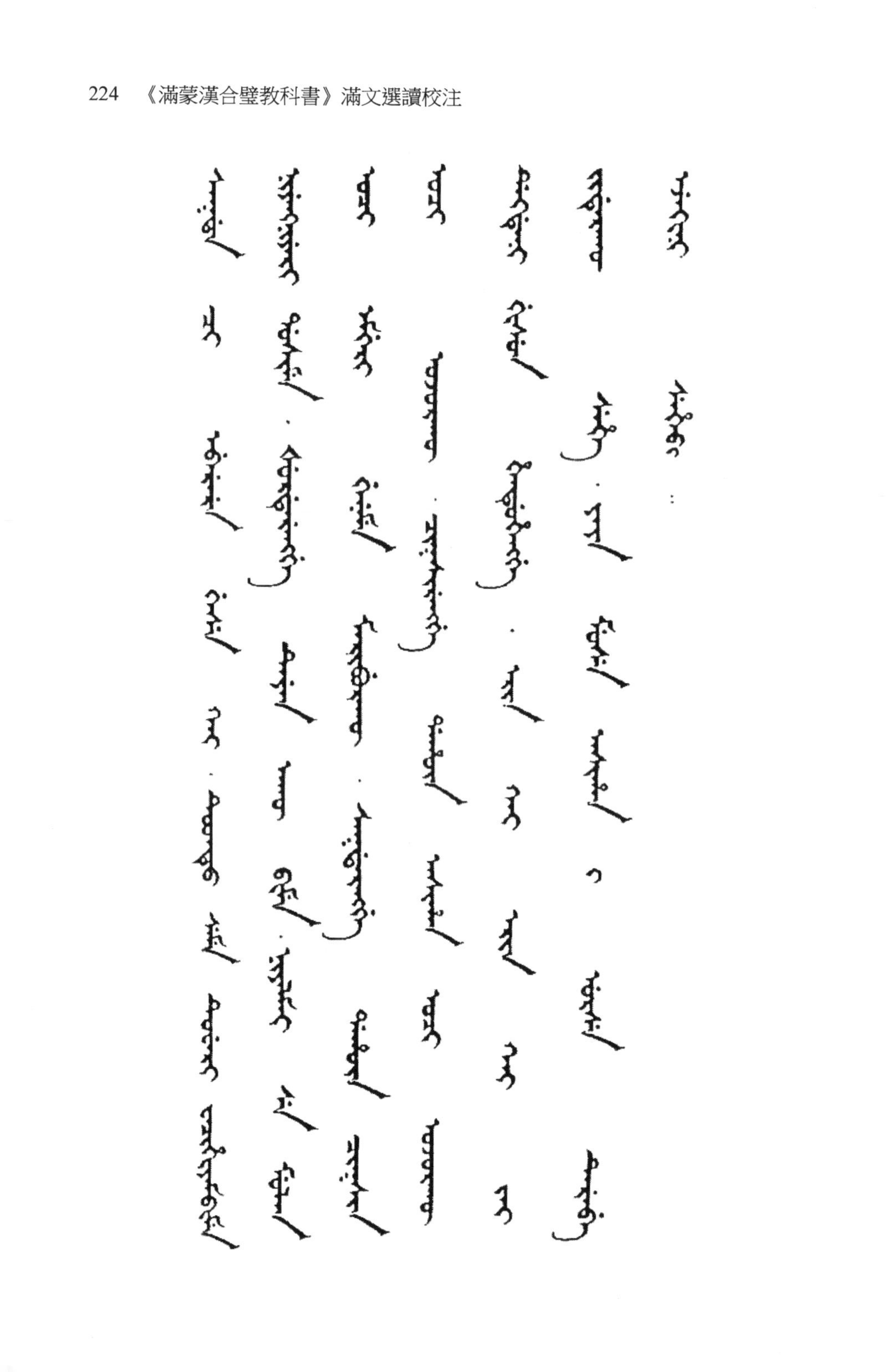

sakda ci eberere gese kai. tuttu seme tuweri wacihiyambime niyengniyeri dosime, šurderengge teyen akū bime, niyalmai se mulan oci, emgeri geneme mariburakū, sakdarangge dahūn ciksin oci ojorakū, ciksirengge dahūn asihan oci ojorakū, dekdeni gisun henduhengge, erin kai erin kai jai jiderakū sehe. yaya muse asihan i urse terebe ejekini sehebi.

由老而衰矣。然冬盡春來，循環不已，而人之年華[142]，則一去不返，老者不可復壯，壯者不可復少。語曰[143]：「時乎時乎不再來。」凡我少年其識之。

由老而衰矣。然冬尽春来，循环不已，而人之年华，则一去不返，老者不可复壮，壮者不可复少。语曰：「时乎时乎不再来。」凡我少年其识之。

---

142 年華，滿文讀作“se mulan”，意即「年紀」。
143 語曰，滿文讀作“dekdeni gisun henduhengge”，意即「諺語曰」。

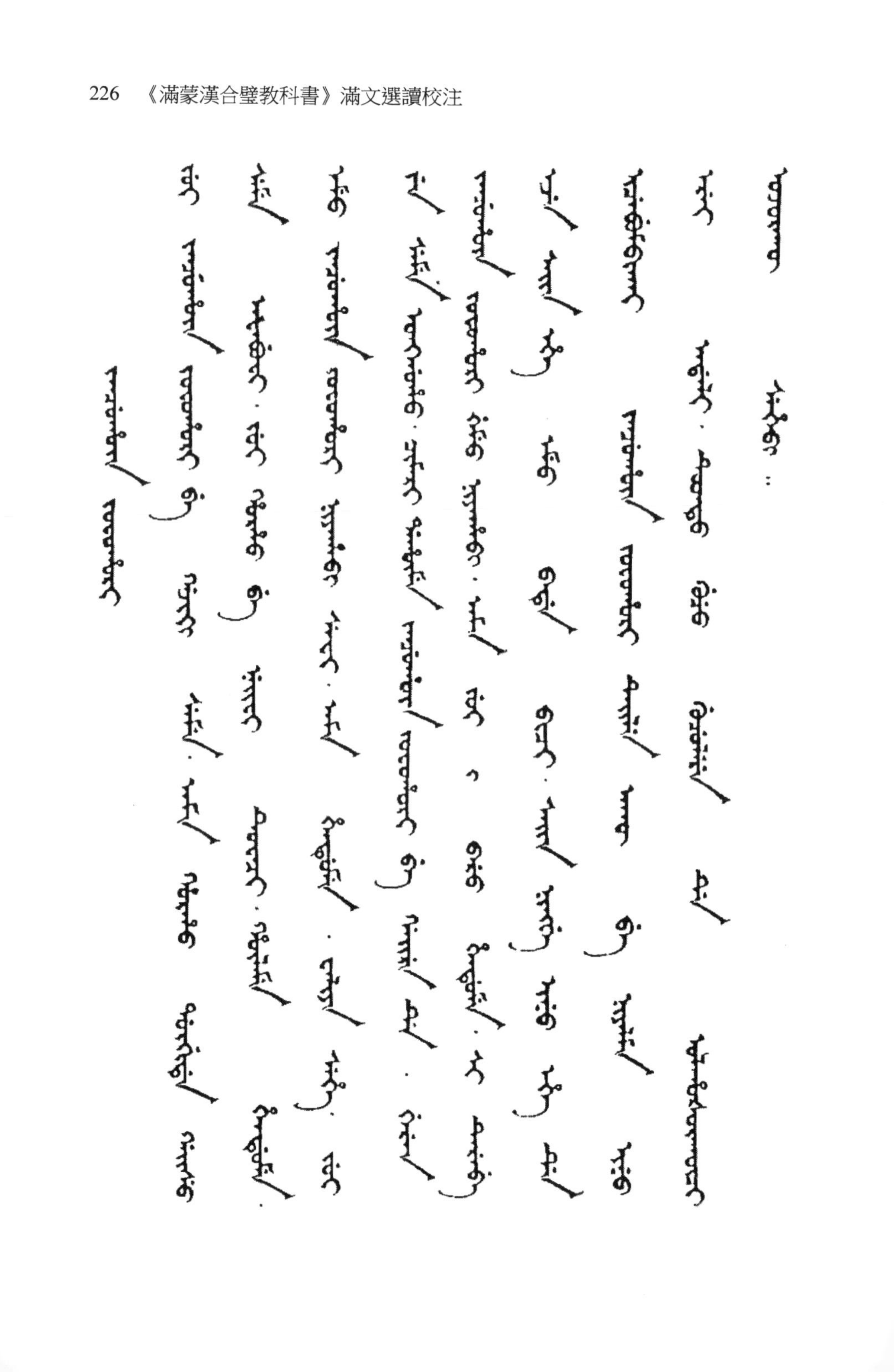

三十五、 jancuhūn jofohori

jui jancuhūn jofohori be gajiki seme, ama horho dorgide gaisu seme afabufi, jui horho be neifi tuwaci, hūlame hendume, emu jancuhūn jofohori niyahabi sefi, ama hendume, waliya sehe, jui je seme onggoho. cimari dahūme jancuhūn jofohori be gsire de, geren jancuhūn jofohori gemu niyahabi. ama jui i baru hendume, si terebe eje, sain ehe emu bade bici, sain ningge inu ehe de icebumbikai, jancuhūn jofohori teile akū be niyalma inu erei adali, tuttu gucu guculere de olhošorakūci ojorakū sehebi.

三十五、橘

兒索橘，父命取於櫥中[144]。兒啟櫥，呼曰：「一橘爛矣」。父曰：「棄之」，兒諾而忘之。明日復取橘，群橘皆爛。父謂兒曰：「汝其識之，善惡同處，則善者惡矣[145]。不獨橘也，人亦猶是，故取友不可不慎[146]。」

三十五、橘

儿索橘，父命取于橱中。儿启橱，呼曰：「一橘烂矣」。父曰：「弃之」，儿诺而忘之。明日复取橘，群橘皆烂。父谓儿曰：「汝其识之，善恶同处，则善者恶矣。不独橘也，人亦犹是，故取友不可不慎。」

---

144 父命取於櫥中，句中「櫥」，滿文讀作“horho”，意即「立櫃」。

145 善惡同處，則善者惡矣，滿文讀作“sain ehe emu bade bici, sain ningge inu ehe de icebumbikai”，意即「善惡同處一地，善者亦將沾染為惡矣」。

146 取友不可不慎，滿文讀作“gucu guculere de olhošorakūci ojorakū”，意即「交友不可不慎」。

三十六、 ceng gung

ceng gung asigan umudu, boode yadahūn ofi, jakūn se de, niyalma de ulgiyan be adulara de, gašan de sioi dz šeng serengge bi, tacikū be ilibufi giyangname tacibume, šabi ududu tanggū niyalma, ceng gung ulgiyan be bošome duka ci darime duleme teyere de, niyelere jilgan be donjifi sebjelefi, dosifi dz šeng ni jakade bairengge, tacikūi dolo takūršabure be buyembi, dz šeng angga aljafi, uthai geren tacikūi juse de deijiku tunggiyeme, šolo bici kiceme tacihai, uttu ududu aniya de, tereci hafure niyalma mutebuhebi.

三十六、承宮

承宮少孤，家貧，年八歲，為人牧豕。鄉有徐子盛者，設學講授，弟子數百人。承宮驅豕過其門，憩焉[147]，聞誦聲而樂[148]。入請於子盛，願執役學中。子盛許之，遂為諸生拾薪，暇則勤學，如是數年，遂成通人。

三十六、承宫

承宫少孤，家贫，年八岁，为人牧豕。乡有徐子盛者，设学讲授，弟子数百人。承宫驱豕过其门，憩焉，闻诵声而乐。入请于子盛，愿执役学中。子盛许之，遂为诸生拾薪，暇则勤学，如是数年，遂成通人。

---

147 憩焉，滿文讀作“teyere de”，意即「歇息時」。

148 誦聲，滿文讀作“niyelere jilgan”，意即「念書聲」。

[illegible]

三十七、 hūwa šeng dun

hūwa šeng dun asihan i fonde, yafan i dolo sargašara de, suhe i ingtori moo be sacifi, mokcoho, ini ama bederefi, sabufi jilidame hendume, ingtori bi hairarangge, we saciha sehede, booi urse sengguwefi, gelhun akū alahakū, hūwa šeng dun gardame, amai jakade isinafi, beye alifi hendume, yafan i ingtori moo be sacirangge, jui bi inu, ama uthai jili be nitarafi, ini gala be jafame surumbume hendume, si eitererakū ome mutehe be dahame, bi simbe weile ararakū sehebi.

三十七、華盛頓

華盛頓少時，遊園中，以斧斫櫻桃樹，斷之。其父歸，見而怒曰：「櫻桃吾所愛，誰斫之？」家人懼，不敢言。華盛頓趨至父前，自承曰：「斫園櫻者，兒也。」父遽釋怒，執其手慰之曰：「汝能不欺，予不汝罪矣。」

三十七、华盛顿

华盛顿少时，游园中，以斧斫樱桃树，断之。其父归，见而怒曰：「樱桃吾所爱，谁斫之？」家人惧，不敢言。华盛顿趋至父前，自承曰：「斫园樱者，儿也。」父遽释怒，执其手慰之曰：「汝能不欺，予不汝罪矣。」

[illegible]

三十八、 tuherakū sakda niyalma

te emu jaka bi, arbun sakda niyalma de adališambi, uju amba beye foholon, šan yasa angga oforo gemu yongkiyafi, fejergi juwe bethe ekiyembi, fulgiyan sijigiyan nerembi, sahaliyan mahala etumbi, juwe galai anaci, dahanduhai tuhefi dahanduhai ilifi, aššara acinggiyara de toktohon akū. ice aniya de teisulehe dari, puseli i dolo uncarangge labdu, geren tacikūi juse terei gebu be sambio.

三十八、不倒翁[149]

今有一物，狀類老翁，頭大身短，耳目口鼻皆全，下缺兩足，披紅袍，戴黑帽。以兩手推之，隨倒隨起，動搖不定。每遇新年，店中多賣之，諸生知其名否？

三十八、不倒翁

今有一物，状类老翁，头大身短，耳目口鼻皆全，下缺两足，披红袍，戴黑帽。以两手推之，随倒随起，动摇不定。每遇新年，店中多卖之，诸生知其名否？

---

149 不倒翁，滿文讀作"tuherakū sakda niyalma"，意即「不倒下的老人」，或作「不倒下的老翁」。

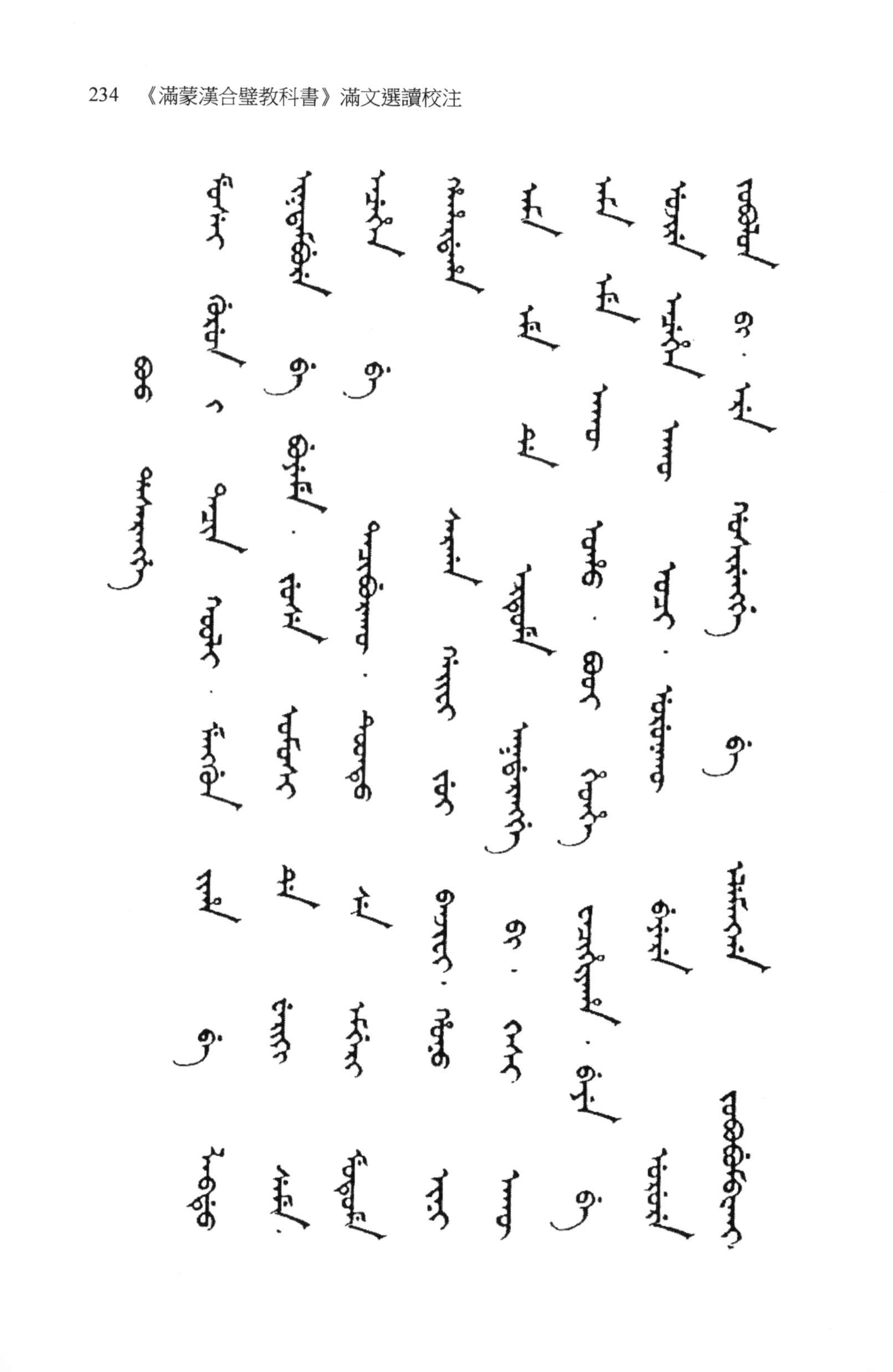

三十九、 boo dasarangge

musei gurun i tacin kooli, menggun jiha be labdu iktambure be buyeme, juse omosi de weriki seme, encehen be taciburakū, tuttu se emgeri mutume hahardaha sargan gaifi jui banjifi, hono ini ama eme de ertume akdarangge bi. kesi akū ama eme akū oho, booi hethe wacihiyaha, beye be ujire encehen akū oci, urunakū beyere urure jobolon bi, ere gosirengge be elemangga jobobumbikai.

三十九、治家

我國習俗[150]，喜多積金錢，以貽子孫，而不教以職業[151]。故有年已成長，娶妻生子，而尚依賴其父母者。不幸父母歿，家產盡，無職業以自養，必有凍餒之憂，是愛之反以害之。

三十九、治家

我国习俗，喜多积金钱，以贻子孙，而不教以职业故有年已成长，娶妻生子，而尚依赖其父母者。不幸父母殁，家产尽，无职业以自养，必有冻馁之忧，是爱之反以害之。

---

150 習俗，滿文或讀作“an tacin”，或讀作“an kooli”，此作“tacin kooli”，異。

151 職業，滿文讀作“encehen”，意即「能力」，又作「才能」、「本領」。

[illegible]
[illegible]
[illegible]
[illegible]
[illegible]
[illegible]
[illegible]
[illegible]

boo be dasara manggangge, terei juse deote be urunakū tacikū de baihaname, emu muten be tacikini seme, tacime šanggaha manggi, teni urun gaimbi, tuttu ama eme akūha manggi, udu werihe hethe akū ocibe, inu bahafi muten i inenggi hetumbumbi. dekdeni gisun henduhengge, minggan tumen ulin be iktambucibe, majige encehen be beye de bisire de isirakū, unenggi sain gisun kai.

善治家者，其子弟必使就學，以習一藝，學成然後授室[152]，故父母既歿，雖無遺產，亦得以藝自給。諺云：「積財千萬，不如薄技在身。」誠哉斯言[153]！

善治家者，其子弟必使就学，以习一艺，学成然后授室，故父母既殁，虽无遗产，亦得以艺自给。谚云：「积财千万，不如薄技在身。」诚哉斯言！

---

152 授室，滿文讀作“urun gaimbi”，意即「娶媳」。
153 誠哉斯言，滿文讀作“unenggi sain gisun kai”，意即「誠善言哉」，或作「誠嘉言哉」。

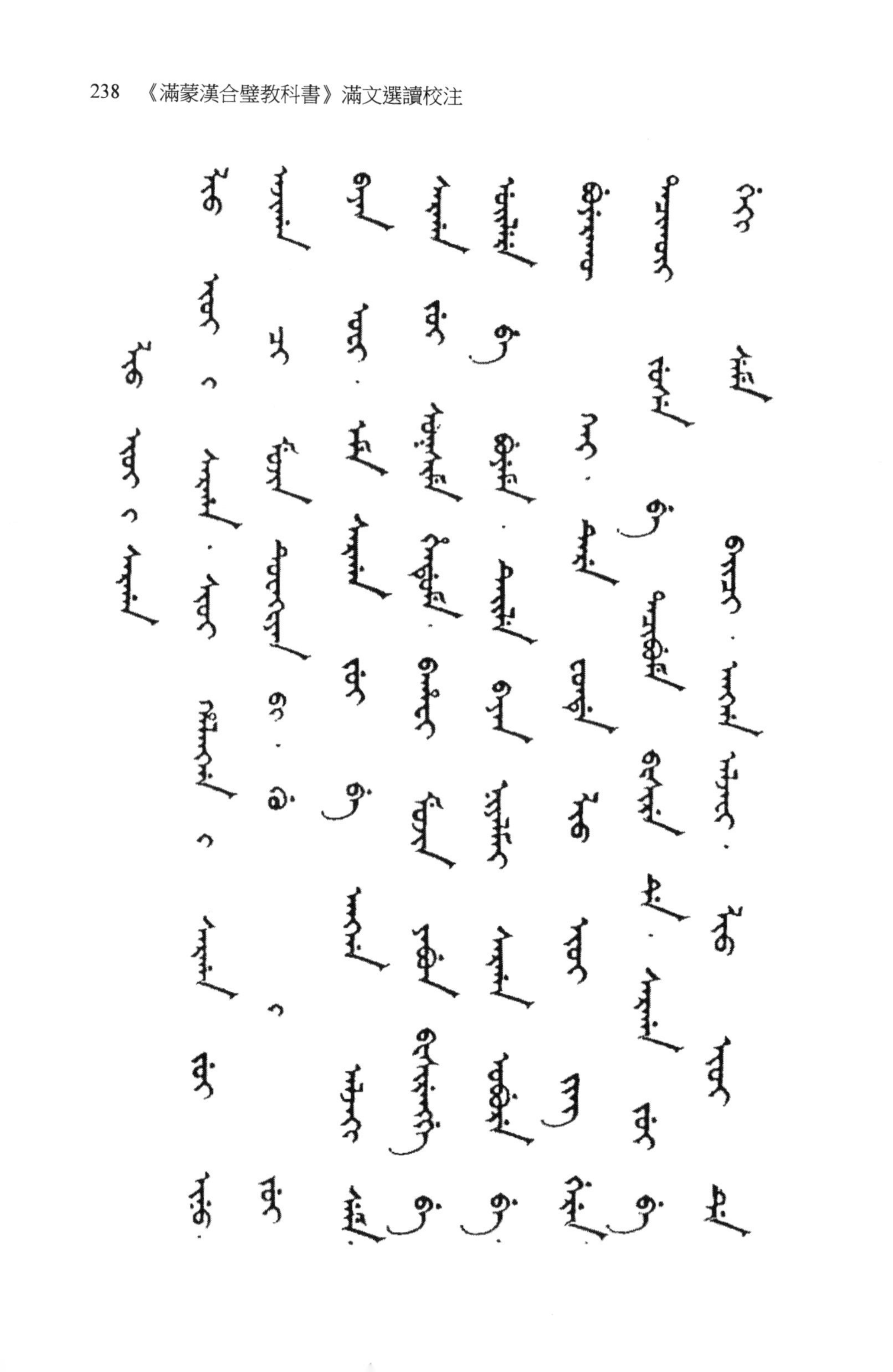

四十、 lio ioi i sargan

lio ioi i sargan, sioi halangga i sargan jui inu. ajigan ci mujin tuwakiyan bi, gu i jui bayan ofi, eme sargan jui be anggan aljaki seme, sargan jui soksime hendume, bahafi mujin yabun bisirengge be uilere be buyeme, teile bayan niyalmai sargan obure be buyerakū kai. tere fonde lio ioi jing geren tacikui juse be tacibume bisire de, sargan jui be geki seme baici, angga aljafi, lio ioi de

---

四十、劉愚之妻

劉愚妻，徐氏女也。幼有志操，姑子富，母欲以女字之[154]。女泣曰：「願得有志行者事之，獨為富人妻[155]，不願也。」時愚方教授諸生，請聘女，許之。

四十、刘愚之妻

刘愚妻，徐氏女也。幼有志操，姑子富，母欲以女字之。女泣曰：「愿得有志行者事之，独为富人妻，不愿也。」时愚方教授诸生，请聘女，许之。

---

154 母欲以女字之，滿文讀作"eme sargan jui be anggan aljaki seme"，意即「母欲以女許配之」。

155 獨為富人妻，滿文讀作"teile bayan niyalmai sargan obure"，意即「僅僅為富人之妻」。

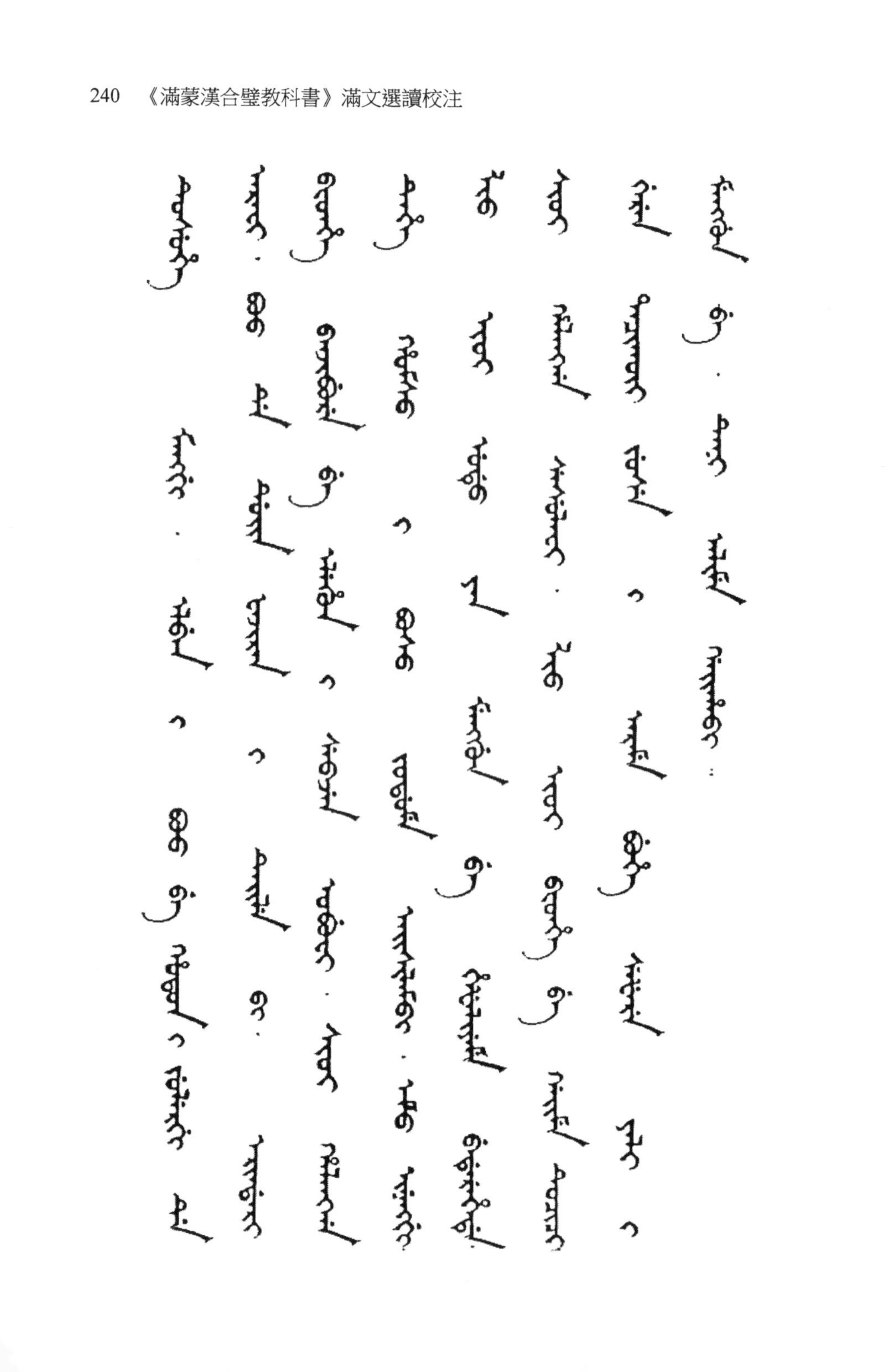

tusuhe manggi, elben i boo be hoton i julergi de arafi, boo de duin fajiran i teile bi, erindari bithe banjibure be elehun i sebjen obufi, sioi halangga tehe homso i boso jodome aisilambi. emu inenggi lio ioi udu yan menggun be hefeliyeme bederehede, sioi halangga sesulafi, lio ioi bithe be gaime tucifi, geren tacikūi juse i arame buhe sefere yali i menggun be, teni alime gaihabi.

既歸愚[156]，結廬城南[157]，家徒四壁，時著書以自適[158]，徐氏機杼佐之[159]。一日，愚懷數金以歸，徐氏怪之。愚出書[160]，則諸生所具束脩也，乃受之。

既归愚，结庐城南，家徒四壁，时著书以自适，徐氏机杼佐之。一日，愚怀数金以归，徐氏怪之。愚出书，则诸生所具束修也，乃受之。

---

156 既歸愚，滿文讀作“lio ioi de tusuhe manggi”，意即「既嫁劉愚後」。

157 結廬城南，滿文讀作“elben i boo be hoton i julergi de arafi”，意即「築茅屋於城南」。

158 時著書以自適，滿文讀作“erindari bithe banjibure be elehun i sebjen obufi”，意即「時時著書以自如為樂」。

159 徐氏機杼佐之，滿文讀作“sioi halangga tehe homso i boso jodome aisilambi”，意即「徐氏以機杼織布助之」。

160 愚出書，滿文讀作“lio ioi bithe be gaime tucifi”，意即「劉愚取出書」。

附錄一：滿文字母表

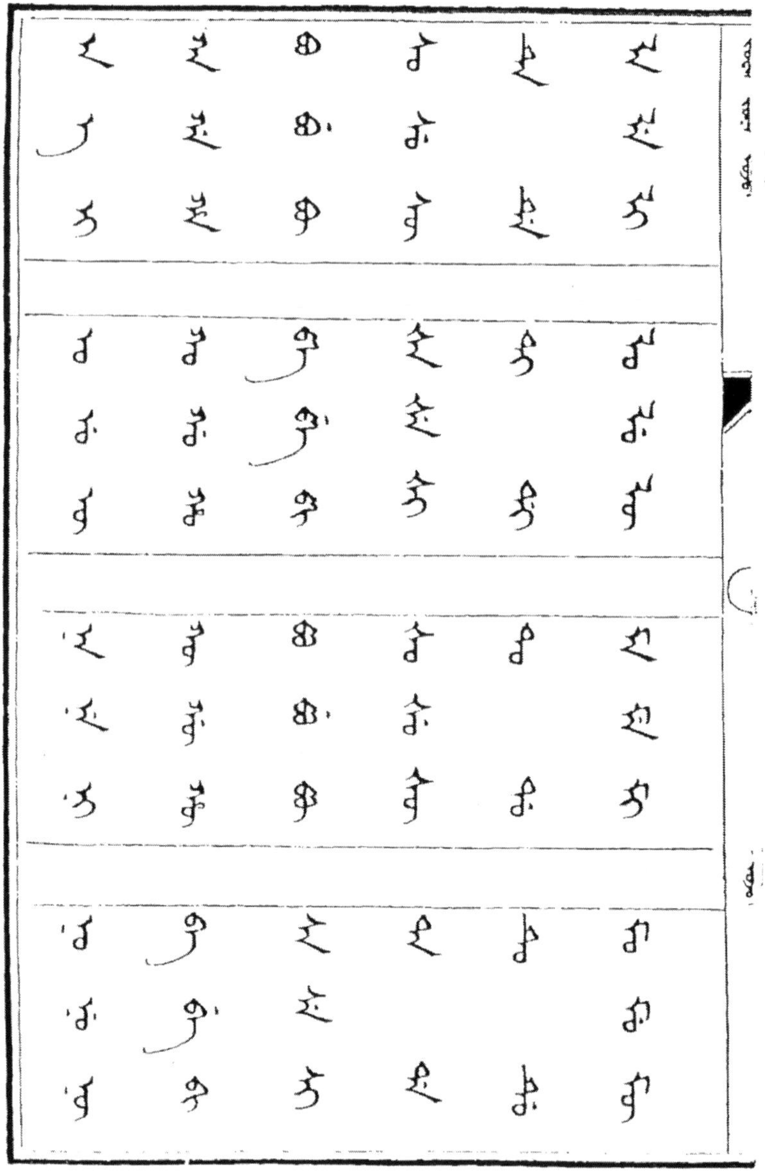

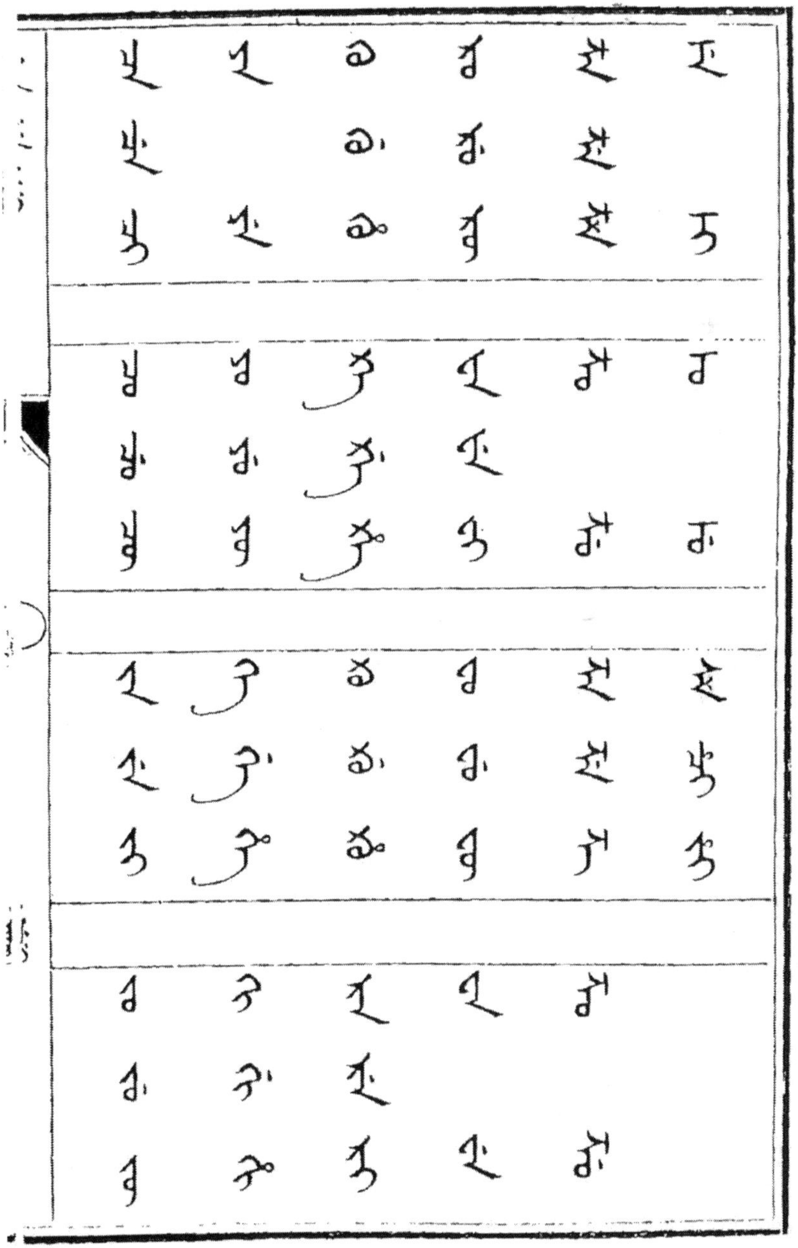

附錄二：滿文運筆順序

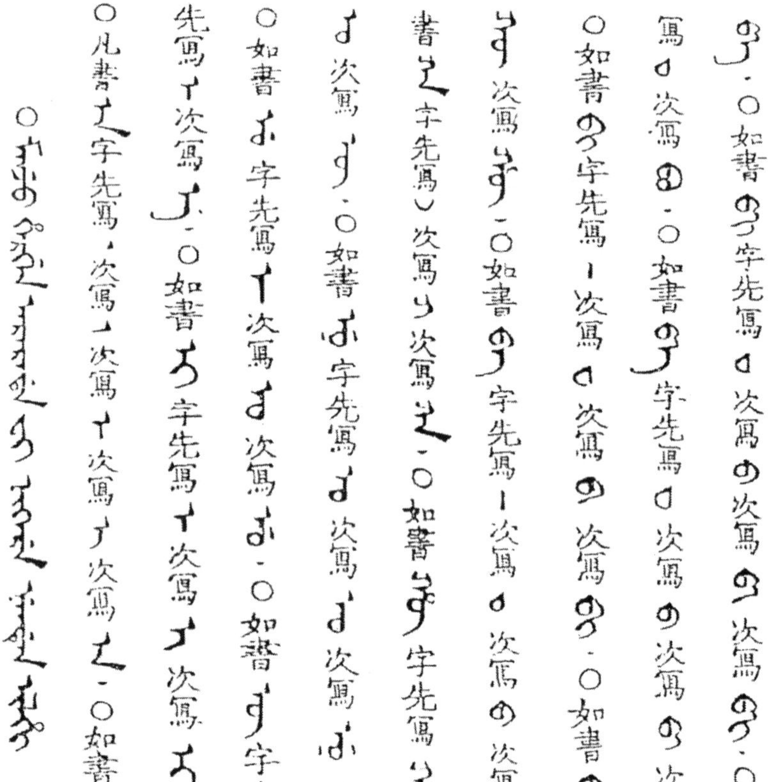
[Manchu glyph]。〇如書[Manchu glyph]字先寫[Manchu glyph]次寫[Manchu glyph]次寫[Manchu glyph]次寫[Manchu glyph]。〇如書
寫[Manchu glyph]次寫[Manchu glyph]。〇如書[Manchu glyph]字先寫[Manchu glyph]次寫[Manchu glyph]次寫[Manchu glyph]次寫
〇如書[Manchu glyph]字先寫[Manchu glyph]次寫[Manchu glyph]次寫[Manchu glyph]次寫[Manchu glyph]。〇如書[Manchu glyph]字先
[Manchu glyph]次寫[Manchu glyph]。〇如書[Manchu glyph]字先寫[Manchu glyph]次寫[Manchu glyph]次寫[Manchu glyph]次寫[Manchu glyph]
書[Manchu glyph]字先寫[Manchu glyph]次寫[Manchu glyph]次寫[Manchu glyph]。〇如書[Manchu glyph]字先寫[Manchu glyph]次寫
[Manchu glyph]次寫[Manchu glyph]。〇如書[Manchu glyph]字先寫[Manchu glyph]次寫[Manchu glyph]次寫[Manchu glyph]。〇如
〇如書[Manchu glyph]字先寫[Manchu glyph]次寫[Manchu glyph]次寫[Manchu glyph]。〇如書[Manchu glyph]字先寫
先寫[Manchu glyph]次寫[Manchu glyph]。〇如書[Manchu glyph]字先寫[Manchu glyph]次寫[Manchu glyph]次寫[Manchu glyph]。
〇凡書[Manchu glyph]字先寫[Manchu glyph]次寫[Manchu glyph]次寫[Manchu glyph]次寫[Manchu glyph]次寫[Manchu glyph]。〇如書[Manchu glyph]字

○如書 字先寫 丶 次寫 、○如書 字先寫

次寫 次寫 、○如書 字先寫 丶 次寫

 字先寫 丶 次寫 、○如書 字先寫 丶 次寫

丶 次寫 、○如書 字先寫 丶 次寫 、○如書

 字先寫 一 次寫 次寫 、○如

 次寫 、○如書 字先寫 次寫 丶

 字先寫 次寫 、○如書 字先寫 丶

一 次寫 、○如書 字先寫 丶 次寫

次寫 ○如書 字先寫 一 次寫 次寫 卜

 次寫 、○如書 字先寫 、○如書

次寫 、○如書 字先寫 次寫 、○如書 字先寫

 字先寫 次寫 ○如書 字先寫 丶 次寫 丶 次寫

⊕ 字先寫 次寫 ⊕ 、○如書 字先寫 丶 次寫 丶

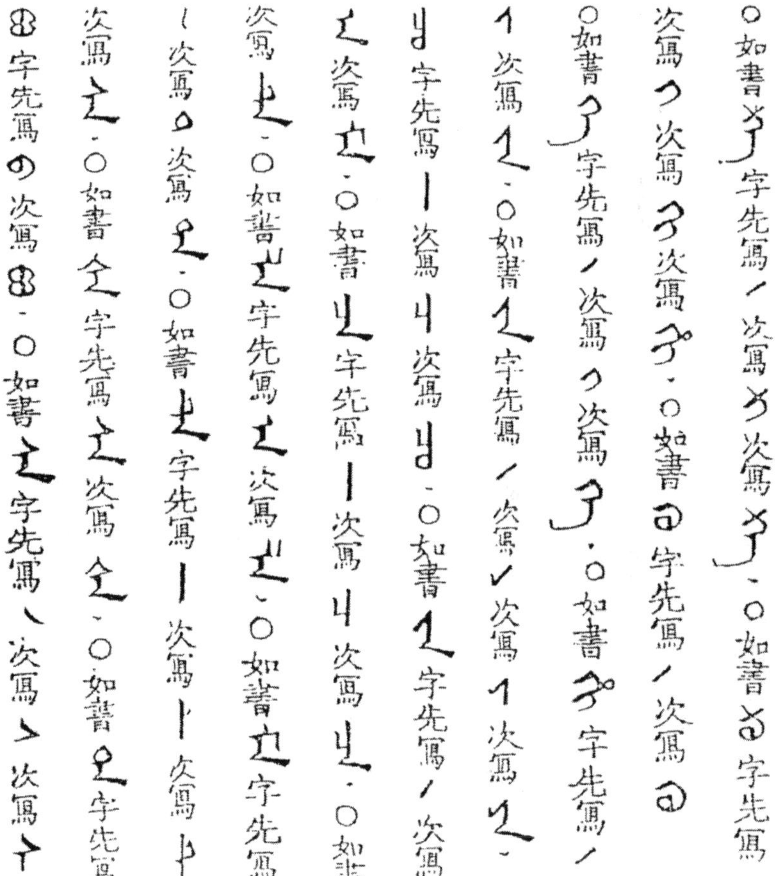

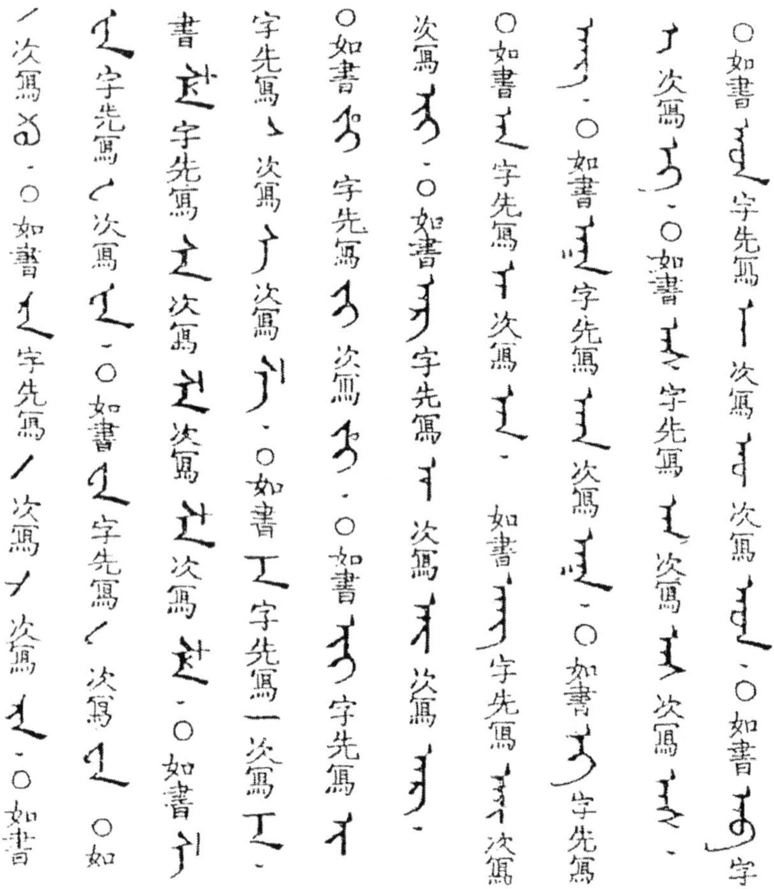
○如書 字先寫 次寫 次寫 ○如書 字
次寫 ○如書 字先寫 次寫 次寫
○如書 字先寫 次寫 ○如書 字先寫
○如書 字先寫 次寫 如書 字先寫 次寫
次寫 ○如書 字先寫 次寫 次寫
○如書 字先寫 次寫 ○如書 字先寫
字先寫 次寫 次寫 ○如書 字先寫 次寫
書 字先寫 次寫 次寫 次寫 ○如書
字先寫 次寫 ○如書 字先寫 次寫 ○如
次寫 ○如書 字先寫 次寫 次寫 ○如書

次寫 次寫 ○如書 字先寫 次寫
次寫 次寫 ○如書 字先寫
次寫 次寫 ○如書 字先寫 次寫
先寫 次寫 次寫 ○如書 字先寫
字先寫 次寫 次寫 ○如書 字
次寫 次寫 ○如書
次寫 ○如書 字先寫 次寫
○如書 字先寫 次寫 次寫 次寫
○如書 字先寫 次寫 ○如書 字先寫 次寫
先寫 次寫 ○如書 字先寫 次寫

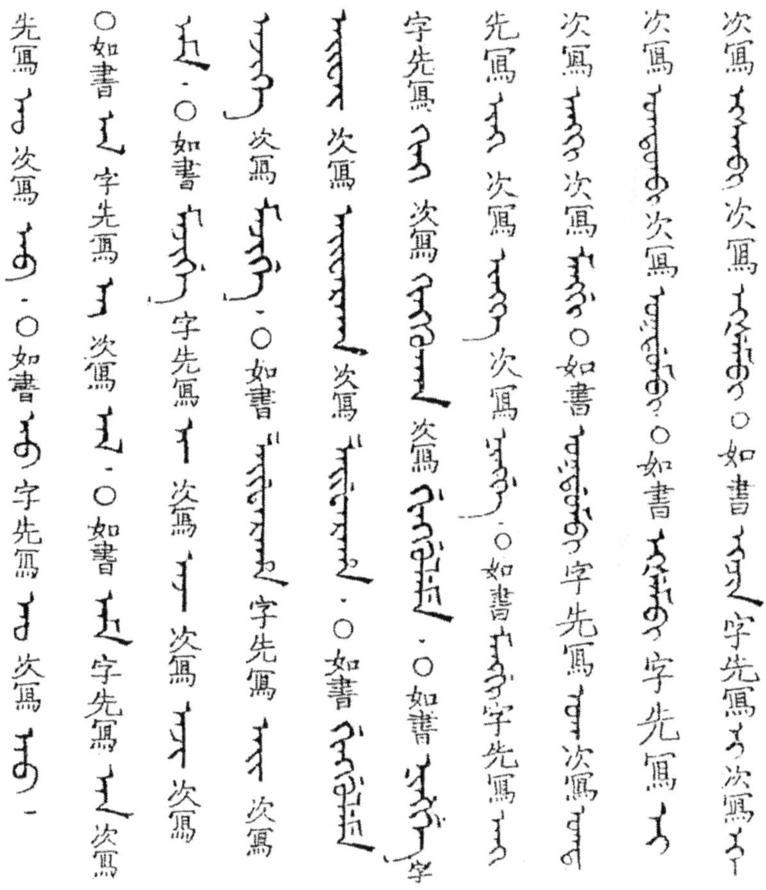

類推。舉一可貫百矣。

兩個阿兒之下。圈點方是。以上運筆。字雖無幾。法可作ᠠ式樣。乃是兩個阿兒。今如下筆。必除去ᡝ字的[illegible] [illegible] [illegible]共二十字。俱係ᡝ字首。此ᡝ字聯寫必[illegible] [illegible] [illegible] [illegible] [illegible] [illegible] [illegible] [illegible]○凡書圈點如[illegible] [illegible] [illegible] [illegible] [illegible] [illegible] [illegible]

次寫[illegible]○如書[illegible]字先寫[illegible]次寫[illegible]次寫[illegible]次寫[illegible]次寫[illegible]○如書[illegible]字先寫[illegible]次寫[illegible][illegible]字先寫[illegible]次寫[illegible] [illegible]○如書[illegible]字先寫[illegible]次寫[illegible]○如書[illegible]字先寫[illegible]次寫[illegible]○ 如書